ANISTIA POLÍTICA

Transição inacabada à luz da Teoria Geral do Estado contemporânea

COLEÇÃO FÓRUM
DIREITO
E POLÍTICAS
PÚBLICAS

COLEÇÃO FÓRUM
DIREITO E POLÍTICAS PÚBLICAS

BRUNO LUIS TALPAI

Prefácio
Luiz Guilherme Arcaro Conci

ANISTIA POLÍTICA

Transição inacabada à luz da Teoria Geral do Estado contemporânea

19

Belo Horizonte

FÓRUM
CONHECIMENTO JURÍDICO

2025

COLEÇÃO FÓRUM
DIREITO
E POLÍTICAS
PÚBLICAS

FÓRUM
CONHECIMENTO JURÍDICO

Luís Cláudio Rodrigues Ferreira
Presidente e Editor

Coordenação editorial: Leonardo Eustáquio Siqueira Araújo / Thaynara Faleiro Malta
Revisão: Vanessa Leão
Projeto gráfico: Walter Santos
Capa e Diagramação: Formato Editoração

Rua Paulo Ribeiro Bastos, 211 – Jardim Atlântico – CEP 31710-430
Belo Horizonte – Minas Gerais – Tel.: (31) 99412.0131
www.editoraforum.com.br – editoraforum@editoraforum.com.br

Dados Internacionais de Catalogação na Publicação (CIP) de acordo com ISBD

T152a Talpai, Bruno Luis

Anistia política: transição inacabada à luz da Teoria Geral do Estado contemporânea / Bruno Luis Talpai. Belo Horizonte: Fórum, 2025. (Coleção Fórum Direito e Políticas Públicas, v. 19).

193p. 14,5x21,5cm
(Coleção Fórum Direito e Políticas Públicas, v. 19).

ISBN Impresso 978-65-5518-959-9
ISBN Digital 978-65-5518-960-5
ISBN da Coleção 978-65-5518-447-1

1. Anistia política. 2. Justiça de transição. 3. Ditadura militar. 4. Teoria Geral do Estado. 5. Transição Política. I. Título.

CDD: 342.08
CDU: 342

Ficha catalográfica elaborada por Lissandra Ruas Lima – CRB/6 – 2851

Informação bibliográfica deste livro, conforme a NBR 6023:2018 da Associação Brasileira de Normas Técnicas (ABNT):

TALPAI, Bruno Luis. *Anistia política*: transição inacabada à luz da Teoria Geral do Estado contemporânea. Belo Horizonte: Fórum, 2025. 193p. ISBN 978-65-5518-959-9. (Coleção Fórum Direito e Políticas Públicas, v. 19).

À minha família, com amor.

AGRADECIMENTOS

Este trabalho é fruto de muito esforço e carinho.

Agradeço a Deus pela vida, pelos desafios e bênçãos.

Meus agradecimentos e meu amor eterno à minha família. Sem o apoio de vocês, absolutamente nada disso seria possível. O apoio incondicional aos meus sonhos e às minhas vitórias – tudo dedico a vocês!

Deixo meu especial agradecimento à professora Maria Paula Dallari Bucci por todos os ensinamentos ao longo desses anos, pela paciência e pela busca da excelência nos trabalhos acadêmicos.

Ao professor Luiz Guilherme Arcaro Conci, que há muito me orienta nos estudos acadêmicos. Sem seus ensinamentos e sem o espaço concedido para o desenvolvimento da acadêmica jurídica e de pesquisa, nada disso seria possível.

Agradeço a todos os professores e colegas que contribuíram para minha evolução e para meu aperfeiçoamento crítico ao longo dos anos. Aos amigos que, ao longo desses anos, contribuíram para o trabalho desenvolvido na área de justiça de transição.

Um agradecimento especial a todos(as) os(as) companheiros(as) e camaradas por tudo com o que contribuíram e continuam contribuindo para essa pauta política no Brasil e pela luta diária do Estado Democrático de Direito.

LISTA DE ILUSTRAÇÕES

LISTA DE ABREVIATURAS E SIGLAS

ABIN	Agência Brasileira de Inteligência
ABNT	Associação Brasileira de Normas Técnicas
a.C.	antes de Cristo
ACP	Ação Civil Pública
ADCT	Ato das Disposições Constitucionais Transitórias
ADPF	Arguição de Descumprimento de Preceito Fundamental
AI-5	Ato Institucional nº 5
AI-1	Ato Institucional nº 1
ALERJ	Assembleia Legislativa do Estado do Rio de Janeiro
ARENA	Aliança Renovadora Nacional
art.	artigo
CEMDP	Comissão Especial sobre Mortos e Desaparecidos Políticos
CF/1988	Constituição Federal de 1988
CGI	Comissão Geral de Investigações
CIE	Centro de Informações do Exército
CJP	Comissão Justiça e Paz
CNBB	Conferência Nacional dos Bispos do Brasil
CNPJ	Cadastro Nacional de Pessoa Jurídica
CNV	Comissão Nacional da Verdade
Comissão IDH	Comissão Interamericana de Direitos Humanos
CONPEDI	Conselho Nacional de Pesquisa e Pós-Graduação em Direito
coord.	coordenador/coordenadora
Corte IDH	Corte Interamericana de Direitos Humanos
CPADs	Comissões Permanentes de Avaliação de Documentos
CPI	Comissão Parlamentar de Inquérito
CSN	Conselho de Segurança Nacional
DEOPS	Departamento Estadual de Ordem Política e Social
Des.	Desembargador
DNA	ácido desoxirribonucleico
Doi-Codi	Destacamento de Operações de Informações - Centro de Operações de Defesa Interna
DOPS	Departamento de Ordem Política e Social
Dr./Dra.	Doutor/Doutora
EC	Emenda Constitucional
ECT	Empresa de Correios e Telégrafos
ed.	edição
EDUSC	Editora da Universidade de Caxias do Sul
ESG	Escola Superior de Guerra

etc.	etcétera
EUA	Estados Unidos da América
FAB	Força Aérea Brasileira
FDD	Fundo de Defesa de Direitos Difusos
FGV	Fundação Getulio Vargas
FHC	Fernando Henrique Cardoso
FID	Fundo Especial de Despesa de Reparação de Interesses Difusos Lesados
FMI	Fundo Monetário Internacional
GAJOP	Gabinete Assessoria Jurídica Organizações Populares
IBAD	Instituto Brasileiro de Ação Democrática
INPC	Índice Nacional de Preços ao Consumidor
INSS	Instituto Nacional do Seguro Social
IPEA	Instituto de Pesquisa Econômica Aplicada
IPES	Instituto de Pesquisas e Estudos Sociais
LAI	Lei de Acesso à Informação
LDO	Lei de Diretrizes Orçamentárias
LGBTQIA+	lésbicas, gays, bissexuais, transexuais, queer, intersexuais, assexuais e demais orientações sexuais e identidades de gênero.
MDB	Movimento Democrático Brasileiro
MDHC	Ministério dos Direitos Humanos e da Cidadania
Min.	Ministro
MMFDH	Ministério da Mulher, da Família e dos Direitos Humanos
MP	Ministério Público
MPF	Ministério Público Federal
MPSP	Ministério Público do Estado de São Paulo
MPT	Ministério Público do Trabalho
nº	número
NPMP	Núcleo de Preservação da Memória Política
OAB	Ordem dos Advogados do Brasil
ONU	Organização das Nações Unidas
OPEP	Organização dos Países Exportadores de Petróleo
org.	organizador/organizadora
p.	página
PCB	Partido Comunista Brasileiro
PDT	Partido Democrático Trabalhista
PFL	Partido da Frente Liberal
PM	Polícia Militar
PMDB	Partido do Movimento Democrático Brasileiro
PNDH-3	Programa Nacional de Direitos Humanos
PP (1)	Partido Popular
PP (2)	Progressistas
PPB	Partido do Povo Brasileiro
Prof./Prof.ª.	Professor/professora
PSB	Partido Socialista Brasileiro

PSD	Partido Democrático Social
PSOL	Partido Socialismo e Liberdade
PT	Partido dos Trabalhadores
PUC-Rio	Pontifícia Universidade Católica do Rio de Janeiro
PUCRS	Pontifícia Universidade Católica do Rio Grande do Sul
PUC-SP	Pontifícia Universidade Católica de São Paulo
R$	reais
RT	Revista dos Tribunais
SINCA	Sistema Interno da Comissão de Anistia
SNI	Serviço Nacional de Informações
STF	Supremo Tribunal Federal
STJ	Superior Tribunal de Justiça
t.	tomo
TAC	Termo de Ajustamento de Conduta
TGE	Teoria Geral do Estado
TRF	Tribunal Regional Federal
UFERSA	Universidade Federal Rural do Semi-Árido
UFG	Universidade Federal de Goiás
UFPE	Universidade Federal do Pernambuco
UFRGS	Universidade Federal do Rio Grande do Sul
UnB	Universidade de Brasília
USA	United States of America
USP	Universidade de São Paulo
v.	volume
VW	Volkswagen

SUMÁRIO

APRESENTAÇÃO DA COLEÇÃO

A *Coleção Fórum Direito e Políticas Públicas* tem o objetivo de apresentar ao leitor trabalhos acadêmicos inovadores que aprofundem a compreensão das políticas públicas sob a perspectiva jurídica, com triplo propósito.

Em primeiro lugar, visa satisfazer o crescente interesse pelo tema, para entender os avanços produzidos sob a democracia no Brasil depois da Constituição de 1988. É inegável que as políticas públicas de educação, saúde, assistência social, habitação, mobilidade urbana, entre outras estudadas nos trabalhos que compõem a coleção, construídas ao longo de várias gestões governamentais, mudaram o patamar da cidadania no país. Certamente, elas carecem de muitos aperfeiçoamentos, como alcançar a população excluída, melhorar a qualidade dos serviços e a eficiência do gasto público, assegurar a estabilidade do financiamento e, no que diz respeito à área do Direito, produzir arranjos jurídico-institucionais mais consistentes e menos suscetíveis à judicialização desenfreada. O desmantelamento produzido pela escalada autoritária iniciada em meados dos anos 2010, no entanto, explica-se não pelas deficiências dessas políticas e sim pelos seus méritos – não tolerados pelo movimento reacionário. Compreender a estrutura e a dinâmica jurídica das políticas públicas, bem como a legitimação social que vem da participação na sua construção e dos resultados, constitui trabalho importante para a credibilidade da reconstrução democrática.

O segundo objetivo da coleção é contribuir para o desenvolvimento teórico sobre as relações entre Direito e Políticas Públicas. Publicando trabalhos oriundos de teses e dissertações de pós-graduação, constitui-se um acervo de análises objetivas de programas de ação governamental, suas características recorrentes e seus processos e institucionalidade jurídicos. Neles estão documentados os impasses inerentes aos problemas públicos de escala ampla, e estudadas algumas soluções ao mesmo tempo jurídicas e políticas, presentes em práticas de coordenação e articulação, seja na alternância de governo, nas relações federativas, ou na atuação intersetorial. Assim, sem perder a multidisciplinaridade característica dessa abordagem, valendo-se da bibliografia jurídica em cotejo com a literatura especializada, publica-se material de pesquisa empírica (não quantitativa) da qual se extraem os conceitos e relações que numa organização sistemática dão base para a teorização jurídica da abordagem Direito e Políticas Públicas. Com essa preocupação, a coleção também publicará trabalhos de alguns dos raros autores estrangeiros com obras específicas na área.

Finalmente, o terceiro objetivo da coleção é contribuir para a renovação teórica do direito público brasileiro, fomentando o desenvolvimento de uma tecnologia da ação governamental democrática, engenharia jurídico-institucional para o avanço da cidadania do Brasil. Isso permitirá ampliar a escala de experiências bem-sucedidas, inspirar melhores desenhos institucionais pela comparação com experiências similares, além de avançar na cultura da avaliação, agora positivada na Constituição Federal.

São Paulo, 22 de agosto de 2022.

Maria Paula Dallari Bucci
Professora da Faculdade de Direito da Universidade de São Paulo. Coordenadora da *Coleção Fórum Direito e Políticas Públicas*.

APRESENTAÇÃO

Com grande alegria recebi o convite de Bruno Talpai para apresentar seu livro, fruto de sua pesquisa do mestrado acadêmico em Direito, intitulado *Anistia política: transição (in)acabada à luz da Teoria Geral do Estado*. Essa obra reúne dois temas que, aparentemente, são anacrônicos: um debate sobre anistia política e o referencial teórico da Teoria Geral do Estado. Em ambos os casos, há uma profunda incompreensão acerca da atualidade e da relevância de tais temas. E este livro é a demonstração cabal de tal fenômeno.

No início de janeiro de 2023, em Brasília, assistimos pela televisão os atos de vandalismo e tentativas de um golpe de Estado, felizmente frustradas. Nos meses que se seguiram, houve a instauração de inquéritos, conduzidos pela Polícia Federal, a fim de apurar responsabilidades pelos atos golpistas do que passou a ser conhecido como "8 de janeiro". No período em que escrevo essa apresentação, no final do ano de 2024, testemunho as investidas de diferentes setores da sociedade brasileira junto ao Parlamento Nacional, a fim de viabilizar uma legislação de autoanistia que contemple todas as pessoas envolvidas direta ou indiretamente nos atos anteriores ao 8 de janeiro, durante aquele dia e nos dias subsequentes, já condenadas ou ainda sob investigação.

Tal contexto revela a atualidade e a importância do debate proposto no presente trabalho, pois nunca foi tão necessário discutir a democracia brasileira, a partir da perspectiva do neoinstitucionalismo histórico, tendo como eixo central o conceito de anistia política.

Pode parecer paradoxal que alguém como eu, que atualmente preside a Comissão de Anistia do Ministério de Direitos Humanos e Cidadania, proclame em alto e bom som a necessidade das declarações de anistia política, individuais ou coletivas, para a implementação de uma política pública de Estado de memória, verdade e reparação, como cumprimento do mandamento constitucional do artigo 8º do ADCT e simultaneamente me some às vozes que bradam "sem anistia" relativamente àqueles participantes das tentativas de golpe de Estado em 2022 e 2023.

Ocorre que são dois tipos diferentes de anistias políticas: uma é a anistia de memória, que motivou a Lei 6.683/79, nossa mais recente Lei de Anistia. Também é de anistia de memória que cuidamos quando apreciamos e concedemos declarações de anistia política nos requerimentos individuais e coletivos submetidos à Comissão de Anistia.

Por outro lado, o outro tipo de anistia política, nocivo à democracia, que é a anistia política de esquecimento, ou a autoanistia, é exatamente o que o Parlamento brasileiro discute neste momento por provocação daqueles que são investigados ou mesmo condenados pelos atos relacionados ao chamado 8 de janeiro.

A transição do estado de exceção para o Estado Democrático de Direito no Brasil tem sido um caminho demasiadamente longo e tortuoso, com alguns avanços e muitos reveses. Chegamos a imaginar que jamais ouviríamos algum tipo de manifestação popular que demandasse arbítrio, ditadura, censura, tortura ou prisões, pois o passado recente de violência estatal havia nos ensinado a lição de zelar pela democracia e pela liberdade. Infelizmente, nos últimos dez anos no Brasil, muitas têm sido as manifestações antidemocráticas tanto por parte de representantes, ou candidatos a representantes, nos Poderes Executivo e Legislativo, quanto dos próprios segmentos populares.

Esse momento histórico que vivemos, tão disruptivo, reclama por parte do meio acadêmico uma reflexão maior sobre a transição brasileira, que necessariamente é atravessada pelo debate da anistia política, e impõe o reconhecimento da relevância dos instrumentos fornecidos pela Teoria Geral do Estado para auxiliar tal reflexão.

A contribuição da pesquisa do Bruno Talpai nesta obra certamente será uma baliza fundamental nessa trajetória. Desejo a todas as pessoas uma excelente leitura deste livro.

Brasília, 8 de novembro de 2024

Eneá de Stutz e Almeida

ANISTIA POLÍTICA
Transição inacabada à luz da Teoria Geral do Estado contemporânea

Prefaciar o livro de um jovem pesquisador tão talentoso quanto o Bruno Talpai é algo que não somente me honra, mas me faz pensar quanto a nossa caminhada acadêmica é feita de encontros e surpresas. Digo isso porque, apesar de estar a elaborar um texto sobre um trabalho que tive o prazer de participar como membro tanto da banca de qualificação quanto da banca de defesa, na Faculdade de Direito da Universidade de São Paulo, trata-se de um momento importante para mim, posto ser uma pesquisa de um ex-aluno que, hoje, tenho como um amigo.

Conheci o Bruno na PUC-SP, quanto ministrava uma disciplina no mestrado em Direito, onde ele – sei lá por que razão, é verdade – fazia um outro mestrado. Sim, o Bruno fez dois mestrados, Caro Leitor. Só peço que pergunte a ele, e não a mim, a razão disso. Intuo que seja um desejo de viver momentos aflitivos muitas vezes, mas é só intuição...

Bom, voltando... Ele fez uma disciplina comigo na PUC-SP, mostrou-se curioso, provocativo e, ao final, veio me acompanhar, como assistente, na disciplina "Ciência Política e Teoria Geral do Estado". Foi um período muito interessante, por ser um momento de atividade acadêmica que, para além da pesquisa e da docência, envolve uma função tão importante para nós, professores, que é formar outros professores. E o Bruno se mostrou, nesse período, muito aberto a aprender e, mais ainda, a aprender a ensinar.

Depois que ele foi fazer o segundo mestrado na USP, sob a orientação da Prof.ª Dra. Maria Paula Dallari Bucci, só o via para discutirmos as dificuldades do desenho, a elaboração do texto e o desenvolvimento da dissertação. Eu era só um observador tentando ajudar a um amigo. E, naquele momento, já se percebia a maturação do pesquisador com as dúvidas mais pensadas, trabalhadas. Via-se, ali, claramente, as discussões com sua orientadora, que, hoje, faz um trabalho ímpar de resgate acadêmico da Teoria Geral do Estado, para além dos resquícios autoritários do passado, de modo a avançar rumo ao Estado Contemporâneo, Democrático e de Direito. Resgatar a Teoria Geral do Estado, assim, é um trabalho de muitas mãos e cabeças, desse modo, estar ao lado de pesquisadores tão brilhantes é, para mim, nesse grupo, uma felicidade, pois temos muito o que fazer nesse sentido.

E é nesse cenário que a pesquisa do Bruno foi desenhada: sob a proteção do Estado Democrático de Direito, que, para mim, é Social, também, no âmbito da Teoria Geral do Estado. Mas aqui vai outra discussão entre nós, professores de TGE.

O livro que ora prefacio é uma aposta na necessária união da leitura jurídica e do seu relacionamento com a Política, pensando a Anistia Política brasileira como uma política pública que tem longa duração e que vai sofrendo, no tempo, os impactos das transformações que os dois campos do saber recebem, mutuamente, tanto sob o aspecto normativo quanto da realidade político-constitucional cambiante pela qual passamos.

Interessante dizer, sobre o tema, que o Bruno é advogado publicista atuante no campo administrativo e judicial com questões que a pesquisa apresenta, tendo travado lutas conhecidas para os que acompanham a temática tanto nos tribunais quanto em órgãos administrativos, o que, para o leitor, ficará claro a partir da riqueza de documentos e leituras da realidade que os cerca.

A proposta de pensar a Anistia Política como uma política pública mostra circunstâncias muito interessantes, pois perpassa três momentos da história constitucional brasileira tão ricos e distintos: a) a dissolução do processo advindo da redemocratização de 1945, com a Constituição de 1946 e as agruras antidemocráticas do Golpe de 1964, que destrói uma ordem constitucional que pretendia transformar a realidade constitucional brasileira, mas que teve que sucumbir à união de forças políticas, militares e sociais em busca de uma ditadura que desse aos conservadores um governo forte, centralizador e não afeto ao Estado de Direito de índole democrática; b) a nova ordem instaurada em 1964, com seus atos complementares e institucionais, ostracismo político forçado para tantos, aposentadorias compulsórias contra os opositores do regime de força, júbilo e honrarias aos juristas oportunistas de então. E veio a Constituição de 1967, a Emenda de 1969, o período de escuridão e a tentativa de apagar o passado com a Lei de Anistia, 1979. A partir daí, a "abertura", com as primeiras eleições, as "Diretas Já", a volta do regime pluripartidário, a publicação do "Brasil Nunca Mais", a constituinte de 1987-1988; c) a nova Constituição de 1988, com a afirmação do Estado Democrático de Direito e da Dignidade da Pessoa Humana, mas que, ao mesmo tempo, manteve o discurso da anistia negociada do artigo 8º do ADCT. E veio o neoliberalismo, o neodesenvolvimentismo, a ADPF 153, os casos Gomes Lund e Outros (Guerrilha do Araguaia) e Vladimir Herzog, no Sistema Interamericano, os anos de retrocesso do Governo Bolsonaro para chegarmos à reconstrução tentada da política adversarial, e não do inimigo, do Estado Democrático de Direito, da busca do consenso político a partir da negociação e não da negativa do outro.

Todos esses momentos, por mais incrível que pareça, fazem parte da descrição pormenorizada que o trabalho faz da Anistia Política brasileira e mostram os avanços momentâneos, os retrocessos constantes, as tentativas de bloqueio e enfrentamento, as estratégias progressistas e conservadores no campo político e, claro, no campo jurídico, para dar vazão à proposta de escrever a memória a partir dos fatos e do Direito em consonância com a Democracia, os Direitos Humanos e o Estado de Direito.

Ao estabelecer um recorte temporal amplo (1962-2024), permite-se, a partir do trabalho percuciente do pesquisador, mostrar os momentos de construção e de desmonte de uma política pública com o uso do recurso ao legalismo autocrático e ao Direito em sua pura textualidade ou gramaticalidade, para subverter seus fins ou sua própria natureza jurídica. Permite que se perceba quanto de possibilidades se abrem para atuação de governos e suas decisões eventuais, alterando o andamento de políticas públicas dependentes de um ambiente democrático. Quer-se dizer com isso que, no caso da política pública de anistia política, abriu-se grande espaço para que, especialmente nos campos administrativo e judicial, se retrocedesse com tanta rapidez e profundidade em alguns momentos.

A análise minuciosa de cada um dos momentos políticos, tanto anteriores quanto posteriores à Constituição de 1988, faz com que se perceba as nuances da relação entre o político e o jurídico, desde os primeiros debates sobre a definição de tal política pública, mostrando ao leitor, que terá muito prazer na leitura do livro, os meandros da ação governamental e parlamentar em momentos decisivos, por um lado, e a pouca sensibilidade judicial na maioria dos momentos para participar da transição politica necessária.

Vale salientar que em seu trabalho, o autor não deixa de, em momentos essenciais, apontar, com coragem, seus conceitos e ideias próprios, como ao conceituar anistia, em que nos ensina que

> do ponto de vista jurídico, o conceito de anistia é ato emanado pelo Estado brasileiro, lastreado em disposições constitucionais e legais e/ou por motivos políticos ou de conveniência, que concede o perdão a práticas, em tese, antijurídicas, com vistas à consecução dos objetivos da pacificação social, transição política e interesse nacional (p. 37).

Ou quando afirma, sem cerimônias, que,

> ao tornar-se presidente, (Bolsonaro) apropriou-se da política com desmontes sistemáticos e muito bem calculados em diversos aspectos. Subverteu o processo legislativo e rasgou todo o entendimento firmado até então pelos órgãos instituídos. Desmobilizou elementos articulados básicos para o funcionamento da política de anistia, reduzindo-a drasticamente (p. 147).

Os dois exemplos pinçados do texto mostram que em variados momentos o autor se dedica a apontar, ao lado de sua pesquisa, o seu posicionamento. Seja no campo metodológico, conceitual ou empírico, dentre outros, vê-se o pensamento do Bruno no texto. Trata-se de um aspecto do perfil do investigador que também merece aplausos.

E, para terminar, esperando que não tenha me excedido, Bruno desenvolve o olhar atual sobre o tema, com a participação do Ministério Público e os aspectos negociais dos Termos de Ajustamento de Condutas, mostrando, ainda, ao leitor, que a Comissão de Anistia, renovada no atual Governo Federal e com a Prof.ª Dra. Ênea de Sturz e Almeida, que também participou da banca a avaliação, à sua frente, procedeu ao primeiro julgamento coletivo que, talvez, possa ser o primeiro do mundo.

Como se vê, o trabalho sério apresentado não esgota a temática, mas apresenta uma profunda pesquisa que é, ao mesmo tempo, inovadora, corajosa e tecnicamente bem estruturada. Como diz Bruno, com a obra "abrem-se também inúmeras possibilidades em relação ao campo de pesquisa" é dizer, acresce ao campo de pesquisa e aponta para o futuro como uma importante contribuição para a temática da anistia política. Esse é o olhar sempre atendo do pesquisador que vê, no seu trabalho, um acréscimo não somente à sua agenda futura de pesquisa, mas, também, à de outros pesquisadores.

São Paulo, novembro de 2024.

Luiz Guilherme Arcaro Conci

Professor, na PUC-SP, da Faculdade de Direito (Graduação, Mestrado e Doutorado) e do Mestrado Profissional em Governança Global e Políticas Públicas Internacionais. Professor Titular de Teoria do Estado da Faculdade de Direito de São Bernardo do Campo – Autarquia Municipal. Livre-Docente em Ciência Política e Teoria Geral do Estado pela PUC-SP.

INTRODUÇÃO

Após seis décadas do Golpe Militar no Brasil, os temas da transição política e da Anistia Política ainda permeiam o debate político. Esta política atravessa décadas e sua própria compreensão, alcance e aplicabilidade são alteradas não só pela sua compreensão e entendimento social, mas também pela forma como o próprio Estado e os governos manejam a questão social, jurídica e institucional.

Ainda hoje, este processo político de transição carece não só de respostas aos familiares atingidos, mas do próprio Estado brasileiro em relação a essa política insculpida no art. 8º do ADCT e sobre o seu futuro. Por certo, os atos praticados na Ditadura Militar são vexatórios e repreensíveis, o que exalta o dever do Estado brasileiro de propor e executar um programa sério de reconhecimento da história do país e de efetiva resposta institucional a este problema.

Mas, afinal, por qual motivo, após seis décadas do golpe militar e 40 anos da Lei de Anistia de 1979, o tema ainda permeia o debate no cenário nacional? Seria essa uma característica própria desta política ou com o avanço do processo político fora distorcido o seu real sentido legitimando interesses momentâneos a partir do arranjo jurídico desta política?

A investigação se dá no campo da Teoria do Estado, associando elementos jurídicos, históricos e políticos. Essa política é analisada a partir de seu arranjo institucional, metodologia que possibilita verificar normas, processos, atribuições, funções, competências e responsabilidades que a envolve.

O recorte metodológico parte de 1962 e vai até 2024, propiciando a análise dos principais momentos políticos e criação/alteração de normas referentes à anistia política.

O trabalho aborda a perspectiva do neoinstitucionalismo, os conceitos e as classificações da anistia e da justiça de transição. São levantadas as forças políticas e o arranjo jurídico até antes da promulgação da CF/1988.

Em seguida, são analisados os arranjos jurídicos e as nuances políticas desta política à luz da CF/1988, em que se optou pela divisão temporal enfatizando cada governo após a redemocratização e as medidas tomadas para a implementação ou não desta política de anistia.

Ao final, propõe-se a exposição e a análise das novas tendências e perspectivas sobre o tema.

CAPÍTULO 1

ESTRUTURA DA PESQUISA E CONCEITOS PRELIMINARES

1.1 Problema de pesquisa

Passados quarenta anos da aprovação da Lei de Anistia de 1979, o tema *anistia política* tornou-se pauta novamente no país em 2024. Durante o período de 2013 até 2022, o Brasil esteve inserido em um período de relativa instabilidade institucional. O sistema político tem sido questionado em suas mais diversas facetas, por exemplo, representatividade, sistema eleitoral, atuação do Poder Judiciário, pandemia e a tão dita polarização.

Questões que outrora pertenciam ao "senso comum" de convivência política, seja nas instituições ou no exercício direto democrático, tornam-se pauta midiática para uso de estereótipos políticos. As adversidades, em tese, servem de análise para medir a capacidade de elasticidade do texto constitucional, das instituições e da própria sociedade em lidar com problemas públicos.

Neste trabalho, o objetivo é se ater às nuances relacionadas à anistia política, ou seja, a anistia concedida a partir de critérios estabelecidos pela construção jurídica, considerando, especialmente, a Lei de Anistia de 1979 (Lei nº 6.83/1979), a Emenda de convocação para a Assembleia constituinte (EC nº 26/1985), a Constituição Federal de 1988 (CF/1988) e a Lei de Anistia de 2002 (Lei nº 10.559/2002), as quais tratam do regime jurídico específico para a concessão de anistia aos que foram atingidos por motivações políticas e atos de exceção durante o período de 18 de setembro de 1946 até a promulgação da Constituição.

Pretende-se examinar a política iniciada em 1979 e até hoje em execução no intuito de diagnosticar se a política de memória e as ações para se implementar as medidas da justiça de transição foram inseridas no Brasil.

Busca-se, ainda, verificar se a anistia política pode ou não ser inserida como forma de estabilizar o pacto constitucional, inerente à própria natureza democrática e, por assim, seus efeitos se ampliam no tempo ou se se trata de uma política que se esgota, logo, sua discussão até hoje no país, em verdade, mostra-se disfuncional e decadente ante o transcorrer das décadas. Outra indagação permanente é a de que, 40 anos depois da Lei de Anistia de 1979, compreender o motivo pelo qual a sociedade ainda discute a anistia.

Desta indagação extrai-se uma outra, essencial à estrutura deste trabalho: a eficiência ou a atividade de uma política, tal qual a de anistia política, invariavelmente, tenderá àqueles comandos emanados pelo chefe do Poder Executivo e, com isso, eventual ineficiência, positiva ou negativa, estará ou não correlacionada com a estrutura e o arranjo jurídico que a criou? Em outras palavras: a eventual redução ou o desmonte de uma política tem relação com o arranjo jurídico que a criou?

Essa última indagação nos permitirá verificar a permeabilidade, a densidade normativa e a efetividade da anistia política, ao longo da construção do arcabouço jurídico, considerando o processo histórico e sua eventual influência na possível tentativa de desinstitucionalização desta política dada a tendência ideológica do governo momentâneo a exercer o poder.

Os aspectos históricos, as discussões legislativas, a análise dos arranjos jurídicos durante o período de recorte deste trabalho pretendem demonstrar se a política de anistia – que teve início em 1979 e emana efeitos até hoje – foi, de fato, implementada, os trâmites e os percalços desta política ao longo dos anos, especialmente porque atravessa gerações, e os distintos ordenamentos jurídicos. Com o avanço desta política de Estado, qual é a margem de estabilidade ou mutação de sua natureza, em especial, nos direitos difusos e coletivos.

1.2 Método e estruturação do trabalho

A investigação se dá no campo da Teoria do Estado, associando elementos jurídicos, históricos e políticos.[1] Essa política é analisada a partir de seu arranjo institucional, metodologia que possibilita verificar normas, processos, atribuições, funções, competências e responsabilidades desta política.[2]

Assim, analisada a parte normativa, verifica-se, a partir deste desenho jurídico-institucional, o seu funcionamento na esfera da institucionalidade, sua eventual suscetibilidade a desestruturações, a depender da gestão governamental[3] e do momento político.

As fontes de pesquisa são baseadas em bibliografias, recortes jornalísticos, documentos, decisões judiciais e legislação sob a forma analítica.

Enquanto referencial teórico, são expostas as correntes do institucionalismo, as quais fornecem subsídios para se compreender a relação de forças, os atores, o momento político e a relação de comando com o que foi definido no texto constitucional e sua intersecção com a própria instituição e a sociedade. Trata-se, ainda, do conceito de anistia e das correntes doutrinárias sobre o tema, os quais servirão de subsídios para definir, a depender do momento histórico no Brasil, qual corrente sobre a anistia política foi ou tem sido adotada.

O tema justiça de transição é tratado como fonte para se compreender a doutrina moderna sobre a anistia política. O conceito e as classificações sobre a justiça de transição é o termo encampado para

---

1 "Políticas públicas são, por natureza, um tema multidisciplinar. Seu estudo por áreas do conhecimento como ciência política, economia e administração até mesmo antecede a preocupação jurídica sobre a matéria. Diante disso, as políticas públicas rompem com as visões positivistas de pureza do Direito. Trata-se de tema que nasce e se desenvolve na confluência de diversas áreas do saber. Ademais, o aspecto "político" das políticas públicas tem o condão de renovar e arejar o Direito Público, superando perspectivas excessivamente formalistas e aproximando o Direito da política, do Estado e da Administração Pública". (LUZARDO, Faria; BUCCI, Maria Paula Dallari. o "Estado da Arte" da pesquisa de políticas públicas em direito administrativo: uma análise bibliográfica. *Revista Direito UFMS*, Campo Grande, MS, v. 8, edição especial, p. 9-33, 2022).

2 BUCCI, Maria Paula Dallari; COUTINHO, Diogo Rosenthal. Arranjos jurídico-institucionais da política de inovação tecnológica: uma análise baseada na abordagem de direito e políticas públicas. *In*: COUTINHO, Diogo Rosenthal; FOSS, Maria Carolina; MOUALLEM, Pedro Salomon Bezerra (Org.). *Inovação no Brasil*: avanços e desafios jurídicos e institucionais. São Paulo: Blucher, 2017. p. 324.

3 RUIZ, Isabela. *Institucionalidade jurídica e retrocesso nas políticas públicas*: uma análise do Sistema Único de Assistência Social. Dissertação (Mestrado em Direito do Estado). Universidade de São Paulo (USP), São Paulo, 2021. p. 11-12.

descrever medidas tomadas do ponto de vista institucional que podem corroer o sentido teleológico da norma de anistia e frear o processo da justiça de transição. Também há, em especial, o conceito de *justiça de transição reversa,* a qual trataremos mais à frente.

Neste texto, será exposta de forma cronológica a maneira pela qual o tema anistia política tem sido tratado no Brasil durante os diferentes governos. A partir do marco temporal de 1962 ("pré-golpe") até as recentes perspectivas sobre a anistia política no governo Lula (2023), abordam-se questões políticas, jurídicas e sociais relevantes para se compreender a evolução da norma ao longo do tempo.

Ainda que brevemente, expõe-se a sistemática de investigação e perseguição política a opositores instaurada no Brasil a partir do Serviço Nacional de Informações (SNI). A justificativa de se discutir o tema se dá na medida em que as formas de perseguição encampadas pelo Estado a partir deste órgão servem de fundamento para se compreender os critérios para a concessão da anistia política ao longo do tempo.

Assim, a análise permite melhor compreensão global, pois fornece os subsídios necessários para tratar especificamente da anistia política após a promulgação da Constituição Federal de 1988 (CF/1988).

Outro ponto de destaque é a assimilação entre o Estado Democrático de Direito analisado à luz da anistia política. Engloba-se ao conceito de justiça de transição seu marco constitucional e jurídico. Analisa-se o tema sob o viés constitucional, reiterando seu desenvolvimento histórico, o debate institucional e social e até a judicialização da anistia pelo Supremo Tribunal Federal (STF) na Arguição de Descumprimento de Preceito Fundamental (ADPF) 153.

Demonstra-se o processo de estruturação dessa política de anistia a partir de ações específicas e governamentais tomadas ao longo dos anos, a exemplo da instauração de Comissões Parlamentares de Inquérito (CPIs) para investigar crimes cometidos na ditadura militar, a criação de leis estaduais e federais voltadas à reparação material ou simbólica, até a mais recente legislação sobre anistia – Lei nº 10.559/2002 (Lei de Anistia) – e a posterior criação da Comissão Nacional da Verdade (CNV), que serviu de instrumento para o desenvolvimento dos trabalhos investigativos.

Nesse ínterim, expõe-se o arranjo jurídico e o quadro de referência da anistia política, de forma a verificar seus aspectos jurídicos e âmbito de atuação em cada período de governo – especialmente após 1988.

Exploram-se, ainda, as modificações jurídicas ocorridas no âmbito da política de memória e anistia política. A análise dos períodos de governo desde a EC nº 25/1986 traz uma visão holística do processo de avanço e construção desta política.

A hipótese trabalhada é a de que, após o *impeachment* de Dilma Rousseff, as políticas de memória e verdade sofreram uma severa revisão em relação à aplicabilidade das medidas previstas até então na legislação vigente. No discurso, também se deu outro tom em relação às anistias e eventuais indenizações concedidas.

O trabalho conta com análises estatísticas dos dados da Comissão de Anistia. Antes de apontar o método, os números fornecidos por tal Comissão durante os períodos de 2015, 2016, 2017, 2023 e 2024 – neste momento – não constam compilados em relatórios anuais produzidos pela própria comissão. As informações já disponíveis e tratadas pela Comissão de Anistia foram utilizadas também como complemento.

A atenção se volta ao longo processo político da anistia na redemocratização, e, ao final, às novas tendências e perspectivas para a justiça de transição do país que se mostram viáveis para além das já previstas em Lei. A ideia é demonstrar que, no que diz respeito à política de anistia, há facetas a serem exploradas ainda em 2024, revelando uma de suas nuances que é a duração/permeabilidade nos cenários político e jurídico.

1.3 A perspectiva do neoinstitucionalismo histórico

O institucionalismo, nesta pesquisa, presta-se como referencial teórico. Sua compreensão é relevante, pois pretende-se analisar a Lei de Anistia e seus desdobramentos políticos e jurídicos ao longo do tempo. Ademais, o mesmo referencial teórico foi adotado em outros trabalhos desta linha de pesquisa.[4] [5]

O tema envolve a compreensão do processo político à época (atores), dos anseios da sociedade, do arranjo jurídico escolhido e os efeitos desta decisão institucional que, ainda hoje, afetam o comportamento

---

4 SALES, Gabriela Azevedo Campos. *A institucionalização dos sistemas de políticas públicas no Brasil*: uma comparação entre saúde, assistência social e educação. Tese (Doutorado em Direito). Universidade de São Paulo (USP), São Paulo, 2022.

5 RUIZ, Isabela. *Institucionalidade jurídica e retrocesso nas políticas públicas*: uma análise do Sistema Único de Assistência Social. Dissertação (Mestrado em Direito do Estado). Universidade de São Paulo (USP), São Paulo, 2021.

social. Trata-se de medida necessária à compreensão do institucionalismo, conforme explica Isabela Ruiz:

> Essas teorias fornecem elementos para o estudo de como as estruturas institucionais atuam na definição das preferências dos atores, como influenciam no processo de agregação de preferências, como interferem nos processos de tomada de decisão política, mas também, como se estruturam as instituições e como elas mudam ao longo do tempo, dando ao analista elementos para entender como e em que condições as variáveis institucionais importam para a explicação causal de processos de estabilidade e de mudança.[6]

Sem prejuízo das inúmeras correntes doutrinárias e das diferentes classificações sobre o institucionalismo, no rigor do recorte metodológico deste trabalho, abordam-se aspectos gerais apenas em relação ao neoinstitucionalismo histórico. Essa opção se justifica na medida em que se analisa o arranjo jurídico e a construção normativa para o ingresso da Lei de Anistia no ordenamento jurídico brasileiro em diferentes situações históricas. Daí a necessidade de se trazer e associar elementos de ordem histórica, política e social.

Na doutrina jurídica, Maurice Hauriou e Santi Romano serão os principais autores que servirão de embasamento para se compreender o instituto na teoria jurídica.

Maurice Hauriou parte do conceito de *ideia diretriz* ou *ideia diretora,* isto é, "L'institution, c'est une idée d'œuvre ou d'entreprise qui se réalise et dure juridiquement dans em milieu social, en exerçant une fonction eemen offrant des garanties aux personnes qui y participent ou emi en sont affectées"[7] para que um determinado fim seja alcançado, portanto, há a subordinação de todos para o alcance de um interesse comum. Desta forma, "impõe-se objetivamente aos homens, mas é pela participação ativa dos homens que a ideia se converte em fato, incorporando a realidade".[8]

Na mesma linha, Maurice Hauriou busca demonstrar a correlação entre as instituições e como elas influenciam o comportamento humano, pois são agentes de transformação da realidade fática, vez que definem

---

6 RUIZ, Isabela. *Institucionalidade jurídica e retrocesso nas políticas públicas*: uma análise do Sistema Único de Assistência Social. Dissertação (Mestrado em Direito do Estado). Universidade de São Paulo (USP), São Paulo, 2021. p. 41.

7 HAURIOU, Maurice. *Droit Institutionnel*. Paris: Dalloz, 1963. p. 12.

8 REALE, Miguel. *Fundamentos do direito*. 4. ed. São Paulo: Migalhas, 2014. p. 290.

as regras orientadoras das ações de grupos sociais ou indivíduos. Em outras palavras, as instituições não passam de uma construção política que molda o comportamento humano.

Esta análise institucional deve considerar aspectos de ordem informal (crenças e valores sociais) e, do ponto de vista formal, compreender a estrutura e o funcionamento das instituições,[9] uma vez que, tanto a criação quanto a manutenção das instituições dependem do engajamento e da interação de diferentes interesses e atores distintos. Valiosa, portanto, para a compreensão desta teoria a análise das negociações e dos conflitos ocorridos durante este complexo processo.[10]

No que diz respeito ao processo de objetivação, ou seja, a conversão de fatos da realidade social para a norma, a ideia diretriz é traduzir esse sentimento em fato normativo, ou seja, por meio deste mecanismo, "pretende[-se] superar o subjetivismo e o objetivismo quanto às regras do direito".[11]

Santi Romano, por sua vez, defende o institucionalismo como instrumento para a racionalização, isto é, garantir o mínimo de estabilidade social e a continuidade do sistema já organizado.[12] O direito serve, assim, como forma de "Il diritto è anche norma, ma, prima di essere norma, è organizzazione o corpo sociale, ed è questo che ad essa comunica, como ad um suo prodotto o derivazione, la natureza giuridica, non vice-versa".[13]

Relevante registrar que a interpretação sobre as instituições não é estática, eis que dada a volatilidade social e as modificações ao longo do tempo, podem surgir diferentes interpretações. Parte-se da ideia de que não é o Estado quem produz o direito, mas que é a instituição "o fundamento da eficácia e da garantia das normas jurídicas, do Direito objetivo e do ordenamento legal que é apenas um elemento do ordenamento jurídico".[14]

---

9 HAURIOU, Maurice. *Droit Institutionnel*. Paris: Dalloz, 1963.

10 "Les institutions sont l'expression de la vie sociale et politique, de ses besoins, de ses problèmes et de ses solutions; elles sont à la fois la source de stabilité et d'évolution des sociétés et de leurs structures juridiques". (HAURIOU, Maurice. *Précis de droit administratif et de droit public*. 15. ed. Paris: LGDJ, 1997. p. 67).

11 REALE, Miguel. *Fundamentos do direito*. 4. ed. São Paulo: Migalhas, 2014. p. 289.

12 ROMANO, Santi. *O sistema de direito público subjetivo como sistema de direito objetivo*: Estado como organização de poder. São Paulo: RT, 1997. p. 138.

13 ROMANO, Santi. *L'ordinamento giuridico*. 2. ed. Bologna: Zanichelli, 1947. p. 25.

14 REALE, Miguel. *Fundamentos do direito*. 4. ed. São Paulo: Migalhas, 2014. p. 289.

A análise do institucionalismo no campo da ciência política e o neoinstitucionalismo histórico são marcos referenciais importantes, na medida em que apontam para a correlação das instituições com a organização das relações sociais e políticas.[15] Uma das características desta doutrina é a ênfase atribuída às instituições formais e informais que afetam diretamente a estrutura social. Nessa medida, o papel primordial das instituições construídas a partir de um processo de consenso é buscar limitar as incertezas e proporcionar regras que balizam padrões de interação.

Para o neoinstitucionalismo histórico, as instituições são meios hábeis para se atingir determinados objetivos. A atuação dos atores envolvidos ocorre de forma racional, no intuito de maximizar os resultados e os interesses baseados nas regras formais e informais que regem as interações.[16] Em outras palavras, "os indivíduos e as organizações procuram maximizar os seus objetivos, e as instituições evoluem para servir esses interesses".[17]

Para o neoinstitucionalismo histórico, as alterações nas instituições podem ocorrer gradualmente, embora existam hipóteses de modificações radicais. Contudo, mesmo com a evolução das instituições ao longo do tempo, decisões do passado continuam a influenciar e a moldar o meio social, a política e as próprias instituições, pois inseridas em um processo multifacetado e complexo a englobar o trato de diversos atores políticos e sociais.[18]

Em síntese, da adoção do referencial teórico do neoinstitucionalismo histórico provêm algumas diretrizes:

> As explicações elaboradas por essa vertente, a propósito da formação, da preservação e da transformação institucional, não são apenas um recurso para explicar resultados pretéritos. Ao contrário, conhecer as relações entre as configurações institucionais e seus efeitos, assim como os legados e as fontes de resiliências presentes em cada arranjo concreto, pode ser a chave para o êxito de uma política. Portanto, mais do que

---

15 HALL, Peter; TAYLOR, Rosemary. Political science and the three new institutionalisms. *Political Studies*, v. 44, n. 5, p. 936-957, 1996.

16 HALL, Peter; TAYLOR, Rosemary. Political science and the three new institutionalisms. *Political Studies*, v. 44, n. 5, p. 936-957, 1996.

17 PIERSON, Paul. The limits of design: explaining institutional origins and change. *Governance: an International Journal of Policy and Administration*. v. 13, n. 4, p. 475-499, 2000.

18 THELEN, Kathleen; MAHONEY, James. Institutional theory in political science: the new institutionalism. *In*: *The Oxford Handbook of Political Science*. Oxford: Oxford University Press, 2010. p. 583-606.

orientar uma análise descritiva e meramente retrospectiva, trata-se de um aporte teórico que contribui para guiar o trabalho de modelagem institucional em função de um regime de efeitos isto é, com um olhar prospectivo em relação a um determinado arranjo.[19]

Assim, a associação do referencial teórico do neoinstitucionalismo histórico ao campo da Teoria do Estado permite observar a interligação entre as forças políticas que movem o Estado, no campo político e jurídico,

> e analisar a expressão da dinâmica política pelas formas próprias do Direito [que] é uma das tarefas do campo de estudos da Teoria do Estado[20] [...] é a partir dessa disciplina que se pode compreender a criação do Direito como resultado das tensões e dos conflitos do poder e verificar o modo como se traduzem as demandas sociais em linguagem jurídica (em regras, procedimentos e instituições jurídicas).[21]

1.4 Conceito de anistia e classificações

O termo anistia apresenta inúmeras acepções. Segundo o dicionário *Michaelis*,[22] significa "perdão geral" ou "esquecimento. Deriva do grego o conceito *amnestia* e, com base nos registros históricos, foi utilizada pela primeira vez no ano de 403 a.C. em Atenas.

Anistia também é um termo verificado em outras áreas do direito – tributário, financeiro, orçamentário, penal. Acrescenta-se suas inúmeras definições do ponto de vista político e social.

O instituto da anistia não é novo no Brasil. Sua utilização pode ser vista ao longo da história. No período colonial, por exemplo, foi concedida anistia aos que participaram da insurreição republicana. No Império, o poder de anistia era uma prerrogativa do Imperador e,

---

[19] SALES, Gabriela Azevedo Campos. *A institucionalização dos sistemas de políticas públicas no Brasil*: uma comparação entre saúde, assistência social e educação. Tese (Doutorado em Direito). Universidade de São Paulo (USP), São Paulo, 2022. p. 57.

[20] BUCCI, Maria Paula Dallari. A Teoria do Estado entre o jurídico e o político. *In*: BUCCI, Maria Paula Dallari; GASPARDO, Murilo (Org.). *Teoria do Estado*: sentidos contemporâneos. São Paulo: Saraiva, 2018. p. 27-74.

[21] RUIZ, Isabela. *Institucionalidade jurídica e retrocesso nas políticas públicas*: uma análise do Sistema Único de Assistência Social. Dissertação (Mestrado em Direito do Estado). Universidade de São Paulo (USP), São Paulo, 2021.

[22] DICIONÁRIO MICHAELIS. Disponível em: https://michaelis.uol.com.br/. Acesso em 11 nov. 2022.

derivado das atribuições do Poder Moderador, foi utilizada em benefício da família real, de parte da corte e de movimentos contestatórios. Na República, a anistia também esteve presente. Naquela ocasião, o encargo de conceder o ato de perdão do Estado era de competência do Poder Legislativo, embora carecesse de sanção posterior pelo Presidente da República.[23]

Na Revolução de 1930, a anistia foi concedida aos tenentistas e sargentos revoltosos. Na Constituição de 1934, aprovou-se a anistia que envolveria os paulistas e todos que haviam sofrido atos de intervenção do Estado e de membros da classe sindical.

Na filosofia política, Norberto Bobbio, ao tratar da anistia política, no que tange à extinção dos atos e efeitos praticados, anota: "Assim como a prescrição, é uma forma de extinguir as consequências da infração penal, mas, diferentemente desta, não significa a inculpabilidade do autor. A anistia perdoa o delito, não o delinquente".[24] Enquanto fonte de legitimação que justifique a sua concessão, seus critérios devem ser transparentes e "ser uma anistia que perdoe todos, sem exceção, e que não deixe impune nenhum delito que mereça ser punido".[25]

No Estado Novo, Vargas extirpou das competências do Congresso Nacional a atribuição de conceder anistias. Ao final desse período, a Constituição de 1946 reproduziu os dispositivos da Constituição anterior em relação ao tema,[26] conforme destaca Danyelle Nilin Gonçalves:

> Foram concedidas anistias ainda em 1946, 1951, 1956, 1957, 1959 e 1961, sendo esta a última anistia antes da eclosão do golpe militar. Teve como característica ser ampla, atingindo inclusive ainda aqueles revoltosos de 1935 que não haviam sido amparados por nenhuma lei até então. Trouxe também como novidade a anistia aos estudantes que se envolveram em manifestações quando da renúncia de Jânio Quadros, cessando a

---

23 GONÇALVES, Danyelle Nilin. *O preço do passado*: anistia e reparação de perseguidos políticos no Brasil. Tese (Doutorado em Sociologia). Universidade Federal do Ceará (UFC), Fortaleza, 2006. p. 30-34.

24 BOBBIO, Norberto. *O futuro da democracia*. Do original: Il futuro della democrazia? (Trad. Marco Aurélio Nogueira). Rio de Janeiro: Paz e Terra, 1986. p. 161.

25 BOBBIO, Norberto. *O futuro da democracia*. Do original: Il futuro della democrazia? (Trad. Marco Aurélio Nogueira). Rio de Janeiro: Paz e Terra, 1986. p. 169.

26 Para Roberto Ribeiro Martins, considerando as fases da Colônia, Reino, Império e República, constam a existência de aproximadamente cem decretos de anistia política. (MARTINS, Roberto Ribeiro. *Liberdade para os brasileiros – anistia ontem e hoje*. 2. ed. Rio de Janeiro: Civilização Brasileira, 1978. p. 110).

possibilidade de que estes fossem punidos pelas faltas escolares em virtude dos inúmeros comícios que se estenderam durante meses.[27]

Do ponto de vista jurídico, o conceito de anistia é ato emanado pelo Estado brasileiro, lastreado em disposições constitucionais e legais e/ou por motivos políticos ou de conveniência, que concede o perdão a práticas, em tese, antijurídicas, com vistas à consecução dos objetivos da pacificação social, transição política e interesse nacional.

Nesse sentido, Cezar Roberto Bitencourt:

> A anistia, já se disse, é o "esquecimento jurídico" do ilícito e tem por objeto fatos (não pessoas) definidos como crimes, de regra, políticos, militares ou eleitorais, excluindo-se, normalmente, os crimes comuns. A anistia pode ser concedida antes ou depois da condenação e, como o indulto, pode ser total ou parcial. A anistia extingue todos os efeitos penais, inclusive o pressuposto de reincidência, permanecendo, contudo, a obrigação de indenizar pelo dano causado.[28]

Diferentes, ainda, são as formas de surgimento das anistias, as quais podem ser conquistadas a partir de um movimento revolucionário, de acordos, de mudança da situação política, da pressão popular e até de instrumentos democráticos.[29]

A definição trazida anteriormente e o uso da anistia política como instrumento de pacificação social revela inúmeros desdobramentos no campo político, sejam eles em relação a conflitos e compreensão do papel do Estado quando se analisam as narrativas políticas ou, por outro lado, do ponto de vista jurídico, a implicação não só da estabilidade do Estado Democrático de Direito, mas também a promoção e a concretização dos valores referentes à justiça de transição, como o direito à memória e à verdade, as reformas institucionais, as reparações simbólicas e financeiras e a responsabilização por atos praticados durante a vigência do Estado de Exceção.[30]

---

[27] GONÇALVES, Danyelle Nilin. *O preço do passado*: anistia e reparação de perseguidos políticos no Brasil. Tese (Doutorado em Sociologia). Universidade Federal do Ceará (UFC), Fortaleza, 2006. p. 32.

[28] BITENCOURT, Cezar Roberto. *Tratado de Direito Penal*. V. 1: parte geral. 13. ed. São Paulo: Saraiva, 2008.

[29] MARTINS, Roberto Ribeiro. *Liberdade para os brasileiros – anistia ontem e hoje*. 2. ed. Rio de Janeiro: Civilização Brasileira, 1978.

[30] LEAL, Rogério Gesta. *Verdade, memória e justiça no Brasil*: responsabilidades compartidas. Porto Alegre: Livraria do Advogado, 2012. p. 188.

A anistia é medida de política criminal direcionada a fatos específicos, não diretamente a pessoas, em regra vinculadas a crimes políticos, mas não necessária ou exclusivamente a eles. Seu efeito é *ex-tunc*, retroagindo os efeitos e excluindo a existência do crime e de todos os eventuais efeitos de sentença condenatória penal.[31]

Encerrado seu delineamento geral, mostra-se pertinente expor, na sequência, o posicionamento doutrinário sobre a anistia política.

A primeira corrente doutrinária é a liderada por François Ost. Segundo o autor, a anistia comporta duas possíveis classificações. A primeira delas, a anistia das condenações ou da memória, ocorre após a condenação. Neste caso, o Estado atua como interventor para colocar um fim nas questões relacionadas ao âmbito político.

A segunda, a anistia dos fatos ou do esquecimento, diz respeito a temas ligados a fatos e extirpa, do ponto de vista jurídico, o direito potestativo do Estado em ingressar com ações penais. Enquanto efeito, há a perda de validade e de eficácia de crimes ou atos praticados em desacordo com o ordenamento jurídico vigente. Em outras palavras, "o efeito do desempenho jurídico atinge o seu ápice: agimos como se o mal não tivesse ocorrido; o passado é reescrito e o silêncio é imposto à memória".[32]

William W. Burke-White[33] classifica as anistias de três formas: anistia internacional legítima ou legitimada (*internationally legitimized*), anistia geral (*blanket amnesty*) e anistia política (*political amnesty*).

A anistia geral (*blanket amnesty*)[34] torna imune os agentes estatais por qualquer crime cometido durante um período específico. Diante disso, como característica principal, não faz distinções entre crimes comuns, políticos e internacionais, sequer considera a motivação do crime. Visa, assim, ao completo esquecimento dos atos praticados e o engajamento estatal para retirar qualquer tipo de responsabilização

---

31 FALCÃO, Maria Cláudia Araújo de Arruda. *Lei de Anistia – aspectos políticos e jurídicos*. Dissertação (Mestrado em Ciência Política). Universidade Federal de Pernambuco (UFPE), Recife, 2010. p. 12.

32 OST, François. *O tempo do direito*. Bauru, SP: EDUSC, 2005. p. 172.

33 BURKE-WHITE, William W. Protecting the minority: a place for impunity? an illustrated survey of amnesty legislation, its conformity with international legal obligations, and its potential as a tool for minority-majority reconciliation. *JEMIE – Journal on Ethnopolitics and Minority Issues in Europe*, USA: Harvard Law School, 2000.

34 BURKE-WHITE, William W. Protecting the minority: a place for impunity? an illustrated survey of amnesty legislation, its conformity with international legal obligations, and its potential as a tool for minority-majority reconciliation. *JEMIE – Journal on Ethnopolitics and Minority Issues in Europe*, USA: Harvard Law School, 2000. p. 5-6.

das autoridades de governo que tenham cometido, com participação ou omissão, crimes graves durante determinado período. Esse tipo de anistia pode ser verificado em países da América Latina nos quais eram concedidas as anistias como forma negociada – utilizadas por ditadores – por exemplo, no Chile, no Peru e na Argentina.

A anistia política (*political amnesties*) considera como critério o alcance limitado, vez que, para conceder a anistia exige o fato gerado e crimes com objetivos estritamente políticos. Não se permite, por outro lado, a concessão de anistia a crimes comuns ou cometidos por motivações pessoais. A forma legítima de concessão, segundo o critério desta classificação, exige a precisa definição do tipo previsto em lei. Deve existir correlação e conexão legítima com a expressão da vontade popular ao concedê-la, preferencialmente por governos eleitos de forma democrática. Outro mecanismo ou meio alternativo nesta hipótese de anistia é a criação de comissões de investigação para elaborar relatórios, bem como a criação de fundo para compensar os danos sofridos pelas vítimas.[35]

A anistia internacionalmente legitimada (*internationally legitimatized immunity*) exclui do rol de crimes cometidos passíveis de "perdão" os que versem contra a vida, não se aplicando, portanto, aos crimes contra a humanidade, à tortura, aos estupros, ainda que praticados com objetivos políticos bem definidos. Sua legitimidade se dá nos planos nacional e internacional, eis que observam tratados de direitos humanos, especialmente a partir da década de 1990.[36]

Lúcia Helena Arantes Ferreira Bastos[37] e Yolanda Gamarra Chopo[38] tratam sobe as anistias permitidas e não permitidas. As anistias consideradas *ilegítimas* ou *não permitidas* são concedidas por aqueles que

---

35 BURKE-WHITE, William W. Protecting the minority: a place for impunity? an illustrated survey of amnesty legislation, its conformity with international legal obligations, and its potential as a tool for minority-majority reconciliation. *JEMIE – Journal on Ethnopolitics and Minority Issues in Europe*, USA: Harvard Law School, 2000. p. 13-16.

36 BURKE-WHITE, William W. Protecting the minority: a place for impunity? an illustrated survey of amnesty legislation, its conformity with international legal obligations, and its potential as a tool for minority-majority reconciliation. *JEMIE – Journal on Ethnopolitics and Minority Issues in Europe*, USA: Harvard Law School, 2000. p. 21-22.

37 BASTOS, Lúcia Helena Arantes Ferreira. As leis de anistia face ao direito internacional e à justiça de transicional. *In*: SOARES, Virgínia Prado; KISHI, Sandra Akemi Shimada (Coord.). *Memória e verdade*: a justiça de transição no Estado Democrático de Direito brasileiro. Belo Horizonte: Fórum, 2009. p. 169-196.

38 CHOPO, Yolanda Gamarra. Peace with justice: the role of prosecution in peacemaking and reconciliation. *Revista Electrónica de Estudios Internacionales*, 2007.

detêm o poder político, por exemplo, um ditador cujo poder não tem origem em lastro democrático e popular; esta modalidade abrange todos os tipos de crime, incluindo os praticados contra a humanidade.

Já as anistias *permitidas* ou *legítimas* exigem como forma de concessão o lastro democrático advindo de parlamentares eleitos, cujo conteúdo é limitado e não engloba crimes de sangue e contra a humanidade, por exemplo.

No que diz respeito aos seus efeitos, a anistia pode ser concedida de forma retroativa ou prospectiva. A primeira delas, retroativa, é concedida em relação a crimes cometidos no passado. Neste caso, defende-se sua inconstitucionalidade por contrariar frontalmente o Estado de Direito.[39] Já a anistia prospectiva diz respeito a eventuais crimes futuros, é exceção à regra. Segundo Antônio Augusto Cançado Trindade, adapta-se ao caso da anistia de 1979 no Brasil, haja vista que "concedeu anistia para crimes políticos cometidos até a data de sua promulgação e para crimes políticos que ainda não tinham sido cometidos".[40]

No plano internacional, Douglas Cassel[41] apresenta, baseado em normas internacionais, no caso, da Corte IDH e da Comissão IDH, como norte interpretativo para a concessão de anistia: 1) deve ser adotada do ponto de vista democrático, realizada via legislação ordinária ou constitucional; 2) as violações devem ser investigadas, garantindo à sociedade obter a verdade sobre os fatos ocorridos no passado; 3) as investigações devem identificar os nomes dos responsáveis por violações de direitos humanos; 4) vítimas ou familiares devem participar nos processos de investigação e outros procedimentos eventualmente instaurados para a busca da verdade dos fatos; 5) são necessárias compensações, em pecúnia ou não, às vítimas alvo de violação de direitos humanos; 6) a anistia política não deve ser aplicada em casos relacionados a crimes contra a humanidade, tratamento degradante ou desumano e sevícias e maus tratos; 7) necessário o reconhecimento da responsabilidade do Estado; 8) punição dos agentes ou responsáveis pelas práticas de violação de direitos humanos.

---

39 ARAÚJO, Maria Paula Nascimento; VELLOSO, Gabriela de Moraes. *Justiça de transição*: memória, verdade e reconciliação. Rio de Janeiro: FGV, 2015. p. 126.

40 TRINDADE, Antônio Augusto Cançado. *Direito internacional dos direitos humanos*: teoria e prática. São Paulo: Saraiva, 2011. p. 374.

41 CASSEL, Douglass. Lessons from the Americas: guidelines for international response to amnesties for atrocities. *Law and Contemporary Problems*, v. 59, n. 4, p. 197-230, 1996.

As classificações postas permitem verificar, a depender do momento político e do arranjo jurídico da anistia, quais foram a linha e a tendência adotadas pelo Estado brasileiro durante o processo de implementação e execução da anistia política no Brasil. Além disso, fornecem elementos para a melhor compreensão do conceito e das características da justiça de transição e a interpretação mais contemporânea sobre o tema.

1.5 Justiça de transição: conceito, delimitação e características

A justiça de transição pode ser descrita como um conjunto de medidas políticas, jurídicas e sociais criadas por países que atravessaram períodos autoritários ou de *exceção*, os quais podem ou não envolver conflitos armados e meios cruentos causadores de violação de direitos humanos.[42]

Por objetivo, busca-se reparar as pessoas atingidas por esses atos, responsabilizar os agentes que praticaram essas condutas e prevenir, como caráter educativo,[43] ao Estado brasileiro.[44]

A justiça de transição se baseia em quatro pilares: (1) o direito à memória e à verdade; (2) as reformas institucionais; (3) as reparações

---

[42] TEITEL, Ruti G. *Transitional justice*. Oxford: Oxford University Press, 2000.

[43] "As reivindicações por justiça adquirem um lugar de maior importância nos debates públicos quando as novas gerações também passam a defender tais demandas, agregando forças revigorantes e legitimadoras dos atos de resistência do passado. Tal legitimação decorre do fato de que as novas gerações, por meio do acesso aos mecanismos de memória, atribuem sentidos à sua própria realidade, alcançando a esfera do reconhecimento das violações aos direitos humanos como atrocidades e da importância dos atos de resistência para a constituição e viabilidade de sua própria existência". (BAGGIO, Roberta Camineiro. Por que reparar? A Comissão de Anistia e as estratégias de potencialização do uso público da razão na construção de uma dimensão político-moral das reparações no Brasil. *In*: SOUSA JÚNIOR, José Geraldo de *et al.* (Org.). *O direito achado na rua*: introdução crítica à justiça de transição na América Latina. Brasília: UnB, 2015. p. 282-291).

[44] De forma compacta, Eneá Almeida conceitua a justiça de transição: "O conjunto de ferramentas ou protocolos que devem ser implementados nas sociedades a partir do Estado, de maneira que haja consenso e consciência sobre a postura democrática tanto nas relações entre o Estado e a Sociedade quanto nas relações sociais propriamente ditas. O objetivo é atingir um nível de confiança e solidariedade tal que viabilize a reconciliação nacional e a cura de eventuais feridas decorrentes dos traumas de um período de exceção e/ou conflito armado. (ALMEIDA, Eneá de Stutz. *A transição brasileira*: memória, verdade, reparação e justiça (1979-2021). Salvador: Editora UnB, 2022. p. 28).

simbólicas e financeiras; e (4) a responsabilização por atos praticados no período autoritário.[45]

Duas são suas principais correntes teóricas: a primeira, *restaurativa*, compreende o contexto e a necessidade de se adotar práticas de conciliação para reestabelecer a paz e reparar. Opta-se, assim, pela construção de acordos e consensos.[46] A segunda, *retributiva*, intenta identificar e punir, se vale da ideia da lei e da ordem, e deve ser aplicada de imediato por se tratar de uma norma *jus cogens*.[47]

A divergência doutrinária se dá em relação ao grau de apuração. Apenas a corrente *retributiva* pretende apurar responsabilidades civis ou penais e a imposição de pena de crime a quem os praticou, pois entende fundamental para garantir a prevenção e a responsabilização daqueles que praticam atos de violação aos direitos humanos.[48]

Por outro prisma, a corrente *restaurativa* compreende que a criminalização destes atores poderia causar um atraso significativo no processo de amadurecimento das instituições e da sociedade. A punição é ferramenta para propagar e até perpetuar os fatos discutidos.[49]

O ponto de convergência das doutrinas ocorre na medida em que ambas compreendem como positiva a instauração de processos investigativos, a criação de comissões, a atribuição de compensações de cunho econômico, de reforma institucional e ordenamento jurídico.

---

45 Conforme o Relatório da Organização das Nações Unidas (ONU) S/2004/16 do Conselho de Segurança.

46 ZEHR, Howard. *The little book of restorative justice*. Intercourse: Good Books, 2002.

47 "The legal literature discloses that the following international crimes are jus cogens: aggression, genocide, crimes against humanity, war crimes, piracy, slavery and slave-related practices, and torture. Sufficient legal basis exists to reach the conclusion that all these crimes are part of jus cogens. This legal basis consists of the following: (1) international pronouncements, or what can be called international opinio juris, reflecting the recognition that these crimes are deemed part of general customary law; (2) language in preambles or other provisions of treaties applicable to these crimes which indicates these crimes' higher status in international law;22 (3) the large number of states which have ratified treaties related to these crimes; and (4) the ad hoc international investigations and prosecutions of perpetrators of these crimes". (BASSIOUNI, Mahmoud. Cherif. International crimes: jus cogens and obligations *erga omnes*. *In*: *International Criminal Law Practitioner Library*, v. 1: forms of responsibility in international criminal law. 2. ed. Oxford: Oxford University Press, 2014).

48 BASSIOUNI, Mahmoud. Cherif. International crimes: jus cogens and obligations *erga omnes*. *In*: *International Criminal Law Practitioner Library*, v. 1: forms of responsibility in international criminal law. 2. ed. Oxford: Oxford University Press, 2014.

49 ROHT-ARRIAZA, Naomi; MARIEZCURRENA, Javier. Transitional justice in the twenty-first century: beyond truth *versus* justice. *Social Research – an international quarterly*, v. 73, n. 1, Spring 2006. Disponível em: https://www.cambridge.org/core/books/transitional-justice-in-the-twentyfirst-century/EB19FF314AD4F60B6E18F4803C0F3148. Acesso em 13 mar. 2023.

Em síntese, o objetivo da justiça de transição "implica em processar os perpetradores, revelar a verdade sobre crimes passados, fornecer reparações às vítimas, reformar as instituições perpetradoras de abuso e promover a reconciliação".[50]

No plano internacional, a ONU aborda o conceito de transição:

> Concepts such as "justice", "the rule of law" and transitional justice are essential to understanding the international communityís efforts to enhance human rights, protect persons from fear and want, address property disputes, encourage economic development, promote accountable governance and peacefully resolve conflict. They serve both to define our goals and to determine our methods. Yet, there is a multiplicity of definitions and understandings of such concepts, even among our closest partners in the field. At an operational level, there is, for some, a fair amount of overlap with other related concepts, such as security sector reform, judicial sector reform and governance reform. To work together effectively in this field, a common understanding of key concepts is essential.
> [...]
> The notion of "transitional justice" discussed in the present report comprises the full range of processes and mechanisms associated with a societyís attempts to come to terms with a legacy of large-scale past abuses, in order to ensure accountability, serve justice and achieve reconciliation. These may include both judicial and non-judicial mechanisms, with differing levels of international involvement (or none at all) and individual prosecutions, reparations, truth-seeking, institutional reform, vetting and dismissals, or a combination thereof.[51]

Outro conceito essencial neste trabalho é o da justiça de transição cunhado por Eneá de Stutz Almeida, o qual diz respeito à *justiça de transição reversa:*

> A justiça de transição reversa como sendo o retrocesso no campo da reparação, objetivando construir uma nova memória que negue o golpe de Estado de 1964 e destruindo as relações democráticas e de confiança da

---

50 VAN ZYL, Paul. Promovendo a justiça transicional em sociedades pós-conflito. *In*: *Revista Anistia Política e Justiça de Transição*, Brasília, n. 1, p. 32, jan./jun. 2009.

51 UNITED NATIONS. Security Council. The rule of law and transitional justice in conflict and post-conflict societies. *Report of the Secretary-General*, 2004. p. 4.

Sociedade no Estado, potencializando os conflitos latentes e incentivando tanto a violência quanto a intolerância nas relações sociais.[52]

Esse processo de transição reversa atinge diretamente o âmago da norma constitucional vigente, de maneira que, ainda que sob justificativa da legalidade e de alterações de regras submetidas ao processo legislativo, sua essência visa desconstruir o sentido na norma.

Sob outro aspecto, há um processo de desinstitucionalização:

> A literatura aponta que, onde há desinstitucionalização, há institucionalização (ALMEIDA; DOWBOR, no prelo *apud* SZWAKO; LAVALLE, 2021, p. 463). As dinâmicas de desinstitucionalização refletem as interações mantidas por organizações da sociedade civil (legadas do período anterior à CF/88) e de parte dos representantes eleitos (que hoje compõem o governo, mas que até então estavam fora da disputa política nesse campo). As agendas que se institucionalizam hoje, enquanto desmontam institucionalidades e políticas, decorrem de redes e coalizões de atores que estavam e agiam em outros momentos, no subdomínio da política.[53]

Essa abordagem conectada entre os conceitos de justiça de transição (reversa) e o processo de (des)institucionalização fornece subsídios para se avaliar o desmonte de políticas públicas ou de políticas, tema aprofundado posteriormente neste estudo.

Esses conceitos também trazem o substrato para se compreender as forças políticas, situações históricas, decisões institucionais e outras variáveis que, quando aglutinadas, permitem ao leitor compreender o "arcabouço jurídico resultante do acúmulo em 'camadas geológicas' de instituições criadas em diferentes contextos e fases".[54]

Enquanto subsídio, as anotações relativas à justiça de transição são fundamentais na interpretação do texto, pois, ao longo dos anos, verifica-se a expansão do público-alvo, de medidas para investigação, ações para reparações individuais e coletivas, dentre outros mecanismos

---

52 ALMEIDA, Eneá de Stutz. *A transição brasileira*: memória, verdade, reparação e justiça (1979-2021). Salvador: Editora UnB, 2022. p. 49-50.

53 RUIZ, Isabela. *Institucionalidade jurídica e retrocesso nas políticas públicas*: uma análise do Sistema Único de Assistência Social. Dissertação (Mestrado em Direito do Estado). Universidade de São Paulo (USP), São Paulo, 2021. p. 37.

54 BUCCI, Maria Paula Dallari; COUTINHO, Diogo Rosenthal. Arranjos jurídico-institucionais da política de inovação tecnológica: uma análise baseada na abordagem de direito e políticas públicas. *In*: COUTINHO, Diogo Rosenthal; FOSS, Maria Carolina; MOUALLEM, Pedro Salomon Bezerra (Org.). *Inovação no Brasil*: avanços e desafios jurídicos e institucionais. São Paulo: Blucher, 2017. p. 314.

institucionais e sociais alinhados aos princípios norteadores da justiça de transição.

Passa-se, assim, a uma análise cronológica da anistia política no Brasil, cujo recorte metodológico é o lapso temporal relacionado à anistia política de 1979 até o governo Lula (2024).

CAPÍTULO 2

NOÇÕES PROPEDÊUTICAS: LEGALIDADE, POLÍTICA E ANISTIA POLÍTICA (1962-1988)

2.1 As "forças" pré-golpe 1964

O contexto político que precede o golpe militar, ocorrido em abril de 1964, é marcado por fortes turbulências. Jânio Quadros foi eleito presidente da República com 48% do total de votos[55] e, em votação apartada, nos termos do ordenamento jurídico à época, para vice-presidente, João Goulart. Jânio Quadros renunciou à presidência da República sob a justificativa de que "forças terríveis" o forçaram a tomar tal medida.

Enquanto conflito das soluções políticas à época, para se evitar uma guerra civil, adotou-se o parlamentarismo no Brasil, o qual perduraria entre setembro de 1961 até janeiro de 1963. Sua manutenção fora rejeitada em plebiscito para dar espaço ao retorno do presidencialismo como sistema de governo.

Com a sucessão de João Goulart, seu governo foi marcado por "aproximar-se cada vez mais da esquerda, prometendo reformas de base e aprovando restrições ao capital estrangeiro",[56] índices de alta inflação e apoio a reformas que divergiam do Congresso.[57]

---

[55] FAUSTO, Boris. *História do Brasil*. São Paulo: Edusp, 2015. p. 372.

[56] SARMENTO, Daniel; SOUZA NETO, Cláudio Pereira de. *Direito constitucional*: teoria, história e métodos de trabalho. 2. ed. Belo Horizonte: Fórum, 2017. p. 138.

[57] Outro fator histórico teve repercussão para a ocorrência do Golpe Militar: "Em 13 de março de 1964, João Goulart promove um gigantesco "comício das Reformas" no Rio de Janeiro, de enorme repercussão, em que anuncia dois novos decretos, nacionalizando refinarias privadas de petróleo e sujeitando à desapropriação terras improdutivas localizadas nas margens das estadas e ferrovias. Poucos dias depois, o Presidente anistia marinheiros,

As forças contrárias que ensejariam o golpe militar se concentravam, conforme observa René Dreifuss,

> em uma poderosa coalização burguesa antipopulista e antipopular, localizada nos vários escritórios de consultoria, anéis burocráticos-empresariais, associações de classe dominantes e militares ideologicamente congruentes, beneficiando-se do apoio logístico das forças transnacionais, transformou-se num centro estratégico de ação política, o complexo IPES/IBAD. Juntamente com fundadores e diplomados da ESG, ele estabeleceu a "crítica das armas", representando momento político-militar da ação burguesa de classe. As classes capitalistas se "unificariam" sob uma única liderança – o completo IPEs/IBAd – no Estado Maior da Burguesia como também agiriam sob a bandeira de um único partido de ordem, as Forças Armadas. A crise de autoridade orgânica e de hegemonia política seria resolvida por um golpe preventivo empresarial-militar, que visava, nas palavras de um dos líderes, "golpear o dispositivo adverso de seu desembarque.[58]

Nessa vertente, o memorável discurso de Jango, na Central do Brasil, em 13 de março de 1964:

> Aqui estão os meus amigos trabalhadores, pensando na campanha de terror ideológico e de sabotagem, cuidadosamente organizada para impedir ou perturbar a realização deste memorável encontro entre o povo e o seu Presidente, na presença das lideranças populares mais representativas deste país, que se encontram também conosco, nesta festa cívica.
>
> Chegou-se a proclamar, trabalhadores brasileiros, que esta concentração seria um ato atentatório ao regime democrático como se no Brasil a reação ainda fosse dona da democracia, ou proprietária das praças e ruas. Desgraçada democracia a que tiver de ser defendida por esses democratas. Democracia para eles não é o regime da liberdade de reunião para o povo. O que eles querem é uma democracia de um povo emudecido, de um povo abafado nos seus anseios, de um povo abafado

---

punidos por terem se reunido para reivindicar melhores salários e a possibilidade de concorrerem em eleições. Em 30 de março, Jango comparece para discursar em assembleia de sargentos no Automóvel Clube do Brasil. A atitude, vista como estímulo à quebra de hierarquia na caserna, foi apresentada como uma gota d'água para a deflagração do golpe militar, já que vinha sendo gestado há tempos e envolvia uma rede bastante ampla de interesses". (SARMENTO, Daniel; SOUZA NETO, Cláudio Pereira de. *Direito constitucional*: teoria, história e métodos de trabalho. 2. ed. Belo Horizonte: Fórum, 2017. p. 138).

58 DREIFUSS, René. *A conquista do Estado. Ação política e golpe de classe*. Petrópolis: Vozes, 1981. p. 143.

> nas suas reivindicações. A democracia que eles desejam impingir-nos é a democracia do antissindicato, ou seja, aquela que melhor atenda aos seus interesses ou aos dos grupos que eles representam. A democracia que eles pretendem é a democracia dos privilégios, a democracia da intolerância e do ódio. A democracia que eles querem, trabalhadores, é para liquidar com a Petrobras, é a democracia dos monopólios, nacionais e internacionais, a democracia que pudesse lutar contra o povo, a democracia que levou o grande Presidente Vargas ao extremo sacrifício. Ainda ontem eu afirmava no Arsenal de Marinha, envolvido pelo calor dos trabalhadores de lá, que a democracia jamais poderia ser ameaçada pelo povo, quando o povo livremente vem para as praças – as praças que são do povo. Para as ruas – que são do povo.
> Democracia, trabalhadores, é o que o meu governo vem procurando realizar, como é do meu dever. Não só para interpretar os anseios populares, mas também para conquistá-los pelo caminho do entendimento e da paz. Não há ameaça mais séria para a democracia do que tentar estrangular a voz do povo, dos seus legítimos líderes populares, fazendo calar as suas reivindicações.[59]

Nesse contexto, a Escola Superior de Guerra (ESG) foi uma das principais elaboradoras da linha de "segurança nacional", a qual serviria de embasamento ideológico e, mais adiante, de embasamento jurídico para perseguir opositores políticos.

As forças armadas foram deslocadas em 31 de março de 1964. Em 1º de abril de 1964, o então presidente do Senado Federal, Auro Moura Andrade, declarou vaga a Presidência da República, que fora assumida provisoriamente pelo presidente da Câmara dos Deputados, Ranieri Mazzilli, cargo que seria preenchido pelo General Humberto Castelo Branco. Marcava-se, portanto, "o fim da experiência democrática do período de 1945-1964".[60]

Sob o aspecto institucional, a alteração do sistema de governo durante o período pré-golpe deve ser considerada, eis que a própria disfunção do núcleo decisório (ou das instituições) ofereceu elementos que contribuíram para se instituir um Estado de Exceção.[61]

---

[59] GOULART, João (1918-1976). Discursos selecionados do presidente João Goulart. *In*: MARCELINO, Wanielle Brito (Org.). *Discurso do Presidente João Goulart na Central do Brasil*. Rio de Janeiro (RJ), 13 de março 1964. Brasília: FUNAG, 2009. p. 79-89.

[60] FAUSTO, Boris. *História do Brasil*. São Paulo: Edusp, 2015. p. 392.

[61] Giorgio Agamben define como "[...] um "estado da lei" em que, de um lado, a norma está em vigor, mas não se aplica (não tem "força") e em que, de outro lado, atos que não têm valor de lei adquirem sua "força". No caso extremo, pois, a "força de lei" flutua como um elemento indeterminado, que pode ser reivindicado tanto pela autoridade estatal [...] quanto

Com a edição do Ato Institucional nº 1, baixado em 9 de abril de 1964 por comandantes da Marinha, da Aeronáutica e do Exército, "pela primeira vez na história do país, os militares assumiram o poder com a perspectiva de [lá] permanecer, começando a instaurar um regime autoritário".[62]

Essa medida foi responsável por estabelecer uma narrativa de vitória da "Revolução", alterou a forma de eleição de presidente, expurgou parlamentares, suspendeu garantias no serviço público de vitaliciedade e estabilidade, causou demissões, transferências e aposentadorias compulsórias de servidores civis, magistrados e miliares, por meio de reforma administrativa; suspendeu direitos políticos e cassou parlamentares em todas as esferas. Começou-se, assim, em razão dos poderes ilimitados provenientes do AI-1, a se "perseguir os adversários do regime, realizando tortura e prisões arbitrárias".[63]

Neste método, Ruti G. Teitel observa que, a compreensão e a análise das questões jurídicas é ponto essencial dos momentos de transição ou de períodos históricos injustos:

> Rather than our simply describing outcomes as a mere residuum of the balance of political forces or deducing ideal legal responses from a revolutionary end point that presupposes democracy and the rule of law, it is necessary for us to examine transitional legal responses' relation to societies' historical legacies of injustice and the extent to which this relation shapes their paths to liberalization. The usefulness of this approach will become more apparent as we turn to a discussion of the legal phenomenology and applicable rule-of-law principles that are characteristic of contemporary instances of radical political transformation.[64]

---

por uma organização revolucionária [...]. O estado de exceção é um espaço anômico, onde o que está em jogo é uma força de lei sem lei (que deveria, portanto, ser escrita: força de lei). Tal força de lei, em que potência e ato estão separados de modo radical, é certamente algo como um elemento místico, ou melhor, um *fictio* por meio da qual o direito busca se atribuir sua própria anomia". (AGAMBEN, Giorgio. *Estado de exceção*. (Trad. Iraci D. Poleti). São Paulo: Boitempo, 2004. p. 39).

62 FAUSTO, Boris. *História do Brasil*. São Paulo: Edusp, 2015. p. 392.

63 SARMENTO, Daniel; SOUZA NETO, Cláudio Pereira de. *Direito constitucional*: teoria, história e métodos de trabalho. 2. ed. Belo Horizonte: Fórum, 2017. p. 140.

64 TEITEL, Ruti G. *Transitional justice*. Oxford: Oxford University Press, 2002. p. 214.

2.2 Mecanismos de repressão institucional: o arcabouço jurídico e o Serviço Nacional de Informações

A compreensão do arranjo jurídico e de como funcionavam os órgãos associados à repressão é imprescindível. Com o transcorrer das décadas, as formas de responsabilização e a ampliação de critérios para os beneficiários deu-se com o desenvolvimento dos trabalhos ligados à compreensão de quem estava associado às práticas de violação de direitos humanos, não só praticadas pelo Estado brasileiro, mas associadas a grupos de interesses, empresários e empresas que colaboraram com a repressão.

Para se compreender os efeitos e a evolução legislativa sobre a anistia política, é essencial compreender como o sistema repressivo funcionava. Mais adiante, nesse trabalho, serão tratadas as formas de reparação, especialmente a partir da Lei nº 10.559/2002 (Lei de Anistia Política), a qual prevê, dentre suas hipóteses, reparações de cunho material, por exemplo, por afastamento de funções em serviço público provenientes de demissões nos movimentos grevistas.

Entre os anos de 1964 e 1988, o Brasil atravessou um período sombrio de graves violações aos direitos humanos, mediante a decretação dos atos institucionais, especialmente, o AI-5, o qual suprimiu o conteúdo normativo da Constituição de 1967, implementando um verdadeiro estado de terror por meio de inúmeras medidas, a exemplo da criação de um sistema de inteligência voltado à repressão – Serviço Nacional de Informações – SNI, em suas mais diversas acepções, tais quais a censura a grupos políticos, o movimento grevista, as igrejas e qualquer outra forma de manifestação que visasse reestabelecer o Estado Democrático de Direito.

Sobre o período mencionado, Sebastião Velasco e Cruz e Carlos Estêvão Martins explicam:

> Sob a capa da ordem, protegida da curiosidade pública pelos rigores da censura, mas onipresente, lavrava a guerra suja contra os grupos de esquerda que haviam optado pela luta armada; estava a tortura erigida, então, em uma prática institucional a qual se repudiava publicamente mas se aceitava de fato em nome dos imperativos maiores da Razão de Estado; multiplicavam-se os assassinatos (morte 'por atropelamento', 'em combate', 'em tentativa de fuga', na linguagem torta dos comunicados oficiais), bem como os seqüestros, que atingiam igualmente os militantes da referida esquerda e figuras da oposição legal

> ou semilegal; desenvolvia-se um exercício sistemático de intimidação que recorria a métodos policiais (detenção, interrogatórios, seguidos de ameaças, na ausência de qualquer acusação específica), administrativos (exigência de atestados de bons antecedentes políticos para a obtenção de documentos, para acesso a cargos públicos etc.), econômicos (pressões sobre o empregador para que demitisse o funcionário com 'ficha suja') e se estendia, no plano simbólico, ao terrorismo branco de oficiais paranóicos que enchiam as páginas dos mais importantes jornais do país com proclamações fantásticas onde a 'liberdade sexual', o consumo de drogas e as opiniões políticas menos ortodoxas se fundiam como facetas da estratégia bolchevista para destruir a família, a harmonia social e a paz política. Subjacente à ordem, imperava o medo.[65]

Com base nesse ato, não só foi editada a fatídica versão de 1969 da Lei de Segurança Nacional, como também foi suspensa a garantia do *habeas corpus*, foi fechado o Congresso Nacional, foram afastados cinco Ministros do STF, foram cassados os mandatos de 95 deputados federais e quatro senadores, foram cassados os direitos políticos de ao menos 500 pessoas, foram banidos ou exilados milhares de brasileiros e, ainda, iniciou-se a fase mais dura da tortura, eliminação e desaparecimento de opositores políticos.[66] [67]

> Com Médici, o regime ditatorial-militar brasileiro atingiu sua forma plena. Criara-se uma arquitetura legal que permitia o controle dos rudimentos de atividade política tolerada. Aperfeiçoara-se um sistema repressor complexo, que permeava as estruturas administrativas dos poderes públicos e exercia uma vigilância permanente sobre as principais instituições da sociedade civil: sindicatos, organizações profissionais, igrejas, partidos. Erigiu-se também uma burocracia de censura que intimidava ou proibia manifestações de opiniões e de expressões culturais identificadas como hostis ao sistema. Sobretudo, em suas práticas repressivas, fazia uso de maneira sistemática e sem limites dos meios mais violentos, como a tortura e o assassinato.[68] [69]

---

65 CRUZ, Sebastião C. Velasco; MARTINS, Carlos Estevão. De Castelo a Figueiredo. Uma incursão na pré-história da abertura. *In*: SORJ, Bernardo; ALMEIDA, Maria Hermínia (Org.). *Sociedade e política no Brasil pós-64*. São Paulo: Brasiliense, 1983. p. 43.

66 BARROSO, Luís Roberto. Vinte anos da Constituição brasileira de 1988: o Estado a que chegamos. *Revista de Direito do Estado*, n. 10, p. 25-66, abr./jun. 2008.

67 BRASIL. *Comissão Nacional da Verdade*. Brasília: CNV, 2014. v. 2, p. 18.

68 BARROSO, Luís Roberto. Vinte anos da Constituição Brasileira de 1988: o Estado a que chegamos. *Revista de Direito do Estado*, n. 10, p. 25-66, abr.-jun. 2008.

69 BRASIL. *Comissão Nacional da Verdade. v*. 2. Brasília: CNV, 2014. p. 18.

O SNI, mecanismo de investigação muito bem estruturado e criado por Golbery, permitiu que os órgãos de repressão se disseminassem pelo país nos diversos campos – social, político, sindical, estudantil, católico, militar, – prosseguindo com sistemáticas investigações, as quais causaram danos incomensuráveis, dentre eles, assassinatos, tortura e censura. Criou-se uma sociedade vigiada e monitorada, implementou-se o medo.

Este arranjo jurídico de "controle social" ou vigilância revela-se presente no seguinte arranjo jurídico: a Lei nº 4.341/1964, editada na alvorada do golpe de 1964, criou o SNI, cujos dispositivos comprovam sua finalidade e definem o seu centro de comando.[70] [71]

O arranjo jurídico à época tornou comum o uso da Lei de Segurança Nacional, baseada em conceitos demasiadamente abertos ou vagos, como fato gerador para se aplicar penalidades e violar direitos humanos. Utilizava-se o formalismo e a burocracia sob o véu da legalidade:

---

[70] BRASIL. Lei nº 4.341/1964. Art. 1º. É criado, como órgão da Presidência da República, o Serviço Nacional de Informações (SNI), o qual, para os assuntos atinentes à Segurança Nacional, operará também em proveito do Conselho de Segurança Nacional. Art. 2º. O Serviço Nacional de Informações tem por finalidade superintender e coordenar, em todo o território nacional, as atividades de informação e contra informação, em particular as que interessem à Segurança Nacional. Art. 3º. Ao Serviço Nacional de Informações incumbe especialmente: a) assessorar o Presidente da República na orientação e coordenação das atividades de informação e contra-informação afetas aos Ministérios, serviços estatais, autônomos e entidades paraestatais; b) estabelecer e assegurar, tendo em vista a complementação do sistema nacional de informação e contra-informação, os necessários entendimentos e ligações com os Governos de Estados, com entidades privadas e, quando fôr o caso, com as administrações municipais; c) proceder, no mais alto nível, a coleta, avaliação e integração das informações, em proveito das decisões do Presidente da República e dos estudos e recomendações do Conselho de Segurança Nacional, assim como das atividades de planejamento a cargo da Secretaria-Geral dêsse Conselho; d) promover, no âmbito governamental, a difusão adequada das informações e das estimativas decorrentes. Art 4º. O Serviço Nacional de Informações compreende uma chefia (Chefe do Serviço e Gabinete), uma Agência Central no Distrito Federal e Agências Regionais.

[71] "Instalado efetivamente em junho de 1964, o SNI foi incumbido de assessorar o presidente da República na orientação e coordenação das atividades de informação e contra-informação referentes aos ministérios, serviços estatais e entidades paraestatais. Era ainda de sua competência coletar, avaliar e integrar as informações, "em proveito das decisões do presidente da República e dos estudos e recomendações do Conselho de Segurança Nacional, assim como das atividades de planejamento a cargo da secretaria-geral desse Conselho". Segundo o Decreto nº 55.194, de 10 de dezembro de 1966, o SNI, para o preenchimento de suas funções, deveria elaborar os planejamentos de informações estratégicas, de segurança interna e de contra-informação. A agência central do órgão deveria compreender uma chefia e seções de informações estratégicas, de segurança interna e de operações especiais". (FGV. *Serviço nacional de informação. – SNI*. Disponível em: http://www.fgv.br/cpdoc/acervo/dicionarios/verbete-tematico/servico-nacional-de-informacao-sni. Acesso em 17 abr. 2024).

> Somente os artigos segundo e terceiro do Decreto-Lei nº 898, de 29 de agosto 45 de 1969, davam algumas indicações suplementares: "A segurança nacional é a garantia da consecução dos objetivos nacionais contra antagonismos, tanto internos como externos" e "A segurança nacional compreende, essencialmente medidas destinadas à preservação da segurança externa e interna, inclusive a prevenção e repressão da guerra psicológica adversa e da guerra revolucionária ou subversiva". Como é possível constatar, os dispositivos acima mencionados contêm indicações que são mais pragmáticas, sobre os objetivos a serem alcançados, e não os elementos para uma definição ou para uma caracterização conceitual. O artigo segundo, mesmo se indica o que poderia ser um eventual conteúdo da segurança nacional, demonstra-se vago e genérico. A grande lacuna da doutrina, mantida daquele momento em diante de modo aparentemente premeditado, encontrava-se na imprecisão e na vagueza do seu conceito central. Era cada vez mais difícil "[...] definir, com precisão e rigorismo, o que realmente segurança significa, aquilo em que consiste, o que abarca e em que" implica. Abria-se, portanto, um vasto campo de manobra para os mecanismos da ditadura, que ofereciam a possibilidade desta última continuar e livremente ampliar o rol de crimes contra a segurança nacional, apresentando publicamente os culpados de tais crimes como inimigos do desenvolvimento econômico e social da nação brasileira.[72]

Este regime, lastreado na lógica de Carl Schmitt do *amigo-inimigo* consiste em que todo o esforço nacional deve ser voltado para extirpar da nação aquele tido como inimigo.

A ação governamental seria voltada a promover a segurança nacional, conforme apontava o art. 7º[73] da Lei. Segundo o art. 15,[74] todos os planos de governo seriam aprovados pelo Presidente da República.

---

[72] RI JÚNIOR, Arno Dal. O conceito de segurança nacional na doutrina jurídica brasileira: usos e representações do Estado Novo à Ditadura Militar Brasileira (1935-1985). *Revista de Direitos Fundamentais e Democracia*, Curitiba, v. 14, n. 14, p. 525-543, jul./dez. 2013.

[73] BRASIL. Lei nº 4.341/1964. Art. 7º. A ação governamental obedecerá a planejamento que vise a promover o desenvolvimento econômico-social do País e a segurança nacional, norteando-se segundo planos e programas elaborados, na forma do Título III, e compreenderá a elaboração e atualização dos seguintes instrumentos básicos: [...].

[74] BRASIL. Lei nº 4.341/1964. Art. 15. A ação administrativa do Poder Executivo obedecerá a programas gerais, setoriais e regionais de duração plurianual, elaborados através dos órgãos de planejamento, sob a orientação e a coordenação superiores do Presidente da República. §2º. Com relação à Administração Militar, observar-se-á a finalidade precípua que deve regê-la, tendo em vista a destinação constitucional das Fôrças Armadas, sob a responsabilidade dos respectivos Ministros, que são os seus Comandantes Superiores (Redação dada pelo Decreto-Lei nº 900, de 1969). §3º. A aprovação dos planos e programas gerais, setoriais e regionais é da competência do Presidente da República.

Com o poder centrado e exclusivo, os órgãos militares começaram a reger as decisões de governo, vez que diversos órgãos militares passaram a assessorar imediatamente o Presidente (art. 32).[75]

Assim, sob pressão da "linha dura" da alta cúpula militar, inaugurou-se uma nova fase da repressão, na qual houve a hipertrofia da centralização do poder central, o aparelhamento dos órgãos de governo e de Estado nas mãos dos militares e o agravamento da repressão aos movimentos sociais, fato iniciado com os Atos Institucionais que davam "validade" aos Decretos normativos, dentre eles o Decreto nº 200/1967 ("reforma administrativa").

Sobre este período, Fernando Luiz Abrucio, no que diz respeito à reforma administrativa realizada pelos militares, analisa:

> O modelo reformista do regime militar continha quatro problemas básicos. O primeiro, obviamente, é seu caráter autoritário, permeado ainda por uma ideologia tecnocrática, que pode ser resumida pela ideia da superioridade técnica sobre a política. Desse modo, a burocracia federal ficou insulada de qualquer controle público e, ao contrário do que propugnam os defensores desta visão, essa proteção não afastou os interesses privados da órbita do Estado.[76]

A partir da reforma administrativa e da centralização de inúmeras atribuições, essa alteração do arranjo administrativo esbarra na construção jurídica a que se deu os mecanismos de perseguição política, todos concentrados em um poder central.

Ainda, a amplitude de atuação do regime militar alterou significativamente a estrutura de funcionamento da Administração Pública, por exemplo, por meio do Ato Institucional nº 1,[77] que extirpou do serviço

---

[75] BRASIL. Decreto-Lei nº 200/1967. Dispõe sôbre a organização da Administração Federal, estabelece diretrizes para a Reforma Administrativa e dá outras providências.

[76] ABRUCIO, Luiz Fernando; PEDROTI, Paula; PÓ, Marcos Vinicius. A formação da burocracia brasileira: a trajetória e o significado das reformas administrativas. *In*: LOUREIRO, Maria Rita; MARTES, Ana Cristina Braga; OLIVIERI, Cecília. *Burocratas, partidos e grupos de interesse*: o debate sobre política e burocracia no Brasil. Burocracia e política no Brasil. Desafios para o Estado democrático no século XXI. São Paulo: FGV, 2010. p. 51-52.

[77] "O AI-1 suspendeu as imunidades parlamentares e autorizou o comando supremo da revolução a cassar mandatos em qualquer nível – municipal, estadual e federal – e a suspender direitos políticos pelo prazo de dez anos. As garantias de vitaliciedade, assegurada aos magistrados, pela qual eles têm direito a permanecer em seu cargo, e de estabilidade, conferida aos demais servidores públicos, foram suspensas por seis meses para facilitar o expurgo no serviço público. (FAUSTO, Boris. *História do Brasil*. São Paulo: Edusp, 2015. p. 398).

público inúmeros quadros. O Decreto-Lei nº 200, enquanto instrumento de legitimação simbólica, segundo observa Fernando Luiz Abrucio, "advinha de uma ideologia antipolítica e tecnoburocrata, a partir da qual o regime se definia como instrumento 'modernizador do país'".[78]

O SNI era o órgão de maior posição hierárquica de informação e contrainformação do regime de exceção, vinculado diretamente ao Presidente da República. Os Estados e Municípios compunham um dos braços deste serviço.

Segundo René Dreifus, a partir desta alteração das bases administrativas:

> A "racionalidade tecnocrática" na elaboração das diretrizes excluía, por definição, as considerações políticas, que eram igualadas aos interesses menores e pressões destituídas de altruísmo. Os aspectos "tecnocráticos" do regime, que abrangiam a ausência de discussão aberta e responsabilidade pública dos que tomavam as decisões, funcionavam, efetivamente, contra as frações das classes dominantes não ligadas ao IPES. De maneira semelhante, a natureza "tecnocrática" da tomada de decisões do Estado era coerente com a exclusão total dos setores populares. O caráter tecnocrático correspondia à imagem de dois elementos "racionais" na formulação de diretrizes entre os civis e os militares. Esses elementos eram os chamados técnicos (burocratas supostamente com preparo técnico) que traçavam o desenvolvimento econômico com seus equivalentes nas Forças Armadas, isto é, os oficiais da ESG conduzindo o leme político do Estado e proporcionando segurança. "Segurança Nacional e Desenvolvimento", o lema da ESG, tornou-se também o lema do novo Estado. Os técnicos e os oficiais da ESG estavam, pretensamente, unidos no governo devido aos seus supostos talentos e à ideologia não-emocional, apolítica e apartidária.[79]

De acordo com o art. 46, parágrafo único, do Decreto-Lei nº 200/1967, caberia ao Poder Executivo dispor sobre as polícias militares.[80]

---

[78] ABRUCIO, Luiz Fernando; PEDROTI, Paula; PÓ, Marcos Vinicius. A formação da burocracia brasileira: a trajetória e o significado das reformas administrativas. *In*: LOUREIRO, Maria Rita; MARTES, Ana Cristina Braga; OLIVIERI, Cecília. *Burocratas, partidos e grupos de interesse*: o debate sobre política e burocracia no Brasil. Burocracia e política no Brasil. Desafios para o Estado democrático no século XXI. São Paulo: FGV, 2010. p. 27-71.

[79] DREIFUSS, René. *A conquista do Estado. Ação política e golpe de classe*. Petrópolis: Vozes, 1981. p. 486.

[80] BRASIL. Decreto-Lei nº 200/1967. Art. 46. O Poder Executivo fixará a organização pormenorizada das Fôrças Armadas singulares – Fôrças Navais, Fôrças Terrestres e Fôrça Aérea Brasileira – e das Fôrças Combinadas ou Conjuntas, bem como dos demais órgãos integrantes dos Ministérios Militares, suas denominaçãoes, localizações e atribuições.

Em remissão ao artigo anterior, o art. 59, §2º, previa ao Ministério do Exército sua coordenação e efetivação.[81]

Embora esses dispositivos normativos já vinculassem a atuação das Polícias Militares sob a hierarquia e o comando do Exército, a partir de 1969, com a doutrina de perseguição do inimigo interno e da segurança nacional, a situação ficou mais nítida:

> Assim, a necessidade de se combater um inimigo infiltrado nas mais diversas camadas sociais, sob uma perspectiva de guerra permanente, levaria à "incorporação da segurança pública" à segurança nacional em que as Forças Armadas passam a ter a responsabilidade interna, pela segurança além da já típica atribuição de defesa externa.[82]

Ato contínuo, em 1970 foi emitido o Decreto nº 66.862/1970, que regulamentava o Decreto-Lei nº 667/1969. Nele, fica nítido que as polícias militares, em verdade, estavam sob o comando do poder central (art. 1º).[83] Todos esses dispositivos normativos se amoldavam ao fato de que o planejamento de segurança interna se dava sob a cadeia de comando do poder central e abrangiam diferentes formas de repressão do Estado:

> A fim de possibilitar um desengajamento progressivo das Forças Armadas daquelas ações tipicamente policiais, o Governo Federal e os Estados adotarão medidas que visem, respectivamente, ao fortalecimento do Departamento de Polícia Federal e dos Órgãos de Segurança Pública estaduais, compatibilizando-os com as missões que lhes incumbem face à realidade nacional. [...] A garantia da segurança interna deve

Parágrafo único. Caberá, também, ao Poder Executivo, nos limites fixados em lei, dispor sôbre as Polícias Militares e Corpos de Bombeiros Militares, como fôrças auxiliares, reserva do Exército.

81 BRASIL. Decreto-Lei nº 200/1967. Art. 59. O Ministério do Exército administra os negócios do Exército e tem, como atribuição principal a preparação do Exército para o cumprimento da sua destinação constitucional. §2º. Ao Ministério do Exército compete ainda propor as medidas para a efetivação do disposto no Parágrafo único do art. 46 da presente lei.

82 REJUR. Militarização das polícias e doutrina de segurança nacional no contexto do combate ao inimigo interno no Brasil (1969-1970). *Revista Jurídica da UFERSA Mossoró*, v. 4, n. 7, p. 111-137, jan./jun. 2020.

83 Decreto- Lei nº 667/1969 – Art. 1º. O Ministério do Exército exercerá o controle e a coordenação das Polícia Militares, sucessivamente, atendidas as prescrições dos §§3º, 4º e 6º do artigo 10 do Decreto-lei número 200, de 25 de fevereiro de 1967 (Reforma Administrativa), por intermédio dos seguintes órgãos: 1) Estado-Maior do Exército, em todo o território nacional; 2) Exércitos e Comandos Militares de Área, como grandes escalões de enquadramento e preparação da tropa para emprego nas respectivas jurisdições; 3) Regiões Militares, como órgãos territoriais, e demais Grandes Comandos, de acordo com a delegação de competência que lhes for atribuída pelos respectivos Exércitos ou Comandos Militares de Área.

> ser alcançada pela aplicação do poder nacional, sob todas as suas formas ou expressões, de maneira sistemática, permanente e gradual, abrangendo, desde as ações preventivas até o emprego preponderante da sua expressão militar.[84]

Nítido, portanto, que o arranjo jurídico concentrou o poder decisório da segurança interna em um poder central, com lastro e fundamento de validade decorrentes da Reforma Administrativa do Decreto nº 200/1967, o que "ampliou o paradigma centralizador daspiano, em busca do controle e uniformização dos governos subnacionais diante dos objetivos da União".[85]

Havia, assim, um arcabouço jurídico muito bem definido, que legitimava as práticas de investigação, tortura, demissões, expurgo dos quadros administrativos e severas restrições a liberdades individuais, sob o pretexto de ameaça à segurança nacional. Esse arcabouço jurídico, com o avanço dos anos e a proximidade da abertura, adotou medidas políticas e jurídicas diferentes na repressão, implantando novas técnicas de monitoramento que atacavam, principalmente, a classe trabalhadora.

A Lei de Greve era violentamente utilizada para deter e transmitir o nome dos grevistas aos órgãos de repressão nas chamadas "listas sujas" ou "expedientes sigilosos". Em outras palavras, o uso da Lei de Greve como mecanismo de repressão revela que o mero fato de existir uma lei para conceder "ares de legalidade" representa uma faceta de "leniência" do direito ao poder autoritário. Isto porque era cômodo ao governo enquadrar todos aqueles que aderiram ao movimento grevista como criminosos:

> A dicotomia persistiu até 1964, quando o incipiente regime autoritário, por meio da Lei nº 4.330, denominada de Lei de Greve, *restringiu severamente o instituto criando rito para seu exercício legítimo, impossível de ser seguido pelos sindicalistas. O direito passou a existir apenas formalmente na lei, mas não na prática. A norma, segundo a doutrina, passou a ser chamada de Lei*

---

[84] BRASIL. Conselho de Segurança Nacional. Planejamento de Segurança Interna, de 29 de outubro de 1970. Brasília, DF: *Conselho de Segurança Nacional*, 29 out. 1970. Disponível em: http://imagem.sian.an.gov.br/br_dfanbsb_n8/0/agr/avu/0013/br_dfanbsb_n8_0_agr_avu_0013d0001de0001.pdf. Acesso em 18 mai. 2024.

[85] ABRUCIO, Luiz Fernando; PEDROTI, Paula; PÓ, Marcos Vinicius. A formação da burocracia brasileira: a trajetória e o significado das reformas administrativas. *In*: LOUREIRO, Maria Rita; MARTES, Ana Cristina Braga; OLIVIERI, Cecília. *Burocratas, partidos e grupos de interesse*: o debate sobre política e burocracia no Brasil. Burocracia e política no Brasil. Desafios para o Estado democrático no século XXI. São Paulo: FGV, 2010. p. 52.

> *Antigreve.* De acordo com Gustavo Garcia: a Lei nº 4.330, de 1º de junho de 1964, considerava ilegal a greve quando: não atendidos os prazos e condições estabelecidas em lei; tivesse por objeto reivindicações julgadas improcedentes pela Justiça do Trabalho, em decisão definitiva, há menos de um ano; fosse deflagrada por motivos políticos, partidários, religiosos, morais, de solidariedade, sem quaisquer pretensões relacionadas com a categoria; tivesse a finalidade de rever norma coletiva, salvo se as condições tivessem se modificado substancialmente.[86]
>
> [...]
>
> *A década de 80, contudo, foi palco de mudanças. O movimento grevista começa a ganhar força, fazendo frente ao regime militar, que busca sufocar a ação com novas proibições e penas aos grevistas via leis e decretos, mas que não eram observados pelos trabalhadores.*
>
> Nesse momento, os empregados se organizavam nos locais de trabalho e havia uma ânsia coletiva por maiores liberdades e direitos, bandeiras que desaguaram na Constituição da República de 1988.[87]

Havia uma simbiose entre o Estado brasileiro e as mais diversas empresas nacionais e multinacionais na repressão da classe trabalhadora. Havia, por exemplo, um Centro Comunitário de Segurança do Vale do Paraíba que destacava a presença das empresas com a troca de informações e participação de integrantes dos órgãos do Exército, Marinha, Aeronáutica, Polícia Federal e Estadual.

Essa forma de arranjo repressivo, ainda que do ponto de vista da violência física seja atenuada quando comparada ao período anterior a 1979, teve como marco a predominância do Sistema de Informação, que tomou nova forma e começou a atacar a classe mobilizada. Assim, greves políticas[88] eram decretadas ilegais, ocorriam detenções durante o movimento grevista, intervenções federais e cassação de diretoria sindical, penhora no fundo ou conta dos sindicatos, entre outras práticas.[89]

---

86 GARCIA, Gustavo Filipe Barbosa. *Curso de Direito do Trabalho.* 6. ed. rev. atual. e ampl. Rio de Janeiro: Forense, 2012.

87 MAGALHÃES, Aline Carneiro; MIRANDA, Lúlian. A greve como direito fundamental: características e perspectivas trabalhista-administrativas. *Rev. Trib. Reg. Trab. 3ª Reg.*, Belo Horizonte, v. 56, n. 86, p. 53-76, jul./dez. 2012.

88 "[...] a greve política seria aquela dirigida contra os poderes públicos, tendo como objetivo protestar contra decisões do governo ou pressionar órgãos governamentais para que tomem ou deixem de tomar determinada decisão. Também são consideradas políticas as greves dirigidas contra o próprio empregador, mas em protesto a decisões que não tenham ligação direta com o estrito contrato de trabalho". (BABOIN, José Carlos de Carvalho. *O tratamento jurisprudencial da greve política no Brasil.* Dissertação (Mestrado em Direito). Universidade de São Paulo (USP), São Paulo, 2013. p. 52).

89 Como destaca o Relatório da CNV: "Outro caso de prisão coletiva merecedor de destaque foi a detenção, em 19 de abril de 1980, de sindicalistas e lideranças dos metalúrgicos da

Essa sistemática traduzia-se institucionalmente, por exemplo, com a aplicação de dispositivos da Lei de Segurança Nacional (Lei nº 6.620/1978 e Decreto-Lei nº 314/1967) baseada em conceitos bastante abertos, passíveis das mais diversas interpretações, também combinados e utilizados em caso de greves. Dentre os dispositivos do Decreto-Lei nº 314/1967, destacam-se:

> Art. 32. Promover greve ou *lock-out*, acarretando a paralisação de serviços públicos ou atividades essenciais, com o fim de coagir qualquer dos Podêres da República: Pena – reclusão, de 2 a 6 anos.
> Art. 33. Incitar publicamente:
> I – à guerra ou à subversão da ordem político-social;
> II – à desobediência coletiva às leis;
> Art. 38. Constitui, também, propaganda subversiva, quando importe em ameaça ou atentado à segurança nacional:
> I – a publicação ou divulgação de notícias ou declaração;
> II – a distribuição de jornal, boletim ou panfleto;
> III – o aliciamento de pessoas nos locais de trabalho ou de ensino;
> IV – cômico, reunião pública, desfile ou passeata;
> V – a greve proibida;
> VI – a injúria, calúnia ou difamação, quando o ofendido fôr órgão ou entidade que exerça autoridade pública, ou funcionário em razão de suas atribuições;
> VII – a manifestação de solidariedade a qualquer dos atos previstos nos itens anteriores; Pena – detenção, de 6 meses a 2 anos.
> Art. 48. A prisão em flagrante delito ou o recebimento da denúncia, em qualquer dos casos previstos neste decreto-lei, *importará, simultâneamente, na suspensão do exercício da profissão, emprêgo em entidade privada, assim como de cargo.*

Concomitantemente, editou-se o Decreto Lei nº 2.065/1983, que depreciava enormemente os salários dos trabalhadores perante a inflação. Segundo o economista João Luiz Maurity Sabóia, o decreto acarretou uma compressão de aproximadamente 20% dos salários no país:

---

região metropolitana de São Paulo conhecida como ABCD, bem como de simpatizantes, como os advogados José Carlos Dias – então presidente da Comissão Justiça e Paz (CJP) da Arquidiocese de São Paulo – e Dalmo Dallari – ex-presidente da CJP –, todos sem mandado de prisão e sem a devida comunicação às suas famílias. Essas detenções resultaram de uma crescente preocupação dos órgãos de repressão da ditadura com as greves políticas do período, como aponta o relatório "Análise da situação da subversão no Brasil em 1979", elaborado pelo Centro de Informações do Exército (CIE), vinculado ao gabinete do ministro Walter Pires".

> Para os trabalhadores, excetuando-se o 2.045, o Decreto Lei nº 2.065 foi o pior do período dos reajustes semestrais. Sua utilização acarretaria uma compressão de cerca de 20% da massa salarial do país até meados de 1985, quando teria início a fase de implantação da negociação direta. Todos aqueles que recebiam mais de 10 salários mínimos estavam sujeitos a reajustes semestrais inferiores a 80% do INPC. Estes dados ilustram o potencial recessivo da legislação salarial implantada a partir de acordo com o FMI.[90]

Outro instrumento jurídico utilizado foi o Decreto-Lei nº 2.065/1983,[91] o qual atingiu diretamente disposições sobre a alteração da "Legislação do Imposto sobre a Renda, dispõe sobre o Reajustamento dos aluguéis Residenciais, sobre as Prestações dos Empréstimos do Sistema Financeiro da Habitação, sobre a Revisão do Valor dos Salários, e dá outras Providências".

Essa lógica, além de legitimada pelo direito, põe uma figura imaginária e retórica do inimigo para legitimar a exceção.

Percebe-se, assim, o caráter genérico da norma, o que leva a um alto grau de "discricionariedade" para prosseguir com investigações políticas a qualquer indivíduo potencialmente caracterizado como subversivo. O direito – reacionário – concedia os meios jurídicos para legitimar a violência institucional.[92]

---

[90] SABOIA, João. Salários e produtividade na indústria brasileira: os efeitos da política salarial no longo prazo. *Pesquisa & Planejamento Econômico*, n. 20, p. 581-600, dez. 1990.

[91] BRASIL. Decreto-Lei nº 2.065/1983. Altera a Legislação do Imposto sobre a Renda. Dispõe sobre o Reajustamento dos aluguéis Residenciais, sobre as Prestações dos Empréstimos do Sistema Financeiro da Habitação, sobre a Revisão do Valor dos Salários, e dá outras Providências.

[92] Sobre a relação do direito e o arbítrio, Irene Cardoso explica: "O fundo de arbítrio (o 'poder constituinte revolucionário') transfigurado em lei (os atos institucionais, os decretos-lei, a Constituição), na forma do simulacro, produz a eficácia do regime no qual tudo deve ser verossímil (o Legislativo em funcionamento, a realização das eleições, a vigência da representação popular etc.). Através da simulação, do disfarce, da falsificação constrói-se a 'impostura da lei totalitária' – o arbítrio – que, no entanto, não pode ser assim reconhecido, por parecer ter a força da lei, embora seja efetivamente sustentado pela violência e, no limite, pelo terror". (CARDOSO, Irene. O arbítrio transformado em lei e a tortura política. *In*: FREIRE, Alípio *et al.* (Org.). *Tiradentes, um presídio da ditadura*. São Paulo: Scipione Cultural, 1997. p. 473-475; IBARRA, Carlos Figueiroa. Dictaduras, tortura y terror en América Latina. *In*: ECAP, ODHAG E CRTC. *La tortura y honras violaciones de los derechos humanos*. Guatemala: Antigua, abr. 2000. p. 6-13).

2.3 Panorama geral e cronologia das etapas da anistia no Brasil

Nesta seção, o objetivo é apontar os principais marcos temporais e as alterações ali observadas, sejam elas ampliações ou reduções ao acesso à anistia política de cada período, indicando o seu arranjo jurídico e notas em relação ao contexto político. A proposta que reforça a necessidade de se construir uma linha cronológica é que, em princípio, a anistia política detém algumas peculiaridades, dentre elas, o largo espaço temporal entre a sua real implementação e sua efetividade em condições de normalidade política e democrática.

Diante disso, é possível lançar luzes e verificar algumas hipóteses desta pesquisa: a) se a anistia política é uma política inerente à estabilidade das instituições democráticas e, dado o seu caráter, se amplia ou está sujeita a se esgotar com o decorrer do tempo; b) se a ampliação ou o desmonte ao longo do tempo desta política tem relação com a estrutura e o arranjo jurídico que a criou.

Esse embasamento geral oferece os subsídios necessários para, mais detidamente, tratar da anistia política, especialmente a partir da sua previsão constitucional (art. 8º do ADCT da CF/1988) e dos seus demais desdobramentos até o momento. Ao final, identifica-se por qual motivo, após quarenta anos, a sociedade brasileira e as instituições ainda discutem questões relacionadas à anistia política.

2.3.1 Anistia política de 1979

Durante o governo de Ernesto Geisel, a partir de março de 1974, ocorreu um período de "distensão" política ou "processo de abertura lenta gradual e segura",[93] [94] [95] processo resultado de uma

[93] SOUSA, Arnaldo Vieira. Lei da Anistia: o direito entre a memória e o esquecimento. *Cadernos UNDB*, São Luís, v. 4, jan./dez. 2014.

[94] "[...] essas três condições, acho que justificam por si mesmas. Por que ela tem que ser lenta? Porque não pode ser abrupta. Porque cria um problema maior com a área que é favorável à revolução. Sobretudo a área que havia nas Forças Armadas, que era a tal chamada linha dura. Ela tinha de ser gradual, progressiva. E tinha que ser segura, porque nós não podíamos admitir uma abertura que depois não funcionasse e voltasse o regime de exceção. Era preciso que ela fosse montada e organizada de maneira que representasse uma solução definitiva". (GEISEL *apud* SILVA. *In*: FERREIRA, Jorge; DELGADO, Lucília de Almeida Neves (Org.). *O tempo da ditadura*: regime militar e movimentos sociais em fins do século XX. Rio de Janeiro: Civilização Brasileira, 2003. (O Brasil Republicano, v. 4), p. 262).

[95] COUTO, Ronaldo Costa. *História indiscreta da ditadura e da abertura – Brasil*: 1964-1985. 2. ed. Rio de Janeiro: Record, 1999. p. 135.

mobilização política que teve início na década de setenta, com participação da sociedade civil organizada, de militantes de direitos humanos e de partidos políticos, integrantes de movimentos estudantis, ex-presos políticos, exilados, cassados e familiares de vítimas da violência do regime, com destaques para o Movimento Feminino pela Anistia e o Comitê brasileiro pela Anistia.[96]

Movimento jurídico e político que precedeu a posse de João Batista Figueiredo foi a aprovação da Emenda Constitucional nº 11/1979 pelo parlamento brasileiro, em vigor desde 1º de janeiro de 1979, e que aprovou uma série de medidas de cunho político para restabelecer as liberdades públicas, revogando disposições antes previstas pelo Ato Institucional nº 5:

> A partir dessa data, o Executivo já não poderia declarar o Congresso em recesso, cassar mandatos, demitir ou aposentar funcionários a seu critério, privar cidadãos de seus direitos políticos. O direito de requerer *habeas corpus* também foi restaurado em sua plenitude. Ao mesmo tempo, a emenda nº 11 criou, ao lado da figura já existente do estado de sítio, as chamadas "salvaguardas", pelas quais o Poder Executivo poderia decretar o estado de emergência e medidas de emergência. As últimas poderiam ser tomadas para restabelecer a ordem pública e a paz social em locais determinados, atingidos por calamidades ou graves perturbações. Essas restrições levaram o MDB a abster-se na votação da emenda.[97]

Empossado em 15 de março de 1979, João Batista Figueiredo compreendeu que o momento político era favorável para ampliar a discussão no campo político e promover a pacificação envolvendo conflitos sociais.[98] Assim, endereçou mensagem ao Congresso Nacional

---

[96] LEITE, Carlos Henrique Costa. *Supremacia judicial e justiça de transição*: a última palavra sobre o significado da Constituição e o caso da Lei de Anistia. Rio de Janeiro: Lumen Juris, 2016. p. 66.

[97] FAUSTO, Boris. *História do Brasil*. São Paulo: Edusp, 2015. p. 421.

[98] "[...] o sucessor de Geisel, o general Figueiredo, continuou a abertura, revogando algumas das medidas de emergência mais repressivas, empreendendo uma reforma dos partidos políticos, normalizando o funcionamento do parlamento e estabelecendo um calendário eleitoral. Como houve eleições livres, o processo de transformação do regime se acelerou, mas, mesmo assim, os militares mantiveram um elevado nível de controle sobre o processo. Como parte da abertura política, o Congresso aprovou a Lei da Anistia". (BRITO, Alexandra Barahona de. "Justiça transicional" em Câmara Lenta: o caso do Brasil. *In*: PINTO, António Costa; MARTINHO, Francisco Carlos Palomanes (Org.). *O passado que não passa*: a sombra das ditaduras na Europa do Sul e na América Latina. Rio de Janeiro: Civilização Brasileira, 2013. p. 236).

com a finalidade de propor uma transição que culminaria na Lei nº 6.683/1979 (Lei de Anistia de 1979):

> A anistia é um ato unilateral de Poder, mas pressupõe, para cumprir sua destinação política, haja, na divergência que não se desfaz, antes se reafirma pela liberdade, o desarmamento dos espíritos pela convicção da indispensabilidade da coexistência democrática. A anistia reabre o campo de atuação política, enseja o reencontro, reúne e congrega para a construção do futuro e vem na hora certa.[99]

Sobre a sucessão de Geisel e seu alinhamento político com Figueiredo, Boris Fausto aponta o paradoxo da escolha de Figueiredo por Geisel, ante o seu histórico político e dos papéis exercidos no Estado brasileiro que contribuíram com a repressão estatal:

> O general Figueiredo fora chefe do Gabinete militar no período Médici e era o chefe do SNI no governo Geisel. Parecia assim bem-talhado para prosseguir no lento processo de abertura e ao mesmo tempo tratar de neutralizar a linha dura. De qualquer forma, era um dos paradoxos da liberalização brasileira o fato de que o homem indicado para continuar a promove-la fosse responsável pela chefia de um órgão repressivo.[100]

A principal questão residente aqui sobre a aprovação da Lei de Anistia de 1979 é a de que, embora setores sociais tenham se articulado com a criação de movimentos políticos em prol da anistia, o projeto de Lei de Anistia[101] enviado em 27 de junho de 1979, em verdade, representava uma manobra política bem articulada por Petrônio Portella e Golbery de Couto e Silva, para se aprovar uma espécie de "anistia recíproca":

> De fato, Golbery valorizava esse tipo de ardil. Ele admirava o antigo presidente do Senado, que, no governo Geisel, havia conduzido a chamada "missão Portella" – tentativa de comprometer setores moderados da oposição com a abertura política. Como ministro da Justiça no governo Figueiredo, Petrônio Portella foi responsável pelo projeto da anistia.

[99] BRASIL. Presidência da República. *Mensagem nº 191/1979*, de 27 de junho de 1979.

[100] FAUSTO, Boris. *História do Brasil*. São Paulo: Edusp, 2015. p. 427.

[101] "[...] O projeto foi elaborado pelo Ministro da Justiça, Petrônio Portela, pelo chefe da Casa Civil, Golbery do Couto e Silva, o chefe do SNI, Otávio Aguiar de Medeiros, o chefe do gabinete militar, Danilo Venturine, e o secretário do presidente Figueiredo, Heitor Ferreira". (SOUZA, Mayrara Paiva de. *Os usos do passado nas constituintes de 1946 e 1987/1988*: a anistia entre silêncios, ruídos e esquecimentos. Tese (Doutorado em História). Universidade Federal de Goiás (UFGO), Goiânia, 2016. p. 199).

Golbery do Couto e Silva o julgava capaz de sobrepujar os oponentes com suas "magistrais manobras políticas", desnorteando adversários "como que postos sob luz estroboscópica".
A menção aos crimes conexos realmente demandava uma extraordinária capacidade de tergiversação, dada a esdrúxula circunstância de o projeto anistiar pessoas desconhecidas e não condenadas. A fórmula obscura foi adotada porque o governo não estava apenas preocupado com torturadores. Ao anistiar os "crimes políticos ou praticados com motivação política", o projeto garantia que, no futuro, nenhum militar seria punido em função das ilegalidades praticadas durante a ditadura.[102]

Essa composição informada como anistia recíproca ou anistia de dupla via é criticada por Lúcia Elena Arantes Ferreira Bastos:

> [...] esse aspecto, a aceitação da anistia de dupla via padece de um ponto de vista errado sobre o conceito de violações dos direitos humanos e crimes políticos, pois essa anistia diverge do conceito político-legal universalmente aceito de que as anistias são aplicáveis aos crimes políticos praticados pelos cidadãos. Igualar genuínas violações dos direitos humanos praticadas por agentes estatais aos atos criminosos cometidos por grupos armados dissidentes distorce a natureza específica dos primeiros, ou seja, o efeito é a perversão do verdadeiro conceito de direitos humanos.[103] [104]

A aprovação da Lei de Anistia de 1979, no aspecto político, serviria como instrumento para enfraquecer a oposição e a autodestruição

---

[102] FICO, Carlos. A negociação parlamentar da anistia de 1979 e o chamado "perdão aos torturadores". *In*: BRASIL. Comissão de Anistia. Ministério da Justiça. *Revista Anistia Política e Justiça de Transição*, Brasília: Ministério da Justiça, n. 4, jul./dez. 2010. p. 321.

[103] BASTOS, Lucia Elena Arantes Ferreira. *Anistia*: as leis internacionais e o caso brasileiro. Curitiba: Juruá, 2009. p. 196.

[104] No aspecto econômico brasileiro, José Murilo de Carvalho desponta argumento pelo qual a Lei de Anistia se mostraria de importante instrumento para a manutenção do Poder por parte dos militares: "Em 1973 tinha acontecido o primeiro choque do petróleo, isto é, um aumento brusco no preço do produto, promovido pela OPEP, a Organização dos Países Exportadores de Petróleo. A triplicação do preço atingiu o Brasil com muita força, pois 80% do consumo dependia do petróleo importado. [...] Os anos do "milagre" estavam contados e eram necessárias estratégias para enfrentar os tempos difíceis que se anunciavam. Nessa conjuntura, seria melhor para o governo e para os militares promover a redemocratização enquanto houvesse prosperidade econômica do que aguardar para fazê-lo em época de crise, quando os custos da manutenção do controle dos acontecimentos seriam muitos mais altos. (CARVALHO, José Murilo de. *Cidadania no Brasil*: o longo caminho. Rio de Janeiro: Civilização Brasileira, 2001. p. 174).

do MDB, dada a heterogeneidade daqueles que o compunham.[105] Era uma medida de resposta à ampliação da base em 1974 no Congresso Nacional.

A discussão jurídica sobre a prognose dos atos, da abrangência e da incidência em relação aos favorecidos pela norma guarda relação umbilical com as características que norteiam a justiça de transição, por exemplo, a busca pela verdade, com a criação de comissões, a exemplo da comissão mista criada durante a discussão da Lei de Anistia de 1979; a reparação dos danos ou reinserção nos serviços públicos; a responsabilização por crimes e a prevenção de violação aos direitos humanos.

Sob esta ótica, o processo de elaboração da Lei de Anistia de 1979 prestou-se a representar os interesses dos integrantes do regime, não só na clara tentativa de fragmentar a oposição, mas também como forma de beneficiar apenas àqueles vinculados às instituições do Estado e que haviam praticado crimes diretos de violação de direitos humanos. Com esse entendimento, a intenção era continuar a silenciar as repressões ocorridas. O governo detinha em suas mãos o poder de definir o que seria esquecido ou lembrado:[106]

> O projeto de anistia apresentado pelo governo procurava claramente resguardar os seus interesses durante a transição do poder, buscando

---

105 "A anistia apareceu como projeto do governo, após o fortalecimento do MDB, com as eleições de 1974. Em novembro de 1974, o MDB obteve um resultado eleitoral expressivo. O partido aumentou significativamente sua representação na Câmara, passando de 87 para 165 deputados, enquanto a ARENA caiu de 223 para 199 deputados. Das 22 vagas em disputa no Senado, o MDB conquistou 16, enquanto a ARENA caiu de 59 para 46. Nas Assembleias Estaduais, o MDB assumiu a de São Paulo, Rio de Janeiro, Paraná, Rio Grande do Sul, Amazonas e Acre (SKIDMORE, 1988). Diante da maioria emedebista, a partir daquele pleito de 1974, o governo só poderia emendar a Constituição recorrendo aos poderes excepcionais do AI-5 ou por intermédio de negociações com o MDB. Era chegado o momento de implodir a oposição; a anistia seria o meio utilizado para o governo atingir tais objetivos. (SOUZA, Mayrara Paiva de. *Os usos do passado nas constituintes de 1946 e 1987/1988*: a anistia entre silêncios, ruídos e esquecimentos. Tese (Doutorado em História). Universidade Federal de Goiás (UFGO), Goiânia, 2016. p. 217-218).

106 O então Deputado Federal Roberto Freire, na Comissão Mista, discursou: "Eu fiquei um pouco preocupado em o governo não querer discutir o problema das torturas, que foi considerado em Nuremberg um crime contra a humanidade. Eu pensei que precisava fazer, mais uma vez, referência a esse aspecto do projeto. Uma linguagem dúbia, premeditadamente dúbia do governo, tenta vender a ideia de que os torturadores poderão ser beneficiados por essa anistia. É bom que se frise bem, desde logo, que nenhum torturador se encontra sendo processado, foi julgado ou está punido. Isso seria quase que uma auto-anistia. Quem vai dizer se o torturador será anistiado é o regime democrático de amanhã". (CONGRESSO NACIONAL. *Comissão Mista sobre a anistia*: documentário organizado por determinação do Presidente da Comissão Mista do Congresso Senador Teotônio Vilela. Brasília, 1982. v. 1, p. 700).

evitar qualquer posterior punição dos militares pelos excessos cometidos nos anos de exceção. A anistia ampla, geral e irrestrita, era limitada e específica, excluindo do pretenso "esquecimento" as pessoas que tivessem praticado terrorismo, assalto, sequestro e atentado pessoal. Para os militares, a anistia recíproca impedia o revanchismo.[107]

De outra banda, a oposição apoiava a aprovação da Lei de Anistia sob a condição de que fosse aplicada para os presos políticos, exilados ou atingidos por atos de exceção, pleiteando um perdão[108] para todos. O objetivo era que fosse adotada a anistia recíproca que englobasse também a responsabilização pelos agentes da repressão.[109] [110]

Do ponto de vista do processo legislativo, a EC nº 1/1969 representou um forte impacto no que diz respeito à aprovação da Lei de Anistia, eis que houve a alteração da sua propositura, retirando a competência do Congresso Nacional e transferindo-a ao Poder Executivo,[111] fator que permitiu aos militares, praticamente, controlar seus termos e deliberações, haja vista que possuíam maioria no Poder Legislativo. Eis os dispostos na EC nº 1/1969:

> Art. 8º. Compete à União:
> XVI – conceder anistia; e
> [...]

---

107 OLIVEIRA, David Babosa de. *Análise de discurso crítica da anistia política de militares no Brasil*: a disputa por sentidos que ampliam ou restringem os direitos dos militares anistiados. Tese (Doutorado em Direito). Universidade Federal do Pernambuco (UFPE), Recife, 2015. p. 116.

108 De modo diverso sobre a compreensão do termo perdão e seus efeitos, anota Carlos Cony: "Ninguém está pedindo perdão a este governo. Tal pedido implicaria o reconhecimento de culpa. O que se pede, o que se exige é que, pela ausência de provas provadas, por não ter o Executivo capacidade de presidir a processos regulares, nem ter moral para condenar ninguém, conceda o Congresso a anistia total, sem restrições, sem barganha. (CONY, Carlos Heitor. Anistia. *Revista Civilização Brasileira*, Rio de Janeiro, a. I, n. 1, p. 22, mar. 1965).

109 FICO, Carlos. *História Brasil contemporâneo*. São Paulo: Contexto, 2016. p. 97.

110 Como parte da estratégia política, os parlamentares da oposição decidiram apoiar o projeto de lei apresentado pelo Presidente da República, com a perspectiva de propor as emendas e substitutivos necessários a uma anistia mais ampla, geral e irrestrita o possível. Interessa observar que o texto substitutivo do Movimento Democrático Brasileiro continha entre os seus princípios a rejeição explícita da reciprocidade da anistia, que deveria ser ampla, geral e irrestrita, mas somente para os atingidos pelo regime militar. Prossegue o autor sobre as pretensões da oposição em relação à anistia política. (SOUSA, Arnaldo Vieira. Lei de Anistia: o direito entre a memória e o esquecimento. *Cadernos UNDB*, São Luís, v. 4, jan./dez. 2014).

111 MARTINS, Roberto Ribeiro. *Liberdade para os brasileiros – anistia ontem e hoje*. 2. ed. Rio de Janeiro: Civilização Brasileira, 1978. p. 123.

> Art. 43. Cabe ao Congresso Nacional, com a sanção do Presidente da República, dispor sôbre tôdas as matérias de competência da União, especialmente:
> VIII – concessão de anistia; e
> [...]
> Art. 57. É da competência exclusiva do Presidente da República a iniciativa das leis que:
> VI – concedam anistia relativa a crimes políticos, ouvido o Conselho de Segurança Nacional.

Este processo de construção de uma Lei de Anistia, em que pese a participação de grupos sociais, não representava a adesão social, seja pelo próprio sistema de amordaçamento e silenciamento forçado das ruas,[112] seja pela negação do regime militar a respeito dos atos de violação de direitos humanos.[113] O arranjo jurídico foi construído a partir da lógica da detenção de grupos das elites política, militar e judiciária.[114]

Em relação à composição da Comissão Mista, verifica-se a assimetria de representatividade no debate ante a composição dos espectros políticos:

> A comissão mista, encarregada da análise do projeto de Lei nº 14 de 1979 (o projeto da lei de anistia), era composta por folgada maioria dos membros do partido do governo (Aliança Renovadora Nacional – ARENA), 13 contra 9 do MDB, sendo que destes apenas 8 votavam, já que a presidência estava impedida de fazê-lo. Dessa forma, qualquer tentativa de negociação e discussão acerca do projeto de lei enviado pelo Executivo, i.e., pelo ditador Figueiredo, esbarrava na maioria do partido do governo ditatorial (ARENA). Isto fica evidenciado nos termos do substitutivo do relator Ernani Satyro.[115]

---

112 BARROSO, Luís Roberto. A razão sem voto: o Supremo Tribunal Federal e o governo da maioria. *Revista Brasileira de Políticas Públicas*, Brasília, v. 5, n. especial, p. 23-50, 2015.

113 LEITE, Carlos Henrique Costa. *Supremacia judicial e justiça de transição*: a última palavra sobre o significado da Constituição e o caso da Lei de Anistia. Rio de Janeiro: Lumen Juris, 2016. p. 69.

114 "O 'interesse universal' que se cria em torno de um momento decisivo, unindo frações de classes dominantes com as classes dominadas, é ruído logo após a resolução do impasse. Dissimulando seus reais interesses e forjando uma união de classes em torno de 'objetivos comuns', as elites dominantes conseguem convenientemente promover as mudanças até o ponto em que lhes são necessárias". (ARAÚJO, Gustavo Pinto de. Contra-revolução permanente e manutenção da condição dependente no Brasil. *Em Debate*, Florianópolis, n. 6, p. 171-193, jul./dez. 2011. p. 175).

115 MATOS, Saulo Monteiro de. Anistia democrática? Sobre a (i)legitimidade da Lei de Anistia brasileira. *Revista Anistia Política e Justiça de Transição*, Ministério da Justiça, Brasília, n. 7, p. 136-168, jan./jun. 2012.

Essa falta de representatividade na elaboração da Lei de Anistia de 1979 era um "instrumento político-jurídico central da lógica negacionista",[116] pois operada a partir de uma "legalidade autoritária negacionista".[117] Fora implementada com êxito a aprovação final da Lei de Anistia a partir do direcionamento ideológico do debate e a condução para a sua aprovação, sufocando manifestações em sentido contrário.[118]

Por outro lado, o processo de transição, em certa medida, também é cunhado com base no direito, nas forças políticas e instituições que exerciam o poder político; assim, é por meio de processos estabelecidos e ritualizados que ocorre a mudança.

Há, então, uma correlação de dependência do novo com o antigo que, por meio da mudança e do deslocamento das forças políticas, altera-se de forma lenta e gradual:

> For these purges show that, though paradoxical, it is often through a society's traditional ritualized processes that political change is most clearly expressed. Transitional practices bear out a well-known sociological observation relating to the social rituals of preservation and reform: It is through the old forms that the change in political message is made manifest, though these may be distinguished by the minimal procedural guarantees and liberal justifications. Analysis of

---

116 "De certa maneira, o silêncio estatal, no Brasil, é resultado de uma vontade política de esquecimento tornado norma político-jurídica com a edição da Lei nº 6.683/79 – a conhecida Lei de Anistia. Essa vontade de esquecimento é operada pela arquitetura política que chamamos aqui de "legalidade autoritária negacionista", a qual influenciou o processo de democratização brasileira. Trata-se de um arranjo político-normativo-discursivo operacionalizado a partir da Lei de Anistia de 1979 por atores políticos estratégicos, como os militares e a elite judiciária". (CARMARGO, Alessandra Lopes. Negacionismo e políticas de memória na justiça de transição brasileira. *Revista Perseu,* n. 15, a. 12, 2018).

117 "Essa medida foi determinante para os objetivos da anistia (penal) dos atos dos militares e tem um forte teor autoritário. Deste modo, restou à oposição apenas "referendar" os termos da anistia do governo, pois a maioria do plenário era arenista, não havendo, portanto, possibilidade de a oposição emedebista alterar o projeto iniciado no Executivo". (OLIVEIRA, David Babosa de. *Análise de discurso crítica da anistia política de militares no Brasil*: a disputa por sentidos que ampliam ou restringem os direitos dos militares anistiados. Tese (Doutorado em Direito). Universidade Federal do Pernambuco (UFPE), Recife, 2015. p. 116).

118 "Quais garantias um cidadão ou parlamentar brasileiro de 1979 possuía de que o seu direito de questionar ou de se colocar contra o projeto de lei do ditador Figueiredo seria respeitado em um Estado sob vigência, por exemplo, da Lei de Segurança Nacional (Lei nº 6.620 de 1978)? A referida lei tipificava, criminalmente, *e.g.*, "divulgar, por qualquer meio de comunicação social, notícia falsa, tendenciosa ou fato verdadeiro truncado ou deturpado, de modo a indispor ou tentar indispor o povo com as autoridades constituídas" (art. 14). Para que uma decisão política seja considerada legítima, pressupõem-se garantias mínimas para a existência de uma esfera livre de comunicação". (MATOS, Saulo Monteiro de. Anistia democrática? Sobre a (i)legitimidade da Lei de Anistia brasileira. *Revista Anistia Política e Justiça de Transição,* Ministério da Justiça, Brasília, n. 7, p. 136-168, jan./jun. 2012).

these controlled forms of change clarifies how it is that in the transition performing established political rituals can nonetheless advance the purposes of transformation.[119]

Impõe-se, como medida de rigor, analisar os principais dispositivos da Lei de Anistia de 1979, identificando os beneficiários, as hipóteses de enquadramento e seus efeitos, conforme se vê do seu art. 1º:

> Art. 1º É concedida anistia a todos quantos, no período compreendido entre 02 de setembro de 1961 e 15 de agosto de 1979, cometeram crimes políticos ou conexo com estes, crimes eleitorais, aos que tiveram seus direitos políticos suspensos e aos servidores da Administração Direta e Indireta, de fundações vinculadas ao poder público, aos Servidores dos Poderes Legislativo e Judiciário, aos Militares e aos dirigentes e representantes sindicais, punidos com fundamento em Atos Institucionais e Complementares.
> §1º – Consideram-se conexos, para efeito deste artigo, os crimes de qualquer natureza relacionados com crimes políticos ou praticados por motivação política.
> §2º – Excetuam-se dos benefícios da anistia os que foram condenados pela prática de crimes de terrorismo, assalto, seqüestro e atentado pessoal.
> §3º – Terá direito à reversão ao Serviço Público a esposa do militar demitido por Ato Institucional, que foi obrigada a pedir exoneração do respectivo cargo, para poder habilitar-se ao montepio militar, obedecidas as exigências do art. 3º.

O dispositivo e o cenário apresentados permitem verificar a supressão de discussões verdadeiramente democráticas no parlamento, eis que as circunstâncias políticas e forças militares basicamente suprimiram o debate político sério.[120]

---

[119] TEITEL, Ruti G. *Transitional justice*. Oxford: Oxford University Press, 2002. p. 172-173.

[120] "A falta de legitimidade do projeto da lei de anistia brasileira, no sentido de não se adequar aos anseios da população, pode ser atestada pelo número de emendas e substitutivos propostos durante os trabalhos da comissão. No total, foram oferecidas 305 emendas e 09 substitutivos. Tais emendas foram apresentadas por 134 parlamentares, sendo que 49 pertenciam à ARENA. A maior parte delas, mais especificamente 83, dizia respeito ao artigo 1º do projeto, referente aos destinatários do benefício. Após nove horas de debates e votações, sob um clima de tensão no Congresso, com as galerias do plenário lotadas de partidários da anistia, o projeto foi finalmente aprovado, por 206 votos a favor, contra 201. Com a sanção do Presidente da República e veto parcial ao artigo 1º, pelo qual foi retirada a expressão "e outros diplomas legais", em 28 de agosto de 1979, foi promulgada e publicada a Lei nº 6.683". (SOUSA, Arnaldo Vieira. Lei da Anistia: o direito entre a memória e o esquecimento. *Cadernos UNDB*, São Luís, v. 4, jan./dez. 2014).

Uma primeira consideração diz respeito ao período adotado na Lei (entre 2.9.1961 e 15.8.1979), lapso temporal em que, especialmente a partir de 1961, remete ao contexto histórico da renúncia de Jânio Quadros, marcado por instabilidade no país e responsável pelo desencadeamento de inúmeros conflitos de ordem social e institucional.

O período disposto na norma "procurou contemplar um espectro político mais amplo possível, sem apontar para uma responsabilização específica",[121] haja vista que "o governo de João Goulart, que se iniciou nessa data, foi considerado como o início do processo que culminou no golpe de 1964 e na instalação da ditadura"[122], abrangendo "desde o governo João Goulart até a vigência do AI-5".[123]

Em relação ao procedimento formal para se obter anistia, os requerimentos deveriam ser encaminhados a uma Comissão Especial de Anistia, a qual, dentre suas atribuições legais, seria responsável por instruir e emitir parecer sobre os fatos. Posteriormente, competia ao Ministério da Justiça expedir decreto de concessão de anistia.[124]

No que diz respeito ao público-alvo da anistia, nos termos do art. 1º, foram anistiados aqueles que haviam sido alvo de condutas diretas ou indiretas do Estado brasileiro, sejam elas no contexto de motivação política por exercício de greve ou de direitos políticos, afastamento ou demissão de servidores públicos, militares, empregados de empresas privadas, representantes e dirigentes sindicais. Aos servidores públicos e militares era possível retornar ao serviço ativo, aposentadoria, reforma ou transferência para a reserva.[125] A Lei também "devolveu os direitos políticos aos que os tinham perdido e ajudou a renovar a luta política".[126]

Outro dispositivo a merecer reflexão é o art. 6º da Lei de Anistia de 1979,[127] que demonstra a resolução do conflito não apenas pela com-

---

[121] LIMA, Nísia Trindade. Um enigma chamado anistia. *In*: SADER, Emir; GENTILI, Pablo (Org.). *Pós-neoliberalismo*: as políticas sociais e o Estado Democrático. Rio de Janeiro: Paz e Terra, 1995. p. 207-221.

[122] CARVALHO, José Murilo de. A anistia de 1979 e suas consequências. *Revista Estudos Históricos*, Rio de Janeiro, v. 4, n. 7, p. 215-231, 1991.

[123] MORAIS, Fernando. *Anistia*: 1979-2009. Rio de Janeiro: Objetiva, 2009. p. 71.

[124] D'ARAÚJO, Maria Celina de A. S. *Anistia*: esquecimento e silêncio. São Paulo: Paz e Terra, 1988. p. 35.

[125] GONÇALVES, Danyelle Nilin. Os processos de anistia política no Brasil: do perdão à "reparação". *Dossiê – Direitos, Movimentos e Políticas Sociais*, v. 39, n. 1, p. 38-48, 2008.

[126] CARVALHO, José Murilo de. *Cidadania no Brasil*: o longo caminho. Rio de Janeiro: Civilização Brasileira, 2001. p. 176.

[127] BRASIL. Lei nº 6.683/1979. Art. 6º. O cônjuge, qualquer parente, ou afim, na linha reta, ou na colateral, ou o Ministro Público, poderá requerer a declaração de ausência de pessoa

preensão e pela elucidação dos fatos, mas transforma tanto o agente da conduta em indeterminado, quanto o próprio crime.

Na previsão legal, chama atenção a disposição da Lei ao indicar como fato gerador da norma "cometeram crimes políticos ou conexo com estes". A previsão contida na norma, ao descrever crimes conexos[128] inseridos no rol de crimes políticos, não aponta qualquer detalhamento ou tipificação textual expressa.

Esse entendimento amplia margem para a interpretação de que esses crimes cometidos por agentes do Estado estariam englobados somente em crimes políticos, impondo verdadeira forma de esquecimento dos atos praticados pelo Estado.

Essa postura adotada pelos militares à época de "negação" ou "ocultamento" de fatos para se construir ou estabelecer uma verdade voluntária foi utilizada durante o período inicial do regime militar e como estratégia política durante a aprovação da Lei de Anistia de 1979,[129] sob o "risco de banalizar o crime ou ainda neutralizar todos os valores, bons ou maus, colocando-os lado a lado numa medida comum de clemência, como quando se anistia os antigos opositores para melhor anistiar os antigos opressores".[130]

O art. 1º, §2º, da Lei de Anistia de 1979, prevê que os condenados por crimes de terrorismo, assalto, sequestro e atentado pessoal estariam excluídos da possibilidade de concessão de anistia.

---

que, envolvida em atividades políticas, esteja, até a data de vigência desta Lei, desaparecida do seu domicílio, sem que dela haja notícias por mais de 1 (um) ano.

[128] Em relação ao conceito de crimes conexos, Fernando Capaz aponta: "Crimes Conexos são aqueles que possuem entre si uma relação de dependência, em que um é meio ou consequência do outro, ou ambos têm a mesma origem, circunstâncias ou finalidade. Na conexão objetiva, os crimes são unidos pelo nexo causal, enquanto na conexão subjetiva, são unidos pela autoria ou participação de um mesmo agente". (CAPEZ, Fernando. *Curso de direito penal*. 21. ed. São Paulo: Saraiva, 2016. p. 560).

[129] "A este padrão de legalidade autoritária se combina uma lógica política jurídica-discursiva que Seligmann-Silva chama de "cadeia de negações", a qual foi utilizada pelos militares durante os 21 anos de ditadura, e reproduzida, em partes, durante o processo de democratização. Trata-se da negação sistemática da existência das violências estatais. Durante a ditadura negava-se o direito à informação sobre os presos colocados em regimes de incomunicabilidade, negavam-se os corpos, negavam-se também as torturas, e todas as outras formas de violação cometidas por agentes públicos. Na prática, o negacionismo é um processo de obstruir o conhecimento da multiplicidade de experiências sobre violências estatais da ditadura, deslegitimando sua existência ao duvidar e negar sua veracidade". (CARMARGO, Alessandra Lopes. Negacionismo e políticas de memória na justiça de transição brasileira. *Revista Perseu*, n. 15, a. 12, 2018).

[130] OST, François. *O tempo do direito*. Bauru, SP: EDUSC, 2005. p. 210.

O ponto central da interpretação deste artigo, considerando a forma de operacionalização descrita, com o contínuo uso dos mecanismos jurídicos e o caráter simbólico das decisões judiciais condenatórias sob o véu da legalidade, é que os condenados, nos termos da Lei de Anistia, estariam excluídos.

Sob a mesma ótica, Emerson Nascimento aponta:

> Esse deslocamento de sentido, operado sob o consensual véu da anistia irrestrita arquitetada pelos militares, esvaziou o sentido revolucionário da ação política dos grupos de resistência e apagou sua memória, condenando seu conteúdo ao esquecimento, com a aquiescência da sociedade civil brasileira, daquela que ocupa os topo da pirâmide social. Manipular esse passado foi interessante a ambas as parte, aos militares do regime, como forma de garantir sua impunidade, e à elite brasileira que, se levada ao julgamento histórico também teria que confessar sua participação ao legitimar uma ditadura que, ao contrário do que se consolidou por muito tempo, não foi somente militar, mas civil-militar.[131]

Relevante que essa exclusão não se aplica aos já condenados na Lei de Segurança Nacional ou participantes de grupos revolucionários armados. Também não se aplica aos militares, já que estariam no "exercício legal da defesa das instituições" e sem qualquer condenação com base na Lei de Segurança Nacional, visto que esta não os abrangia.[132] Enfim, "a Lei de Anistia aprovada pelo Congresso continha, entretanto, restrições e fazia uma importante concessão à linha-dura".[133]

Por outro lado, há quem defenda que a interpretação ampliada quanto à conexão dos crimes não beneficiou somente os militares, mas, na verdade, representou a "aplicação da teoria penal relacionada à

---

131 NASCIMENTO, Emerson Oliveira do. Violência política e justiça de transição no Brasil: Disputas em torno da memória do passado político recente. *Rev. Direito e Práx.*, Rio de Janeiro, v. 13, n. 2, p. 723-751, 2022.

132 "Ou seja, a opacidade da lei para o assunto dos crimes de lesa-humanidade escondidos sob o termo "conexos" e a clara definição dos "crimes de sangue" deslegitima a ação de contestação e luta política de uns e justifica a ação violenta de outros a partir de uma suposta motivação política, como se os sequestros, assaltos a bancos, formação de grupos armados – como a Guerrilha do Araguaia e outros – não tivessem igualmente uma motivação política". (CARMARGO, Alessandra Lopes. Negacionismo e políticas de memória na justiça de transição brasileira. *Revista Perseu*, n. 15, a. 12, 2018).

133 FAUSTO, Boris. *História do Brasil*. São Paulo: Edusp, 2015. p. 429.

natureza da anistia política como expressão da orientação conciliatória presente na decisão".[134]

Outro argumento jurídico defende que a definição da matéria penal é de competência do legislador infraconstitucional, que detém a prerrogativa exclusiva de definir a abrangência de sua aplicabilidade. Essa é a hipótese da conexão especial, aplicada no caso do art. 1º da Lei de Anistia de 1979.[135]

Sobre a conexão dos crimes na Lei de Anistia de 1979, Carlos Fico avalia:

> O principal ponto de contestação, por parte dos membros dos Comitês e demais envolvidos na luta pela anistia ampla, geral e irrestrita, foi o perdão concedido aos torturadores, a partir da interpretação de que o crime de tortura seria conexo a um crime político, em virtude da situação na qual ele ocorreu. Além disso, os crimes considerados atos de terrorismo não seriam passíveis de anistia, o que excluía parte dos presos políticos, que, muitas vezes, foram presos por estarem envolvidos em atividades artísticas e culturais, que naquele momento eram abordadas enquanto "subversivas". A seguir, podemos ler o primeiro artigo da Lei nº 6.683 de 1979: menção aos crimes conexos realmente demandava uma extraordinária capacidade de tergiversação, dada a esdrúxula circunstância de o projeto anistiar pessoas desconhecidas e não condenadas. A fórmula obscura foi adotada porque o governo não estava apenas preocupado com torturadores. Ao anistiar os "crimes políticos ou praticados por motivação política", o projeto garantia que, no futuro, nenhum militar seria punido em função das ilegalidades praticadas durante a ditadura. [...] O caráter sibilino da referência aos "crimes conexos" não encobria apenas a inclusão dos torturadores, mas abrangia todos os crimes praticados pelos militares por motivação política, inclusive aqueles que afrontaram o ordenamento jurídico brasileiro com as diretrizes secretas que criaram o sistema de repressão – ordens emanadas dos gabinetes de oficiais-generais.[136]

134 BERNARDO, Rosangela Souza; MORAES, Filomenno. Interpretação do Supremo Tribunal Federal para as anistias políticas concedidas ao longo do período republicano brasileiro. *Seqüência*, Florianópolis, n. 81, p. 77-104, abr. 2019.

135 BERNARDO, Rosangela Souza; MORAES, Filomenno. Interpretação do Supremo Tribunal Federal para as anistias políticas concedidas ao longo do período republicano brasileiro. *Seqüência*, Florianópolis, n. 81, p. 77-104, abr. 2019.

136 FICO, Carlos. A negociação parlamentar da anistia de 1979 e o chamado "perdão aos torturadores". *In*: BRASIL. Comissão de Anistia. Ministério da Justiça. *Revista Anistia Política e Justiça de Transição*, Brasília: Ministério da Justiça, n. 4, jul./dez. 2010.

Partindo das premissas iniciais com a classificação das anistias, observa-se que a anistia de 1979 no Brasil pode ser classificada como uma anistia em branco,[137] ilegítima ou não permitida. Além disso, tendo em vista a vigência dos Atos Institucionais, não é possível afirmar que o parlamento tenha tido autonomia, devido ao bipartidarismo forçado,[138] nem que tenha representado as nuances e anseios populares.[139]

Das lições de Miguel Reale, a ausência de representação popular e as circunstâncias políticas no Congresso descritas não se enquadrariam nos três princípios fundamentais de ordem política:

> Em verdade, da verificação e do reconhecimento da origem da soberania popular resulta, não a legitimidade ou a necessidade da representação eletiva, mas sim estes três fundamentais princípios de ordem política: 1º) O povo teve ter uma participação cada vez mais ampla nos negócios públicos, de acordo com o seu nível cultural e a sua capacidade ética; 2º) A Soberania do Estado deve ser exercida sempre em nome do povo e segundo os seus interesses espirituais e materiais; 3º) Não há ordem estatal legítima sem o consentimento dos governados, donde a necessária nota de juridicidade inerente ao conceito de representação política.[140]

Na doutrina, predominam duas posições. Segundo Ingo Sarlet, esta anistia "não foi capaz de promover a reconciliação nacional, nem de garantir a proteção efetiva dos direitos humanos", além de não ser

---

137 "A anistia em branco, o primeiro tipo de lei de anistia que apareceu no sistema internacional moderno, é normalmente concedida por influência dos ditadores que estão se retirando do poder, sem que haja qualquer legitimidade nacional ou internacional. A anistia em branco, como o próprio nome diz, tem um propósito extremamente amplo e busca, genericamente, retirar a responsabilidade de todos os agentes do Estado por todo e qualquer crime que eles tenham cometido durante um período específico. Essa categoria, normalmente, não faz diferenciação entre os crimes comuns, os crimes políticos e os crimes internacionais e nem ao menos considera os motivos do crime". (BASTOS, Lucia Elena Arantes Ferreira. *Anistia*: as leis internacionais e o caso brasileiro. Curitiba: Juruá, 2009. p. 118).

138 "[...] se houve interpretação de que a anistia abrangeu também os crimes dos agentes da ditadura, certamente esta interpretação contrariaria os ditames constitucionais vigentes, e tampouco resultou de consenso da sociedade, representada artificialmente no Parlamento pelo sistema de bipartidarismo forçado, e que não tinha ainda pleno conhecimento das práticas reiteradas de tortura, de homicídio e de outras graves violações de direitos humanos praticadas pelos agentes do regime de exceção". (BRASIL. Secretaria Especial de Direitos Humanos. Presidência da República. *Ofício nº 188/2008 – AS/SDH/PR*. Brasília/DF, 13 nov. 2008. Nota técnica).

139 BASTOS, Lucia Elena Arantes Ferreira. *Anistia*: as leis internacionais e o caso brasileiro. Curitiba: Juruá, 2009. p. 185.

140 REALE, Miguel. *Teoria do Direito e do Estado*. 5. ed. São Paulo: Saraiva, 2005. p. 168.

compatível com o entendimento jurisprudencial internacional dos direitos humanos.[141]

No mesmo sentido, Bianca Rihan Pinheiro Amorim faz o seguinte balanço das forças:

> A falta de uma agenda consistente para o projeto de liberalização fez com que esse fosse atravessado por um processo complexo, desenhado no fluxo e refluxo da conjuntura histórica. O final do governo Geisel dedicou-se, então, a negociar e a conceber a anistia dos militares. A imunidade militar não poderia correr nenhum risco, os militares teriam que sair do poder protegidos judicialmente e em bloco, sem quaisquer clivagens aparentes. A Lei de anistia nº 6.683, de 28 de agosto de 1979, assinada no governo de João Baptista Figueiredo, é o grande resultado dessa transição negociada. Beneficiando vítimas e opressores, funcionou como um pacto de silêncio, disposto a enterrar todas as pendências do regime civil-militar no Brasil.[142]

No que se refere à justiça de transição, Flávia Piovesan aponta que a Lei de Anistia de 1979 "é vista como um dos obstáculos à responsabilização dos agentes do Estado pelos crimes cometidos durante o regime militar e representa um retrocesso no tocante à justiça de transição".[143] Por outro lado, para Alexandre de Moraes, trata-se de "um marco fundamental no processo de transição democrática do país, pois permitiu a pacificação social e a superação das tensões políticas decorrentes do regime militar".[144]

Boris Fausto aponta que, apesar da anistia concedida aos que praticaram tortura, a anistia de 1979 "possibilitou a volta dos exilados políticos e foi um passo importante na ampliação das liberdades públicas".[145]

Nota-se que a Lei de Anistia de 1979 foi criada em um contexto político acirrado, especialmente quanto ao seu sentido de aplicação,

---

141 SARLET, Ingo Wolfgang. *Direitos fundamentais e democracia*: estudos de direito constitucional. 3. ed. Porto Alegre: Livraria do Advogado, 2004. p. 480.

142 AMORIM, Bianca Rihan Pinheiro. *Nas entrelinhas da distensão*: a construção de memórias no arquivo pessoal de Ernesto Geisel. Dissertação (Mestrado em História), Universidade Federal Fluminense (UFF), Instituto de Ciências Humanas e Filosofia, Programa de Pós-Graduação em História, Niterói, 2014. p. 93.

143 PIOVESAN, Flávia. Anistia, direitos humanos e justiça de transição. *In*: SANTOS, Boaventura de Sousa; AVRITZER, Leonardo (Org.). *Conflito, direitos e justiça no Brasil*. Rio de Janeiro: FGV, 2014. p. 123.

144 MORAES, Alexandre de. *Direito constitucional*. 28. ed. São Paulo: Atlas, 2012. p. 898.

145 FAUSTO, Boris. *História do Brasil*. São Paulo: Edusp, 2015. p. 429.

legitimidade e legalidade.[146] Em paralelo aos princípios da justiça de transição, foram aplicados apenas parcialmente. A Lei de Anistia de 1979 foi o início de um processo político e de um jogo de forças sociais e institucionais que, posteriormente, expandirão o leque e as forças de reconhecimento e reparação às vítimas.

A aprovação desta Lei, no entanto, não foi capaz de erradicar das instituições de Estado a constante perseguição e utilização do ordenamento jurídico brasileiro para reprimir movimentos sociais, políticos e sindicais, embora em menor intensidade, se comparados às práticas dos anos de chumbo.

Outro fator que guarda correlação direta com aprovação da Lei de Anistia e que foi pauta relevante de aprovação durante do governo Figueiredo foi a aprovação da Lei Orgânica dos Partidos Políticos (Lei nº 6.767/1979), que "possibilitou a reorganização partidária sob bases mais pluralistas e democráticas"[147] rompendo com o bipartidarismo e ampliando o espaço de participação com mais seis novos partidos políticos: Partido Democrático Social (PSD); Partido do Movimento Democrático Brasileiro (PMDB); Partido Democrático Trabalhista (PDT); Partido Popular (PP) e Partido dos Trabalhadores (PT).[148]

Em espaço reduzido, mas dentro das formalidades processuais e institucionais da época, Geisel retratou esta reforma eleitoral como positiva:

> Mas, além da extinção destes atos de exceção, o projeto de reforma inclui outros dispositivos [...] Preocupa-se com a organização e o funcionamento dos Partidos, possibilitando, em condições mais fáceis a criação de novos partidos, entretanto, sem incorrer no grave inconveniente de permitir a proliferação de partidos pequenos, inexpressivos, cujos inconvenientes a nossa experiência passada tornou patente.[149]

Assim como no debate da Anistia, esse argumento foi levantado, igualmente, com a aprovação da Lei Orgânica dos Partidos, a qual não

---

146 Compreender essa divergência no processo de construção do texto é crucial, vez que a referida Lei, em 2010, foi objeto de apreciação do Supremo Tribunal Federal na ADPF 153, em especial a sua validade nacional e perante as normas de direito internacional.

147 SARMENTO, Daniel; SOUZA NETO, Cláudio Pereira de. *Direito constitucional*: teoria, história e métodos de trabalho. 2. ed. Belo Horizonte: Fórum, 2017. p. 152-153.

148 CARVALHO, José Murilo de. *Cidadania no Brasil*: o longo caminho. Rio de Janeiro: Civilização Brasileira, 2001. p. 176.

149 GEISEL, Ernesto. *Arquivo Geisel em depósito no CPDOC*. Classificação: EG pr 1978.00.00.

só destituiu a lógica de rivalidade diametral de oposição entre ARENA e MDB, como implementou uma verdadeira implosão da unidade de oposição, eis que "as suas diferentes tendências ficaram juntas enquanto existia um inimigo comum todo-poderoso. À medida que o regime autoritário foi se abrindo, as diferenças ideológicas e pessoais começaram a emergir".[150]

Em 1980, a partir da EC nº 15, foram reestabelecidas as eleições diretas para governadores. Era a primeira vez que eleições diretas aconteceriam desde 1965.

Em 1983, outro movimento político importante na história brasileira na ampliação do centro de liberdades públicas foi o *Diretas Já,* que buscava a campanha pelas eleições diretas para o cargo de Presidente da República e representou não só a vontade de organizações partidárias ou sindicais, mas transformou-se em um verdadeiro movimento nacional que agregou milhares de pessoas em prol de sua bandeira.[151]

A forma da eleição à Presidência da República impunha a necessidade de se alterar a Constituição. Fora proposta a emenda à Constituição historicamente denominada Dante de Oliveira, em homenagem ao seu propositor, então deputado do PMDB pelo Mato Grosso. As forças políticas à época, em especial Figueiredo, no momento da votação da emenda, em Brasília "impôs o estado de emergência, executado pelo General Newton Cruz",[152] frustrando todo um movimento nacional e suas expectativas.

A imposição do estado de emergência ocorreu com base na EC nº 11/1979, que ainda permitia ao Presidente da República intervir para a "manutenção da ordem". Decretada a emergência, medidas como suspensão de liberdades públicas, intervenções, censuras e outras formas foram permitidas, impedindo a aprovação da emenda constitucional defendida pelo movimento *Diretas Já.*[153]

Em 1985, as eleições presidenciais foram realizadas sem o mesmo controle do processo político pelos militares.[154] Optou-se pelas eleições

---

150 FAUSTO, Boris. *História do Brasil.* São Paulo: Edusp, 2015. p. 431.

151 FAUSTO, Boris. *História do Brasil.* São Paulo: Edusp, 2015. p. 433.

152 FAUSTO, Boris. *História do Brasil.* São Paulo: Edusp, 2015. p. 432.

153 FAUSTO, Boris. *História do Brasil.* São Paulo: Edusp, 2015. p. 435.

154 "Neste contexto, é importante observar que tanto Tancredo quanto Sarney, que assumira mais tarde, pertenciam à base aliada do regime militar, representada pelo partido Aliança Renovadora Nacional (ARENA), ou seja, eram atores provenientes de um contexto totalmente diferente do primeiro Presidente civil que assumira o poder no Chile, Patrício Aylwin. Ao escolher quem substituiria Figueiredo, os líderes militares conduziram os rumos do novo

indiretas. Nesse momento, Tancredo Neves foi eleito Presidente da República com larga maioria, em 15 de janeiro de 1985. Ao reunir-se com o colégio eleitoral, obteve 480 votos favoráveis, enquanto seu adversário, Paulo Maluf, obteve apenas 180 votos.[155] Antes de tomar posse do cargo de chefe do poder executivo, Tancredo faleceu, e a presidência foi assumida e passou a ser exercida por José Sarney.

2.3.2 Anistia política de 1985

Durante o exercício do governo José Sarney, a principal medida relacionada à anistia política deu-se com a EC nº 26/1985, que, além de convocar uma Assembleia Nacional Constituinte (art. 1º), ampliou o leque na forma de reconhecimento do Estado e reparação em relação às práticas adotadas durante o regime militar.[156] [157]

Com o disposto no art. 4º da EC nº 26/1985, foram ampliados os beneficiários da norma, especialmente com a previsão de readmissão aos quadros do serviço público, mas, limitando-se a anistia a políticos e funcionários públicos que tiveram seus direitos sindicais cassados. Significa dizer que servidores públicos militares punidos e servidores públicos civis da Administração Direta e Indireta poderiam ser beneficiados:

> Art. 4º. É concedida anistia a todos os servidores públicos civis da Administração direta e indireta e militares, punidos por atos de exceção, institucionais ou complementares.

---

regime democrático e exigiram um alto custo para se retirarem do poder. (PEREIRA, Bruna Ferrari. A justiça de transição após a retomada da democracia: uma análise comparada entre Brasil e Chile. *XXV Encontro Estadual de História da ANPUH SP. História, desigualdades e diferenças,* São Paulo, 2020).

155 SARMENTO, Daniel; SOUZA NETO, Cláudio Pereira de. *Direito constitucional*: teoria, história e métodos de trabalho. 2. ed. Belo Horizonte: Fórum, 2017. p. 154.

156 GONÇALVES, Danyelle Nilin. Os processos de anistia política no Brasil: do perdão à "reparação". *Dossiê – Direitos, Movimentos e Políticas Sociais,* v. 39, n. 1, p. 38-48, 2008.

157 "As origens do movimento que culminou na edição da EC 26/1985, e da correlata convocação da Assembleia Nacional Constituinte de 1987/1988, remontam à transição do regime ditatorial de 1964, em direção à "abertura política", iniciada ainda no Governo Ernesto Geisel e consolidada durante o Governo do General João Batista de Figueiredo, que propiciou a abertura do sistema partidário e promoveu a aprovação da Lei de Anistia, num contexto social e político marcado por um crescimento das reivindicações dos diversos setores da sociedade e uma articulação da sociedade civil, sob a direção de instituições representativas, tais como a OAB, a CNBB e as principais entidades sindicais". (SARLET, Ingo Wolfgang; MARINONI, Luiz Guilherme; MITIDIERO, Daniel. *Curso de direito constitucional.* 6. ed. São Paulo: Saraiva, 2017. p. 266).

> §1º É concedida, igualmente, anistia aos autores de crimes políticos ou conexos, e aos dirigentes e representantes de organizações sindicais e estudantis, bem como aos servidores civis ou empregados que haviam sido demitidos ou dispensados por motivação exclusivamente política, com base em outros diplomas legais.
> §2º A anistia abrange os que foram punidos ou processados pelos atos imputáveis previstos no "caput" deste artigo, praticados no período compreendido entre 2 de setembro de 1961 e 15 de agosto de 1979.
> §3º Aos servidores civis e militares serão concedidas as promoções, na aposentadoria ou na reserva, ao cargo, posto ou graduação a que teriam direito se estivessem em serviço ativo, obedecidos os prazos de permanência em atividade, previstos nas leis e regulamentos vigentes.
> §4º A Administração Pública, à sua exclusiva iniciativa, competência e critério, poderá readmitir ou reverter ao serviço ativo o servidor público anistiado.
> §5º O disposto no *caput* deste artigo somente gera efeitos financeiros a partir da promulgação da presente Emenda, vedada a remuneração de qualquer espécie, em caráter retroativo.
> §6º Excluem-se das presentes disposições os servidores civis ou militares que já se encontravam aposentados, na reserva ou reformados, quando atingidos pelas medidas constantes do "caput" deste artigo.
> §7º Os dependentes dos servidores civis e militares abrangidos pelas disposições deste artigo já falecidos farão jus às vantagens pecuniárias da pensão correspondente ao cargo, função, emprego, posto ou graduação que teria sido assegurado a cada beneficiário da anistia, até a data de sua morte, observada a legislação específica.
> §8º A Administração Pública aplicará as disposições deste artigo, respeitadas as características e peculiaridades próprias das carreiras dos servidores públicos civis e militares, e observados os respectivos regimes jurídicos.[158]

No governo José Sarney, apesar das medidas para ampliar o número de beneficiários da anistia, ainda se destinavam recursos

[158] "O retorno ou a reversão ao serviço ativo somente seria deferido para o mesmo cargo, ou emprego, posto ou graduação que o servidor, civil ou militar, ocupava à data do seu afastamento. Em se tratando de militares, exigia-se que o requerente atendesse os requisitos de aptidão física, conceito profissional e também moral, levando-se em conta os registros anteriores à sua saída, além de não ter atingido a idade-limite ou tempo de permanência no serviço ativo. Quanto aos civis, estes seriam incluídos em um quadro suplementar, sem prejuízo do número de vagas do quadro permanente. No caso daqueles que integravam órgãos extintos, o retorno ou a aposentadoria ocorreria em quadro suplementar no órgão que absorveu suas atividades. Em todos os casos, o retorno ficava sujeito à capacidade, ao limite de idade e ao nível de escolaridade exigido para o cargo. Decreto nº 84.143". (GONÇALVES, Danyelle Nilin. Os processos de anistia política no Brasil: do perdão à "reparação". *Dossiê – Direitos, Movimentos e Políticas Sociais*, v. 39, n. 1, p. 38-48, 2008).

financeiros ao SNI. Um exemplo do uso das instituições de investigação do Estado durante este período foi a contínua e forte repressão ao movimento operário e sindical, especialmente após 1985,[159] o que resultou na inclusão de milhares de trabalhadores nas "listas negras"[160] ou "expediente sigilosos" de cunho do SNI, que resultaram em inúmeras demissões daqueles que aderiram ao movimento paredista. Percebe-se, assim, um sistema bem articulado entre o Estado brasileiro e os agentes privados na repressão.

Durante aquele período, era muito comum o uso da Lei de Greve para punir os que aderiam ao movimento grevista. As greves eram julgadas ilegais e os que dela participavam eram presos e fichados nos órgãos de repressão. O sistema do SNI continuava a funcionar, identificando os "inimigos" e aplicando as penalidades. O sistema de repressão foi aperfeiçoado, alterando gradativamente o *modus operandi* até então utilizado para conter setores sociais e de oposição no campo político.

Quando se fala em repressão política, não se considera exclusivamente atos praticados com tortura ou violência. O Estado não pode, sob pretexto de manter a normalidade, suprimir liberdades públicas básicas, como o direito à livre manifestação do pensamento, à liberdade de associação, à privacidade, à greve, nem promover qualquer ato de restrição ou prejuízo à carreira laboral, tanto para funcionários públicos quanto privados.

Nessa linha de raciocínio, o ex-presidente da Comissão de Anistia, Paulo Abrão, preleciona sobre a inclusão de trabalhadores no rol de possíveis beneficiários da anistia política:

> Um critério laboral pode parecer inicialmente estranho, porém justifica-se pelas características históricas do próprio regime brasileiro, que

---

159 "A década de 80, contudo, foi palco de mudanças. O movimento grevista começa a ganhar força, fazendo frente ao regime militar, que busca sufocar a ação com novas proibições e penas aos grevistas via leis e decretos, mas que não eram observados pelos trabalhadores. Nesse momento, os empregados se organizavam nos locais de trabalho e havia uma ânsia coletiva por maiores liberdades e direitos, bandeiras que desaguaram na Constituição da República de 1988". (MAGALHÃES, Aline Carneiro; MIRANDA, Lúlian. A greve como direito fundamental: características e perspectivas trabalhista-administrativas. *Rev. Trib. Reg. Trab. 3ª Reg.*, Belo Horizonte, v. 56, n. 86, p. 53-76, jul./dez. 2012).

160 "As "listas negras" (listas com nomes de trabalhadores demitidos por razões políticas e cuja admissão em outras empresas se queria evitar), recurso empregado desde sempre pelos patrões, tornaram-se mais eficazes, integrando-se a um sistema maior de repressão. Os nomes dos funcionários eram repassados diretamente ao DOPS e a outros órgãos da repressão política". (BRASIL. Comissão Nacional da Verdade. *Relatório final*. Brasília, DF: CNV, 2014. p. 66. Disponível em: http://www.cnv.gov.br/. Acesso em 11 mar. 2023).

> promoveu, antes de 1979, um amplo processo de afastamento dos empregos públicos e privados dos que foram caracterizados como "subversivos", especialmente entre 1979 e 1985, quando o regime passou a perseguir também o crescente movimento sindical que se unira aos movimentos sociais pela anistia e pela democratização. Da soma destes dois fatores é que se chega à identificação da medida de exceção que é numericamente mais empregada pelo Estado brasileiro de forma punitiva durante os anos de exceção, qual seja: o impedimento ao exercício do trabalho, seja por demissão direta, impedimento de assumir cargos ou empregos, os compelimentos à demissão e à ilegalidade etc.[161]

Assim, mesmo em um período de transição, o sistema de perseguição política ainda não havia se adaptado à realidade fático-social, ao contrário.

Foi um processo lento e gradual nas estruturas e órgãos de repressão, que não se encerrou apenas pela mudança no ordenamento jurídico. As instituições ainda enfrentavam um processo de amadurecimento e de compreensão da nova realidade política e do próprio processo de democratização em curso. Esse fator reflete a importante compreensão das forças políticas até então existentes e o próprio impasse da transição.

No aspecto jurídico, a EC nº 26/1985 também foi alvo de controvérsias. Nilo Batista, por exemplo, defende que essa emenda representou a incorporação, em nível de *status* constitucional,[162] da anistia. Essa interpretação pressupõe cumular entendimentos e acordos negociados ao longo de um processo histórico, que já produzia efeitos na realidade fática a partir de decisões institucionais. Por outro lado, seria possível afirmar que, a alçada ao *status* constitucional não é verdadeira, já que a EC nº 28/1985 não incorporou em seu texto à norma contida na anistia de 1979, especialmente a definição de crimes conexos.[163]

---

161 ABRÃO, Paulo; TORELLY, Marcelo D. O programa de reparações como eixo estruturante da Justiça de Transição no Brasil. *In*: GUI, Felix (Org.). *Justiça de transição – Manual para a América Latina*. Brasília/Nova Iorque: Ministério da Justiça/ICTJ, 2011. p. 473-516.

162 BATISTA, Nilo. Nota introdutória. *In*: SWENSSON JUNIOR, Lauro Joppert *et al*. (Org.). *Justiça de transição no Brasil*: direito, responsabilização e verdade. São Paulo: Saraiva, 2010. p. 11.

163 MATOS, Saulo Monteiro de. Anistia democrática? Sobre a (i)legitimidade da Lei de Anistia brasileira. *Revista Anistia Política e Justiça de Transição*, Ministério da Justiça, Brasília, n. 7, p. 136-168, jan./jun. 2012.

A EC nº 26/1985 foi regulamentada pelo Decreto nº 92.431/1986[164] e pelo Decreto nº 92.768/1986.[165] Esses Decretos tratavam sobre a estrutura e o método de apreciação dos pedidos de anistia, atribuindo competência aos Ministros de Estado para expedirem as normas necessárias à aplicação do disposto no art. 4º da EC nº 26/1986.

Dada a abertura política e a convocação da Assembleia Constituinte, as principais alterações na Lei de Anistia, procedimentais ou materiais, ocorreram durante a Assembleia Constituinte Nacional.[166]

Por fim, outra medida de José Sarney foi a assinatura da Convenção contra a Tortura e outros Tratamentos Cruéis e Degradantes da ONU (1985), importante medida no então cenário de transição do país.

---

[164] BRASIL. Decreto nº 92.431/1986. Art. 1º. É delegada competência ao Ministro de Estado Extraordinário para Assuntos de Administração, para, no âmbito da respectiva área de atribuições, baixar os atos necessários à execução da promoção, reversão e readmissão à atividade dos servidores civis, alcançados pela anistia de que trata o artigo 4º da Emenda Constitucional nº 26, de 27 de novembro de 1985; Art. 2º. Este decreto entrará em vigor na data de sua publicação.

[165] BRASIL. Decreto nº 92.768/1986. Art. 1º. É delegada competência aos Ministros de Estado para expedirem as normas necessárias à aplicação das disposições do art. 4º da Emenda Constitucional nº 26, de 27 de novembro de 1985, aos servidores das entidades da administração indireta, vinculadas aos respectivos Ministérios, e das fundações por eles supervisionadas, respeitando o disposto nos Decretos nº 92.429 e 92.431, de 26 de fevereiro de 1986. Art. 2º. Cada Ministério constituirá, mediante ato do Ministro de Estado, uma Comissão Especial, à qual caberá, em articulação com a Secretaria de Controle de Empresas Estatais – SEST, examinar todas as situações individuais, emitindo parecer para decisão do Titular da Pasta. Parágrafo único. As decisões serão proferidas dentro do prazo de trinta dias, contados da data da entrada de requerimento dos interessados.

[166] "Em 1985, houve uma tentativa de alterar a lei, para torná-la mais abrangente. Embora já se estivesse num governo civil, a influência de setores militares contrários à idéia não permitiu que isso fosse levado adiante. A discussão do assunto, contudo, continuou nos trabalhos da Assembléia Constituinte". (GONÇALVES, Danyelle Nilin. Os processos de anistia política no Brasil: do perdão à "reparação". *Dossiê – Direitos, Movimentos e Políticas Sociais*, v. 39, n. 1, p. 38-48, 2008).

CAPÍTULO 3

ASSEMBLEIA CONSTITUINTE E ANISTIA POLÍTICA SOB A CF/1988

3.1 Anistia política e o processo de transição para a CF/1988

Instaurada em 1º de fevereiro de 1987, nos termos do art. 2º da EC nº 26/1985,[167] o então presidente do STF, José Carlos Moreira Alves, restou ao encargo e direção da Assembleia Nacional Constituinte, composta por 487 deputados federais e 72 senadores. Dentre os senadores – senadores biônicos – alguns ainda haviam sido eleitos indiretamente em 1992.

Ainda, "os integrantes da Assembleia Constituinte receberam, nas eleições de 1986, mandato cumulativo, pois, além das funções constituintes, de caráter transitório, seguiram exercendo as atribuições ordinárias do Congresso Nacional".[168] [169]

---

[167] BRASIL. EC nº 26/1985. Art. 2º. O Presidente do Supremo Tribunal Federal instalará a Assembleia Nacional Constituinte e dirigirá a sessão de eleição do seu Presidente.

[168] SARLET, Ingo Wolfgang; MARINONI, Luiz Guilherme; MITIDIERO, Daniel. *Curso de direito constitucional*. 6. ed. São Paulo: Saraiva, 2017. p. 267.

[169] "A Constituinte foi eleita sob condições extremamente favoráveis ao bloco liberal-conservador vinculado à Aliança Democrática, de sustentação do governo Sarney (1985-1990) – principalmente devido ao impacto político e eleitoral causado pela temporária estabilização econômica advinda da implantação do Plano Cruzado. Teve, também, caráter congressual (os deputados e senadores foram eleitos não somente para elaborar a nova Constituição, mas também cumpriram seus mandatos como parlamentares; além disso, 23 senadores eleitos em 1982, ainda sob o Regime Militar, tiveram assento garantido nos debates). No entanto, o impulso democrático e o mecanismo inovador das Emendas Populares possibilitaram a impressionante subscrição de 12.277.423 cidadãos por via desse mecanismo". (SENRA, Alvaro de Oliveira. CNBB, democracia e participação popular (1977-1989). *Anos 90*, Porto Alegre, v. 24, n. 46, p. 97-120, dez. 2017).

No espectro jurídico, à época, vozes divergiam quanto à real soberania da constituinte. Havia debate sobre o fato de que o verdadeiro poder decorria do povo e se a constituinte não deveria ser convocada diretamente por ele, em vez de ser fruto de um processo de transição por transação[170] (processo político).

Em outras palavras, tendo em vista que o Congresso eleito em 1982 seria o responsável por elaborar a nova Constituição, o povo não lhe teria atribuído tal função ao elegê-los. Diante disso, a convocação seria um poder derivado e limitado pela norma constitucional que o instituiu, sem ostentar as características e os elementos básicos do poder constituinte, como o poder inicial, ilimitado, incondicionado, indivisível e permanente.[171]

Por outro lado, a doutrina jurídica sinaliza que a constituinte foi marcada por forte caráter de participação social, ao abranger inúmeros setores sociais e todos os espetros políticos possíveis, inclusive os militares, para construir um texto constitucional verdadeiramente democrático, caracterizando a transição não apenas como um ato de força, mas "resultado de negociação entre as forças políticas do regime que se esvai e as que lhe fazem oposição".[172] Soma-se ao argumento o fato de que a Emenda Constitucional que a convocou tratava-se de mero instrumento jurídico formal – não era esse o seu fundamento de validade.

A vontade nacional já se revelava presente ante a eclosão de inúmeros movimentos políticos, como as *Diretas Já*, fator político relevante capaz de sanar os vícios formais e de aplicabilidade das características do Poder Constituinte. No mais, o amplo processo de participação política nos debates e na elaboração de "cabo de guerra" pelo texto de lei demonstraram o compromisso constitucional de expor os anseios sociais à época das mais diversas classes, segmentos e assuntos.

No âmbito das discussões na constituinte, o tema da anistia retorna.[173] Dadas a forma e a natureza das discussões de tempos pas-

---

170 SHARE, Donald; MAINWARING, Scott. Transição por transação: democratização no Brasil e na Espanha. *Dados – Revista de Ciência Sociais*, v. 29, n. 2, p. 207, 1986.

171 FERREIRA FILHO, Manoel Gonçalves. *O poder constituinte*. 3. ed. São Paulo: Saraiva, 1999. p. 168-170.

172 SARMENTO, Daniel; SOUZA NETO, Cláudio Pereira de. *Direito constitucional*: teoria, história e métodos de trabalho. 2. ed. Belo Horizonte: Fórum, 2017. p. 273.

173 "A Assembleia Constituinte foi dividida em 24 subcomissões que integravam 08 Comissões Temáticas. O debate sobre a anistia apareceu primeiramente na "Subcomissão dos Direitos Políticos, dos Direitos Coletivos e Garantias" integrante da Comissão da Soberania e dos

sados sobre a matéria, especialmente o perdão irrestrito àqueles que aderiram às práticas de tortura, ressurge na constituinte um movimento de inclusão na CF/1988: a responsabilização pelos atos praticados por agentes da repressão.

Esse movimento político estava atrelado a fundamentos básicos da justiça de transição, a exemplo da responsabilização dos agentes e do direito à memória, de maneira a tornar público e notório os fatos relacionados à tortura, por exemplo, sistematicamente negados ao longo dos anos, seja no discurso político, seja nas medidas legais incorporadas ao ordenamento jurídico.

Houve, ainda, intensa movimentação na constituinte por parte dos militares cassados, organizados em *lobby* com a Federação das Associações de Defesa da Anistia, que tinham por objetivo ampliar seus benefícios quando comparados às normas anteriores, de forma ampla, e a beneficiar todos os punidos indevidamente.[174] [175]

Sob a perspectiva subjetiva dos debates, era latente a preocupação relativa à discussão dos termos das negociações já praticadas e quais seriam adotadas na nova Constituição. Ampliar ou reduzir? Responsabilizar agentes de Estado? Revisar os termos da anistia? Ampliar indenizações? Todos esses fatores foram objeto de análise.

Direitos e Garantias do Homem e da Mulher; em seguida o debate apareceu na "Subcomissão dos Direitos dos Trabalhadores e Servidores Públicos", que integrava a Comissão da Ordem Social. Os relatórios produzidos por tais subcomissões e comissões foram encaminhados para a Comissão de Sistematização, encarregada de organizar o projeto para votação em plenário". (SOUZA, Mayara Paiva; SANDES, Noé Freire. Entre silêncios e ruídos: a anistia na Assembleia Constituinte de 1987/88. *Anos 90*, Porto Alegre, v. 24, n. 46, p. 121-157, dez. 2017).

174 JORNAL DO BRASIL. *Militares anistiados se organizam para criar lobby na Constituinte.* Rio de Janeiro, 8 abr. 1987.

175 "Personagens centrais nos embates de memórias travados na Assembleia Constituinte, os militares, que compunham a linha de frente do governo de José Sarney, ficariam atentos a cada debate na Assembleia. Como destacou Eliézer Rizzo de Oliveira (1994), os militares prepararam-se com antecedência para acompanhar os trabalhos da Constituinte. Apoiados em assessorias atuantes no Congresso, mobilizaram apoios, identificaram os aliados e combateram ideias distintas de suas propostas. Além de um atuante *lobby* na Constituinte, havia, ainda, a pressão dos ministros militares na imprensa, principalmente do Ministro do Exército, General Leônidas Pires Gonçalves, que se valeu da influência que exercia sobre o Presidente Sarney para pressionar a Assembleia (SARNE..., 1988). Ao longo do trabalho da Constituinte, por meio de entrevistas aos principais jornais do país ou por notas oficiais, os ministros militares deixavam claro o seu posicionamento sobre o trabalho dos parlamentares e mandavam seu recado sobre o que admitiriam, ou não, na nova Carta Magna". (SOUZA, Mayara Paiva; SANDES, Noé Freire. Entre silêncios e ruídos: a anistia na Assembleia Constituinte de 1987/88. *Anos 90*, Porto Alegre, v. 24, n. 46, p. 121-157, dez. 2017).

Assim como em 1978 e 1979, as circunstâncias políticas, sociais e de comportamento institucional ofereceram respostas a essas questões. Compreende-se que, durante a redemocratização no Brasil, foi aberta uma janela importante para se reavaliar condutas tomadas no passado, com vistas a aperfeiçoar o processo político e as novas perspectivas para a CF/1988.

Assim, "desse quadro de tensão, de ressentimentos e ruídos, os debates sobre a anistia na Assembleia Constituinte de 1987/1988 seguiram um percurso bastante polêmico e marcado por diversas vicissitudes".[176]

Se antes havia influência do governo Figueiredo, a composição do parlamento era favorável aos militares, os atores sociais convergiam, por outro lado, na assembleia constituinte, que foi marcada por ampla participação da sociedade, na conversão de um entendimento comum.

Esse cenário pode servir de justificativa não só para superar o entendimento de que a EC nº 26/1985 não apresentava condições de convocar uma constituinte, uma vez que ela foi originada por um poder constituinte derivado, mas também faltava em seu fundamento legitimação desta decisão política feita diretamente pelo povo. Isso porque, no processo da assembleia constituinte, a participação e a possibilidade de negociação entre os grupos foram tão amplas que sua ratificação posterior, com a promulgação da CF/1988, supriria qualquer vício do ponto de vista formal.

Dessa forma, foi alcançada a representação legítima de um poder inicial, ilimitado, incondicionado, indivisível e permanente, características de um poder constituinte originário.

Em discurso histórico de Ulysses Guimarães, ao promulgar a Constituição da República Federativa do Brasil em 5 de outubro de 1988, este expôs o papel da anistia nesta Constituição, marcado por inúmeras referências históricas, ao colocar em palavras o sentimento nacional relacionado ao tema:

> O Estado prendeu e exilou. A sociedade, com Teotônio Vilella, pela anistia, libertou e repatriou.
> A sociedade foi Rubens Paiva, não os facínoras que o mataram (aplausos acalorados).
> Foi a sociedade mobilizada nos colossais comícios das Diretas Já que pela transição e pela mudança derrotou o Estado usurpador.

---

176 SOUZA, Mayara Paiva; SANDES, Noé Freire. Entre silêncios e ruídos: a anistia na Assembleia Constituinte de 1987/88. *Anos 90*, Porto Alegre, v. 24, n. 46, p. 121-157, dez. 2017.

> Termino com as palavras com que comecei esta fala.
> A Nação quer mudar. A Nação deve mudar. A Nação vai mudar. A Constituição pretende ser a voz, a letra, a vontade política da sociedade rumo à mudança.
> Que a promulgação seja o nosso grito. Mudar para vencer. Muda Brasil.[177]

A simbologia do discurso de Ulysses Guimarães reitera o sentimento nacional de reconstrução, de pensar o futuro e progredir para o desenvolvimento do país. Questões antes deixadas no passado não foram esquecidas, mas o processo de *transição por transação* é marcado por idas, vindas e concessões.

O processo denota um olhar comum em regimes democráticos, nos quais existem posições divergentes, interação de ideias, pensamentos, sentimentos e experiências dentro de um ciclo em que se permite a pluralidade de ideais com o respeito e, se possível, a construção de consensos. O diálogo deve ser considerado um instrumento de produção de algum julgamento, ação ou decisão a ser tomada a partir de um consenso dos que participam do debate,[178] o que ficou claro no processo analisado.

Nessa toada, o processo de participação, a partir de uma concepção processual, permite identificar o encadeamento de atos praticados pelos quais visam no campo político possibilitar a amplo debate e o contraditório, no intuito de se aperfeiçoar o texto de lei disputado por grupos de interesses:[179]

> A estruturação do contraditório, como núcleo de sentido do processo, por meio do procedimento, assegura que a autoridade pública atue com base na legitimação democrática. Essa estruturação passa pela fixação, como primeiro exercício da autoridade, dos termos de processamento do conflito. Cumpre compreender quais os interesses em disputa, quem são seus portadores e como se organizam. A partir daí deve ser feita a

---

177 GUIMARÃES, Ulisses. Íntegra do discurso presidente da Assembleia Nacional Constituinte, Dr. Ulysses Guimarães, 1988. Disponível em: https://www.camara.leg.br/radio/programas/277285-integra-do-discurso-presidente-da-assembleia-nacional-constituinte-dr-ulysses-guimaraes-10-23/. Acesso em 11 mar. 2023.

178 TREMBLAY, Luc B. The legitimacy of judicial review: the limits of dialogue between courts and legislatures. *International Journal of Constitutional Law*, v. 3, n. 4, p. 617-648, 2005.

179 BUCCI, Maria Paula Dallari. *Fundamentos para uma teoria jurídica das políticas públicas*. São Paulo: Saraiva, 2013. p. 138-42.

tradução desse agregado para o procedimento jurídico, definindo-se quem são as partes no processo.[180]

Este marco transitório, em especial com a Assembleia Constituinte, traduz um marco fundamental na mudança da cultura e da interpretação do direito, mas também do próprio processo democrático observado durante este período, quebrando a lógica outrora imprimida, seja por atos do Poder Executivo ou pela coalizão do veto no parlamento, observando questões de participação cidadã enquanto exigência para a efetividade

> Não havia uma força política hegemônica na Assembléia Constituinte. Mesmo o "Centrão" revelou-se não mais que uma ampla coalizão de veto. Não havia, enfim, um projeto oficial a ser traduzido pela nova Constituição, mas diversos projetos políticos e ideológicos fragmentários a articular, mediados por uma forte exigência de cidadania, entendida principalmente como direito à participação ativa na vida política do país.[181]

Com base nesses pressupostos, a partir de uma leitura jurídica, Daniel Sarmento e Cláudio Pereira de Souza Neto sintetizam o período de transição e formação da assembleia constituinte:

> A Transição do regime autoritário em direção à democracia não foi liderada pelos setores mais radicais da sociedade e do segmento político, mas por uma coalização formada entre as forças moderadas que davam suporte ao governo militar e os setores também moderados da oposição. Tratou-se de um modelo conhecido como "transição com transação", em que as mudanças foram negociadas, não resultando de rupturas violentas. No processo político que se desenvolveu no país, o início da transição decorreu de iniciativa de elementos do próprio regime autoritário, que, durante sua fase inicial, ditaram o seu ritmo e impuseram os seus limites. As forças do regime autoritário, mesmo depois de perderem o protagonismo no processo histórico de redemocratização, mantiveram um amplo poder de barganha, até mesmo de veto.[182]

---

180 BUCCI, Maria Paula Dallari. *Fundamentos para uma teoria jurídica das políticas públicas*. São Paulo: Saraiva, 2013. p. 140.

181 BARBOSA, Leonardo Augusto de Andrade. *Mudança constitucional, autoritarismo e democracia no Brasil pós-1964*. Tese (Doutorado em Direito), Universidade de Brasília (UNB), Brasília, 2009. p. 315.

182 SARMENTO, Daniel; SOUZA NETO, Cláudio Pereira de. *Direito constitucional*: teoria, história e métodos de trabalho. 2. ed. Belo Horizonte: Fórum, 2017. p. 156.

Do ponto de vista histórico, Boris Fausto afirma que a assembleia constituinte não foi capaz de instituir um verdadeiro regime democrático, mas, em verdade, um momento, uma situação pontual democrática:

> A transição brasileira teve, como a espanhola, a vantagem de não provocar grandes abalos sociais. Mas teve também a desvantagem de não colocar em questão problemas que iam muito além da garantia de direitos políticos à população. Seria inadequado dizer que esses problemas nasceram com o regime autoritário. A desigualdade de oportunidades, a ausência de instituições do Estado confiáveis e abertas aos cidadãos, a corrupção, o clientelismo são males arraigados no Brasil. Certamente, esses males não seriam curados da noite para o dia, mas poderiam começar a ser enfrentados no momento crucial da transição. O fato de que tenha havido um aparente acordo geral pela democracia por parte de quase todos os atores políticos facilitou a continuidade de práticas contrárias a uma verdadeira democracia. Desse modo, o fim do autoritarismo levou o país a mais uma "situação democrática" do que a um regime democrático consolidado.[183]

Lidiane Elizabete Friderichs sustenta não ter havido na transição brasileira um verdadeiro pacto político democrático, na medida em que o poder político, mesmo com o processo de abertura, remanesceu forte em pequenos grupos:

> A abertura brasileira foi um processo político conservador, controlado pela burguesia e pelos militares, e contou com a conservação de fortes traços de autoritarismo pela sociedade civil. Foi uma transição pelo alto, que eliminou os setores de esquerda de sua discussão e manteve restrito a um pequeno grupo as condições pelas quais seria realizada a transição. Além disso, as influências autoritárias eram muito profundas e limitaram a ação democratizante de vários grupos, a exemplo dos trabalhadores, que não conseguiram formar uma aliança e não tiveram força suficiente pra impor uma abertura mais rápida.[184]

183 FAUSTO, Boris. *História do Brasil*. São Paulo: Edusp, 2015. p. 448.

184 FRIDERICHS, Lidiane Elizabete. Transição democrática na Argentina e no Brasil: continuidades e rupturas. *Revista do Corpo Discente do PPG-História da UFRGS*, Porto Alegre, n. 20, v. 9, p. 439-455, ago. 2017. p. 448.

Marcado por um processo tensionado, acalorado e de concessões,[185] com a promulgação da Constituição, a anistia foi erigida a patamar constitucional, elencada no art. 8º do Ato de Disposições Constitucionais Transitórias (ADCT).

Em linhas gerais, houve: I) a ampliação do tempo compreendido pela anistia; II) o aumento dos beneficiários a serem enquadrados (militares ou civis); III) a previsão de concessão de reparações de natureza econômica para funcionários públicos, militares e civis; IV) a ampliação do espectro da abrangência dos atos de exceção; V) a imposição de obrigação ao STF para prolatar decisão em até 120 dias para o reconhecimento de atos de perseguição política com vistas à constituição de direitos e vantagens interrompidas; VI) a fixação de parâmetros para contar e obter aposentadoria no serviço público e previdência social, pois um dos efeitos da perseguição foi justamente demitir e exonerar grevistas e funcionários contrários ao regime:

> Art. 8º. É concedida anistia aos que, no período de 18 de setembro de 1946 até a data da promulgação da Constituição, foram atingidos, em decorrência de motivação exclusivamente política, por atos de exceção, institucionais ou complementares, aos que foram abrangidos pelo Decreto Legislativo nº 18, de 15 de dezembro de 1961, e aos atingidos pelo Decreto-Lei nº 864, de 12 de setembro de 1969, asseguradas as promoções, na inatividade, ao cargo, emprego, posto ou graduação a que teriam direito se estivessem em serviço ativo, obedecidos os prazos de permanência em atividade previstos nas leis e regulamentos vigentes, respeitadas as características e peculiaridades das carreiras dos servidores públicos civis e militares e observados os respectivos regimes jurídicos.
> §1º. O disposto neste artigo somente gerará efeitos financeiros a partir da promulgação da Constituição, vedada a remuneração de qualquer espécie em caráter retroativo.
> §2º. Ficam assegurados os benefícios estabelecidos neste artigo aos trabalhadores do setor privado, dirigentes e representantes sindicais que, por motivos exclusivamente políticos, tenham sido punidos, demitidos ou compelidos ao afastamento das atividades remuneradas que exerciam, bem como aos que foram impedidos de exercer atividades profissionais em virtude de pressões ostensivas ou expedientes oficiais sigilosos.

---

[185] Todo o processo de construção do texto normativo, os debates e atores envolvidos são muito bem retratados por Mayara Paiva Souza e Noé Freire Sandes. Trata-se de obra valiosa para a compreensão do processo político que aqui, diante do recorte metodológico, não nos permite aprofundar com a mesma magnitude. (SOUZA, Mayara Paiva; SANDES, Noé Freire. Entre silêncios e ruídos: a anistia na Assembleia Constituinte de 1987/88. *Anos 90*, Porto Alegre, v. 24, n. 46, p. 121-157, dez. 2017).

> §3º. Aos cidadãos que foram impedidos de exercer, na vida civil, atividade profissional específica, em decorrência das Portarias Reservadas do Ministério da Aeronáutica nº S-50-GM5, de 19 de junho de 1964, e nº S-285-GM5 será concedida reparação de natureza econômica, na forma que dispuser lei de iniciativa do Congresso Nacional e a entrar em vigor no prazo de doze meses a contar da promulgação da Constituição.
> §4º Aos que, por força de atos institucionais, tenham exercido gratuitamente mandato eletivo de vereador serão computados, para efeito de aposentadoria no serviço público e previdência social, os respectivos períodos.
> §5º A anistia concedida nos termos deste artigo aplica-se aos servidores públicos civis e aos empregados em todos os níveis de governo ou em suas fundações, empresas públicas ou empresas mistas sob controle estatal, exceto nos Ministérios militares, que tenham sido punidos ou demitidos por atividades profissionais interrompidas em virtude de decisão de seus trabalhadores, bem como em decorrência do Decreto-Lei nº 1.632, de 4 de agosto de 1978, ou por motivos exclusivamente políticos, assegurada a readmissão dos que foram atingidos a partir de 1979, observado o disposto no §1º.

Neste momento, cabe compreender a natureza jurídica do ADCT e o motivo pelo qual a anistia está inserida nesta classificação constitucional. Além disso, se a norma contida na EC nº 26/85 é considerada válida perante a nova Constituição e, assim, se compõe o arcabouço jurídico indispensável, enquanto norma de origem, ao disposto no art. 8º do ADCT, ou se a emenda, na verdade, não integra o arcabouço jurídico da CF/1988, vez que o poder constituinte originário é inicial, ilimitado e incondicionado.

Sob o aspecto histórico, a assembleia constituinte estaria adotando a mesma prática de calibragem da norma ou de critério de discussão idêntica quando tratado sobre o englobamento dos termos da Lei de Anistia de 1979 no conteúdo material contido na EC nº 26/1985. Ao adotar esse entendimento, permitiu o avanço institucional na tentativa de superar conflitos e de construir consensos que resultaram na promulgação da CF/1988.

Por outro lado, tendo em vista a natureza decorrente do Poder Constituinte, adotar a EC nº 26/1985 enquanto norma fundante não significa que a anistia penal dada em 1979 seja automaticamente englobada à CF/1988.

Essa questão será abordada mais adiante quando se tratar das discussões no STF relacionadas à ADPF nº 153. Todavia, adianta-se, desde já, para melhor compreensão da natureza da anistia no ADCT, que prevalece o entendimento de que a EC nº 26/1985 englobou os termos da Lei de Anistia de 1979 e que a Assembleia Constituinte aderiu ao ordenamento jurídico da Constituição de 1988 às disposições previstas na EC nº 26/1986 e na Lei de Anistia de 1979.

As normas contidas no ADCT, em geral, tratam de assuntos indispensáveis para corrigir problemas do passado ou que versam sobre problemas históricos. Normalmente, elas estipulam prazos de transição para adequação à nova realidade social, criação e desenvolvimento dos meios e instrumentos necessários para se alcançar esses objetivos. Opta, assim, por criar um regime provisório para, com cautela, disciplinar a transição entre uma ordem jurídica e outra.

Sob os aspectos formal e material, as normas constitucionais do ADCT ostentam igual nível hierárquico, de intensidade, eficácia ou autoridade em relação às demais normas previstas na CF/1988. Assim, não há qualquer distinção em relação às demais normas constitucionais, inclusive quanto à forma de emenda.

Sob o aspecto de aglutinamento à nova ordem constitucional, no caso da anistia política, deu-se por hipótese de recepção de norma constitucional. Esse instituto jurídico considera que as normas anteriores à nova ordem constitucional se amoldam à gênese constitucional. Significa dizer que, essas normas continuam em vigor, mas sob uma nova roupagem, isto é, a existência de uma nova ordem jurídica não rompe integralmente com a ordem anterior.[186]

A propósito, Raul Horta bem descreve a natureza do direito transitório e o uso da recepção constitucional como forma de integração:

> A incidência imediata da Constituição acarreta a substituição da ordem constitucional anterior pela impossibilidade da coexistência no tempo e no espaço, na condição de fonte e matriz do mesmo ordenamento jurídico estatal, de duas Constituições, a antiga, que desapareceu, e a nova Constituição, que se torna o fundamento monístico da validez e da

[186] Essa é a lição do professor da Universidade Federal de Minas Gerais, Bernardo Gonçalves: "O estudo da Dinâmica Constitucional diz respeito aos efeitos das normas constitucionais no tempo (passado-presente-futuro). Certo é que o surgimento de uma nova Constituição traz uma série de consequências para o ordenamento jurídico de um Estado. Sem dúvida, a teoria da Constituição desenvolveu uma gama de institutos para lidar com essas consequências. Nesses termos, o advento de um Poder Constituinte originário e sua obra, atualmente, não representa uma "ruptura integral com o edifício jurídico-normativo sustentado pela Constituição anterior". (GONÇALVES, Bernardo. *Curso de direito constitucional*. Belo Horizonte: JusPodivm, 2017. p. 138).

eficácia do ordenamento jurídico do Estado. A Constituição nova, salvo no caso limite de ruptura revolucionária radical, não acarreta a supressão total do ordenamento jurídico anterior. A técnica constitucional elaborou soluções de acomodação normativa, que afastam o colapso que adviria do vazio jurídico: a recepção do direito anterior pela Constituição, a vigência da legislação anterior que não contraria as disposições da nova Constituição e as normas de transição para regular situações discrepantes das normas constitucionais permanentes.[187]

Já sob a ótica do direito constitucional, a CF/1988 atribuiu a *competência política* de *natureza de competência exclusiva* da União à concessão de anistia (art. 21, VII, da CF/1988),[188] bem como ao Congresso Nacional para, com a sanção presidencial e por meio de lei, dispor sobre concessão de anistia (art. 48, VIII, da CF/1988).

3.2 Anistia política e os governos Collor e Itamar Franco

O governo Collor foi responsável por aplicar medidas de investigação relacionadas a crimes cometidos na ditadura militar, receber órgãos e delegações que tratavam sobre anistia internacional.[189] Nesse momento, também foi posta a discussão sobre o formato de gestão dos documentos que, antes, eram acessíveis apenas a grupos restritos, mas que começavam a se tornar públicos para a análise de diferentes setores e investigações. Apesar da vontade política, a falta de coordenação entre os Estados e os órgãos que tinham a posse desses documentos, além da resistência de setores que não queriam que o governo alcançasse o sucesso, foram fatores limitantes. Ademais, milhares de documentos foram incinerados no período de transição.[190]

No que diz respeito às modificações jurídicas, uma importante questão foi trazida pelo governo Collor. Os anistiados nas primeiras

---

187 HORTA, Raul Machado. *Estudos de direito constitucional*. Belo Horizonte: Del Rey, 1995. p. 321.

188 SILVA, José Afonso da. *Curso de direito constitucional positivo*. 39. ed. São Paulo: Malheiros, 2016. p. 501.

189 ALMEIDA, Wellington Lourenço de. *Direitos humanos no Brasil (1988-1998)*: um desafio à consolidação democrática. Tese (Doutorado). Faculdade de Filosofia, Letras e Ciências Humanas, Universidade de São Paulo (USP), São Paulo, 2002. p. 16.

190 MEZAROBBA, Glenda. *Um acerto de contas com o futuro a anistia e suas consequências – um estudo do caso brasileiro*. Dissertação (Mestrado). Faculdade de Filosofia, Letras e Ciências Humanas, Universidade de São Paulo (USP). São Paulo, 2003. p. 69-71.

etapas recebiam uma reparação econômica equiparada à aposentadoria do INSS (aposentadoria excepcional de anistiado político).

Ocorre que, a natureza das reparações é completamente distinta. No que diz respeito à seguridade social, a Constituição exige requisitos objetivos: tempo de contribuição ou idade para requerer o benefício. Além disso, para o recebimento, exige-se que o beneficiário tenha contribuído com a previdência para obtê-la. Por outro lado, não se poderia equiparar eventual prestação recebida a título de seguridade social com valores provenientes de atos dolosamente praticados pelo Estado brasileiro.

O ponto fulcral é que o governo Fernando Collor de Mello pôs fim a um emaranhado de leis, decretos e portarias e instituiu um regime em Lei que conferiu segurança quanto aos recebimentos (art. 150 da Lei nº 88.213/1991).[191] Buscou-se instituir padrões mínimos, preservar documentos e alinhar entendimentos jurídicos, vez que a ausência de um padrão institucional fere as expectativas tanto dos que foram perseguidos quanto do conjunto social:

> Em um contexto autoritário, as formas de negação do reconhecimento àqueles que se opõem ao regime de exceção passam a compor a estrutura institucional do Estado, limitando sobremodo as garantias de autorrealização e interação intersubjetiva não só de seus opositores, mas também de todo o conjunto da sociedade, já que banem de um convívio social de normalidade os perseguidos políticos, impedindo que seus modos de vida sejam compreendidos pelos demais membros da sociedade.[192]

Com essa disposição foram conferidas promoções aos que tinham o direito e a transferência do benefício aos dependentes. A aposentadoria era fixada com base no art. 8º do ADCT, com efeitos a partir da

[191] BRASIL. Lei nº 88.213/1991. Art. 150. Os segurados da Previdência Social, anistiados pela Lei nº 6.683, de 28 de agosto de 1979, ou pela Emenda Constitucional nº 26, de 27 de novembro de 1985, ou ainda pelo art. 8º do Ato das Disposições Constitucionais Transitórias da Constituição Federal, terão direito à aposentadoria em regime excepcional, observado o disposto no Regulamento. Parágrafo único. O segurado anistiado já aposentado por invalidez, por tempo de serviço ou por idade, bem como seus dependentes em gozo de pensão por morte, podem requerer a revisão do seu benefício para transformação em aposentadoria excepcional ou pensão por morte de anistiado, se mais vantajosa.

[192] BAGGIO, Roberta Camineiro. Por que reparar? A Comissão de Anistia e as estratégias de potencialização do uso público da razão na construção de uma dimensão político-moral das reparações no Brasil. *In*: SOUSA JÚNIOR, José Geraldo de *et al.* (Org.). *O direito achado na rua*: introdução crítica à justiça de transição na América Latina. Brasília: UnB, 2015. p. 282-291.

promulgação da CF/1988, sem, contudo, incidir restituição de salários, indenizações e atrasados:

> [...] a concessão desses benefícios, sob o aspecto da pressão de grupos políticos, inicialmente, beneficiou funcionários de empresas estatais: os maiores beneficiários nesses primeiros momentos foram funcionários de empresas estatais. A pensão para esses variava de acordo com o salário da categoria a que o pensionista estava vinculado e era paga pela Previdência Social. O valor também variava a partir da mobilização e articulação do sindicato do solicitante.[193]

Por meio do Decreto nº 40/1991, o então chefe do Poder Executivo, no exercício de suas atribuições constitucionais (art. 84, VIII, da CF/1988), expediu decreto para promulgar a Convenção Contra a Tortura e Outros Tratamentos ou Penas Cruéis, Desumanos ou Degradantes, um passo importante que serviria de fundamento jurídico no governo Fernando Henrique Cardoso no momento da criação da Lei de Mortos e Desaparecidos.

Outro fator interessante no campo da anistia política neste período é que, durante o exercício da presidência por Itamar Franco, após o *impeachment* de Fernando Collor de Melo, editou-se a MP nº 473/1994, posteriormente convertida na Lei nº 8.878/1994. Em seu art. 1º, dispõe:

> Art. 1º. É concedida anistia aos servidores públicos civis e empregados da Administração Pública Federal direta, autárquica e fundacional, bem como aos empregados de empresas públicas e sociedades de economia mista sob controle da União que, no período compreendido entre 16 de março de 1990 e 30 de setembro de 1992, tenham sido:
> I – exonerados ou demitidos com violação de dispositivo constitucional ou legal;
> II – despedidos ou dispensados dos seus empregos com violação de dispositivo constitucional, legal, regulamentar ou de cláusula constante de acordo, convenção ou sentença normativa;
> *III – exonerados, demitidos ou dispensados por motivação política, devidamente caracterizado, ou por interrupção de atividade profissional em decorrência de movimentação grevista.*
> Parágrafo único. O disposto neste artigo aplica-se, exclusivamente, ao servidor titular de cargo de provimento efetivo ou de emprego permanente à época da exoneração, demissão ou dispensa (grifos nossos).

[193] GONÇALVES, Danyelle Nilin. Os processos de anistia política no Brasil: do perdão à "reparação". *Dossiê – Direitos, Movimentos e Políticas Sociais*, v. 39, n. 1, p. 38-48, 2008.

Essa Lei serviu como resposta à reforma administrativa encampada por Fernando Collor à época, oportunidade em que vários funcionários foram dispensados. Outro ponto que chama a atenção é o fato de as disposições desta anistia, em que pese a exigência de motivações de cunho político, estipular como beneficiários um período exclusivo de 16.03.1990 e 30.09.1992, diferente daquele disposto no art. 8º do ADCT.

Isso permite afirmar que não se trata de uma anistia decorrente da prevista no ADCT da CF/1988, seja pelo veículo introdutor da norma que o fez ou pela finalidade a que se prestam.

Por outro lado, pertinente a argumentação de que as raízes autoritárias ainda habitavam as mais diversas esferas do funcionalismo público, e que a própria cultura adquirida durante o regime de reprimenda aos movimentos sociais, mesmo após a promulgação da CF/1988, a exemplo dos órgãos de repressão – SNI e Departamento de Ordem Política – continuava ativa e monitorando as atividades de grupos políticos – ainda que em menor grau se comparado ao passado.

Observa-se que, o tempo de amadurecimento das instituições – e também o esforço dos militares em frear este processo – está umbilicalmente ligado ao tempo em que a sociedade precisa para compreender uma nova incorporação de anseios, regras, da cultura jurídica e política e, em última análise, a própria (re)compreensão do Estado Democrático de Direito. Assim, arbítrios de natureza política ainda eram praticados.

A discussão sobre a validade dessas anistias foi amplamente discutida nos últimos 20 anos no Poder Judiciário, levando os beneficiários a obterem as mais diversas decisões sobre sua validade ou aplicabilidade.

A anistia conferida no governo Itamar Franco consta apenas como compreensão do período e das dificuldades quanto ao enquadramento jurídico. Tendo em vista tratar-se de anistia bem direcionada no que tange ao tempo e ao público, adota-se a posição de que essa anistia não está diretamente relacionada ao conteúdo previsto no art. 8º do ADCT. Por isso, as considerações até aqui tecidas são suficientes.

3.3 Anistia política e o governo FHC

Durante o governo de Fernando Henrique Cardoso foi sancionada a Lei nº 9.140/1995 (Lei dos Desaparecidos Políticos), que reconhece como mortas pessoas desaparecidas em razão de participação (ou acusação de participação) em atividades políticas, no período de 2.9.1961 a 15.8.1979, além de outras providências.

Com essa Lei, o Estado brasileiro deu um passo importante para reconhecer legalmente e se responsabilizar por atos como tortura, sequestros, assaltos e outros crimes praticados por agentes da repressão, além de prover, a partir de critérios específicos (art. 10 e 11), reparação de cunho econômico para os familiares.[194]

Para analisar os trabalhos, foi criada a Comissão Especial que promovia esforços e ações para localizar corpos desaparecidos e, em seguida, emitir pareceres sobre os pedidos relativos à indenização. Na condução dos trabalhos desta comissão participaram membros da Comissão de Direitos Humanos da Câmara dos Deputados, da sociedade civil ou familiares ligados à matéria analisada, do Ministério Público e do Ministério da Defesa. Inúmeros órgãos e secretarias do governo auxiliaram nas investigações.

Enquanto efeito prático no campo da justiça de transição, Eneá de Stutz Almeida aponta:

> Com a Lei nº 9.140/95, pela primeira vez o Estado brasileiro se responsabilizou pelas mortes e desaparecimentos de cidadãos brasileiros, dando sequência ao processo constitucional transicional. Note-se que, mais uma vez, o binômio memória/verdade está presente, pois as famílias precisaram provar os fatos ocorridos para que seus entes queridos fossem reconhecidos como mortos pelo Estado repressor, fazendo jus, por conseguinte, à reparação tanto financeira quanto documental, com as certidões de óbito e outras providências.[195]

No âmbito do processo que culminou com a elaboração legislativa, Carlos Arthur Gallo observa:

---

194 Sobre os resultados do trabalho realizado pela Comissão Especial: "Em 11 anos de atuação da Comissão Especial sobre Mortos e Desaparecidos Políticos (CEMDP) foram apreciados 475 casos, dos quais 136 já encontravam-se automaticamente reconhecidos em relação anexa à própria Lei nº 9.140/1995. Foram apreciados outros 339 casos na tentativa de arregimentar as provas para reconhecer o fato morte/desaparecimento e conferir a reparação às famílias. Na concretização dos trabalhos desta Comissão Especial, as reparações oscilaram entre o valor mínimo de R$100 mil e um valor máximo de R$152 mil, tendo obtido uma média de R$120 mil e pago um total de perto de R$40 milhões a familiares de vítimas fatais do regime militar". (ABRÃO, Paulo; TORELLY, Marcelo D. O programa de reparações como eixo estruturante da Justiça de Transição no Brasil. *In*: GUI, Felix (Org.). *Justiça de transição – Manual para a América Latina*. Brasília/Nova Iorque: Ministério da Justiça/ICTJ, 2011. p. 473-516).

195 ALMEIDA, Eneá de Stutz. *A transição brasileira*: memória, verdade, reparação e justiça (1979-2021). Salvador: Editora UnB, 2022. p. 18.

> O processo que culminou na elaboração da Lei nº 9.140, embora tenha constituído um grande avanço do Governo Federal em direção ao enfrentamento do tema das violações praticadas pelo aparato repressivo, não foi, certamente, simples, tanto que, da luta pela Anistia à edição da Lei de Mortos e Desaparecidos, transcorreram mais de 16 anos. [...] O contexto político nacional parecia maduro para tratar a questão, sobretudo diante do realinhamento das agendas nacional e internacional de proteção aos direitos humanos que estava se consolidando no país.[196]

Em 1997, o Congresso Nacional aprovou e o Presidente Fernando Henrique Cardoso sancionou a Lei que define os crimes de tortura (Lei nº 9.455/1997). Trata-se de um avanço do ponto de vista histórico, eis que os debates realizados na implementação da Lei de Anistia de 1979 basicamente excluíram qualquer tipo de reconhecimento ou atribuição de responsabilidade aos agentes de governo sobre as mais diversas sevícias ocorridas. Além disso, essa lei servia de base, mais adiante, para a criação de inúmeras Leis Estaduais que visavam a recomposição financeira daqueles que haviam sido acometidos por tais práticas.

Outro ponto: durante o governo Fernando Henrique Cardoso, apenas em 2001, foi publicada a MP nº 2.151-3/2001, proposta que não agradava a qualquer dos lados. Nesse sentido, a MP nº 65/2002 serviu como ponto de partida para regulamentar o regime jurídico da anistia política prevista no art. 8º do ADCT. Tratava-se de outro marco político e jurídico da Constituição e da regulamentação em regime jurídico específico.[197]

---

196 GALLO, Carlos Artur. *Para que não se esqueça, para que nunca mais aconteça*: um estudo sobre o trabalho da Comissão de familiares de mortos e desparecidos políticos. Dissertação (Mestrado em Ciência Política) – Instituto de Filosofia e Ciências Humanas, Universidade Federal do Rio Grande do Sul (UFRGS), Porto Alegre, 2012.

197 "Importantes passos foram a Lei nº 9.140 de 1995 (Lei dos desaparecidos) e a Lei nº 10.559 de 2002. Aprovada durante o governo de Fernando Henrique Cardoso, partindo de uma iniciativa do Executivo, a Lei dos desaparecidos reconhecia a responsabilidade estatal por mortes e desaparecimentos, por motivação política, ocorridos no período compreendido entre 02 de setembro de 1961 e 15 de agosto de 1979. A partir de uma lista de 136 nomes de mortos ou desaparecidos, os familiares passaram a ter o direito de requerer atestado de óbito e indenizações. Além disso, a Lei criou uma Comissão especial para analisar as denúncias de outras mortes, foram reconhecidas 353 vítimas fatais e as indenizações tiveram o valor pago em média de 120 mil reais. Apesar de não questionar a Lei de Anistia de 1979 e não reivindicar a punição dos torturadores, a Lei nº 9.140 foi importante porque representou o primeiro passo do Estado em direção ao reconhecimento do passado. Entretanto, os familiares de vítimas da ditadura ficaram muito insatisfeitos com a Lei dos desaparecidos, uma vez que o ônus da prova dos fatos ficava a cargo dos familiares e, além disso, muitos não queriam a reparação financeira, mas a punição dos torturadores e a elucidação do passado". (SOUZA, Mayrara Paiva de. *Os usos do passado nas constituintes*

Dentre as principais reivindicações, as quais justificam a regulamentação, mencionam-se:

> Até a edição da Lei de 2002 havia um déficit de danos ainda não reparados como, por exemplo: (i) a necessidade de reparação a todos os cidadãos atingidos por atos de exceção (na plena abrangência do termo), para além das perseguições cujo resultado final fora a morte ou o desaparecimento (reparados pela lei de 1995); (ii) os déficits do processo de reintegração de servidores públicos afastados de seus cargos prevista nas legislações anteriores (1979, 1985); (iii) a necessidade de atenção aos trabalhadores do setor privado, dirigentes e representantes sindicais que, por motivos exclusivamente políticos, tenham sido punidos, demitidos ou compelidos ao afastamento das atividades remuneradas que exerciam, bem como aos que foram impedidos de exercer atividades profissionais em virtude de pressões ostensivas ou expedientes oficiais sigilosos; (iv) a necessidade de atenção a um grupo significativo de servidores públicos civis e aos empregados em todos os níveis de governo ou em suas fundações, empresas públicas ou empresas mistas sob controle estatal, que tenham sido punidos ou demitidos por atividades profissionais interrompidas em virtude de decisão de seus trabalhadores, com ou sem motivação política; (v) as críticas feitas aos limites da reparação concedida aos familiares de mortos e desaparecidos políticos pela modalidade reparatória da lei de 1995 não abranger danos transgeracionais e danos ocorridos em razão de perseguições políticas havidas antes da morte ou desaparecimento; (v) a necessidade de estabelecimento de um rito especial de análise, uma vez que boa parte dos documentos públicos do período jamais foram tornados acessíveis pela cidadania e, finalmente, (vi) a existência de um amplo conjunto de lesões praticadas pelo Estado para as quais a reparação econômica não era a melhor alternativa existente.[198]

O processo de discussão no Congresso Nacional foi marcado por um tom de disputas, mas tinha-se consciência da necessidade de conversão da medida provisória, o que gerou verdadeiro movimento no Congresso para a aprovação nas melhores práticas republicanas.

Foi aprovada no Congresso Nacional a MP nº 65/2002, convertida posteriormente na Lei nº 10.559/2002. Devido ao transcurso de aproximadamente 13 anos após para a regulamentação do art. 8º do ADCT,

---

de 1946 e 1987/1988: a anistia entre silêncios, ruídos e esquecimentos. Tese (Doutorado em História). Universidade Federal de Goiás (UFGO), Goiânia, 2016. p. 336).

198 ABRÃO, Paulo; TORELLY, Marcelo D. O programa de reparações como eixo estruturante da Justiça de Transição no Brasil. *In*: GUI, Felix (Org.). *Justiça de transição – Manual para a América Latina*. Brasília/Nova Iorque: Ministério da Justiça/ICTJ, 2011. p. 473-516.

o cenário das reivindicações já havia se expandido nos mais diversos âmbitos sociais. Nesse contexto, a Lei serviu como elemento para sanar as principais controvérsias.

A regulamentação do art. 8º do ADCT só ocorreu com a Lei nº 10.559/2002, que, definitivamente, criou, nos termos do art. 12,[199] a Comissão de Anistia responsável por examinar requerimentos administrativos com a finalidade de analisar os pleitos e, se presentes os requisitos que comprovem a atuação antijurídica do Estado brasileiro com a supressão de direitos fundamentais, conceder perdão e pedido de desculpas por parte do Estado brasileiro, bem como eventual concessão de indenização material. Nesta mesma Lei também foram definidas as competências administrativas, a composição e a quantidade dos membros responsáveis pela análise e julgamento.

No que diz respeito à preservação de direitos, a Lei nº 10.559/2002 foi expressa ao estabelecer, em seu art. 16,[200] que os direitos ali conferidos não excluíam outros eventualmente ampliados por normas legais diversas, possibilitando a escolha da opção mais favorável.

Instituiu, ainda, outras formas e critérios de reparação, como a prestação mensal, permanente e continuada, a qual visava aquele que havia sido atingido por atos de exceção, o recebimento de salários, subsídios – a depender da profissão, cargo e regime exercido – como se na ativa estivesse, como forma de reparar, por exemplo, a interrupção laboral decorrente de ato de exceção.

A Lei também estabeleceu uma parcela única, para os casos nos quais não houve, por exemplo, interrupção da atividade laboral, mas que tenham sido alvo de prisões ou cassações, ficando a critério do requerente optar por uma das duas (arts. 5º e 6º),[201] [202] deixando ao pleiteante a escolha do regime que melhor se adequasse ao caso concreto.

---

199 BRASIL. Lei nº 10.559/2002. Art. 12. Fica criada, no âmbito do Ministério da Justiça, a Comissão de Anistia, com a finalidade de examinar os requerimentos referidos no art. 10 desta Lei e assessorar o respectivo Ministro de Estado em suas decisões.

200 BRASIL. Lei nº 10.559/2002. Art. 16. Os direitos expressos nesta Lei não excluem os conferidos por outras normas legais ou constitucionais, vedada a acumulação de quaisquer pagamentos ou benefícios ou indenização com o mesmo fundamento, facultando-se a opção mais favorável.

201 BRASIL. Lei nº 10.559/2002. Art. 5º. A reparação econômica em prestação mensal, permanente e continuada, nos termos do art. 8º do Ato das Disposições Constitucionais Transitórias, será assegurada aos anistiados políticos que comprovarem vínculos com a atividade laboral, à exceção dos que optarem por receber em prestação única.

202 BRASIL. Lei nº 10.559/2002. Art. 6º. O valor da prestação mensal, permanente e continuada, será igual ao da remuneração que o anistiado político receberia se na ativa estivesse,

Outra consequência da Lei foi pôr fim à controvérsia em relação ao aproveitamento dos anos de contribuição para a previdência, podendo optar o anistiado político por contabilizar o tempo em que esteve afastado e cumular a indenização material intitulada, por exemplo, pela prestação mensal, permanente e continuada, ou obter outro regime de aposentadoria junto ao INSS. A pensão excepcional instituída por Fernando Collor de Mello poderia ser convertida na prestação prevista na Lei nº 10.559/2002.[203]

A Lei ampliou os critérios e os beneficiários da norma, por exemplo: I) o reconhecimento expresso com declaração do Estado brasileiro com pedido de desculpas; II) englobou funcionários da iniciativa privada passíveis de recebimento das prestações continuadas; III) ampliou

considerada a graduação a que teria direito, obedecidos os prazos para promoção previstos nas leis e regulamentos vigentes, e asseguradas as promoções ao oficialato, independentemente de requisitos e condições, respeitadas as características e peculiaridades dos regimes jurídicos dos servidores públicos civis e dos militares, e, se necessário, considerando-se os seus paradigmas. §1º. O valor da prestação mensal, permanente e continuada, será estabelecido conforme os elementos de prova oferecidos pelo requerente, informações de órgãos oficiais, bem como de fundações, empresas públicas ou privadas, ou empresas mistas sob controle estatal, ordens, sindicatos ou conselhos profissionais a que o anistiado político estava vinculado ao sofrer a punição, podendo ser arbitrado até mesmo com base em pesquisa de mercado. §2º. Para o cálculo do valor da prestação de que trata este artigo serão considerados os direitos e as vantagens incorporados à situação jurídica da categoria profissional a que pertencia o anistiado político, observado o disposto no §4º deste artigo. §3º. As promoções asseguradas ao anistiado político independerão de seu tempo de admissão ou incorporação de seu posto ou graduação, sendo obedecidos os prazos de permanência em atividades previstas nas leis e regulamentos vigentes, vedada a exigência de satisfação das condições incompatíveis com a situação pessoal do beneficiário. §4º. Para os efeitos desta Lei, considera-se paradigma a situação funcional de maior freqüência constatada entre os pares ou colegas contemporâneos do anistiado que apresentavam o mesmo posicionamento no cargo, emprego ou posto quando da punição. §5º. Desde que haja manifestação do beneficiário, no prazo de até dois anos a contar da entrada em vigor desta Lei, será revisto, pelo órgão competente, no prazo de até seis meses a contar da data do requerimento, o valor da aposentadoria e da pensão excepcional, relativa ao anistiado político, que tenha sido reduzido ou cancelado em virtude de critérios previdenciários ou estabelecido por ordens normativas ou de serviço do Instituto Nacional do Seguro Social – INSS, respeitado o disposto no art. 7º desta Lei. §6º. Os valores apurados nos termos deste artigo poderão gerar efeitos financeiros a partir de 5 de outubro de 1988, considerando-se para início da retroatividade e da prescrição qüinqüenal a data do protocolo da petição ou requerimento inicial de anistia, de acordo com os arts. 1º e 4º do Decreto nº 20.910, de 6 de janeiro de 1932.

203 BRASIL. Lei nº 10.559/2002. Art. 19. O pagamento de aposentadoria ou pensão excepcional relativa aos já anistiados políticos, que vem sendo efetuado pelo INSS e demais entidades públicas, bem como por empresas, mediante convênio com o referido instituto, será mantido, sem solução de continuidade, até a sua substituição pelo regime de prestação mensal, permanente e continuada, instituído por esta Lei, obedecido o que determina o art. 11.

a concessão para o reconhecimento de diplomas e de mecanismos de reintegração de servidores.[204]

Do ponto de vista procedimental, foi incumbido ao Ministro da Justiça decidir a respeito dos requerimentos de anistia, os quais seriam analisados pela Comissão de Anistia, responsável por examinar a juridicidade e a compatibilidade dos fatos narrados, de forma a incluí-la ou não nas hipóteses da Lei nº 10.559/2002. A esta Comissão foram atribuídos poderes para requisitar documentos a empresas públicas, privadas ou de economia mista, referentes ao período contido na norma enquanto objeto de análise. Ao final, por meio da Portaria do Ministro responsável, seria atribuída ou não a condição de anistiado político.

Em um contexto geral da norma, diversamente dos debates promovidos durante a edição da Lei de Anistia de 1979 e da EC nº 26/1985, em que grupos ainda reivindicavam o silêncio a que foram submetidos e a própria impunidade aos agentes que praticaram violações de direitos humanos, verifica-se que o nível de amadurecimento das instituições e da sociedade na consolidação do Estado Democrático de Direito permitiu a modificação da linguagem da norma.

Se antes eram utilizados vocábulos como "crime", a Lei nº 10.559/2002 se valeu de equivalentes como "prejudicados". Com o passar dos anos, a narrativa política também indica que aqueles que eram considerados terroristas, comunistas e outras acepções do termo de forma pejorativa, eram reconhecidos como verdadeiros opositores do regime.

---

204 BRASIL. Lei nº 10.559/2002. Art. 1º. O Regime do Anistiado Político compreende os seguintes direitos: I – declaração da condição de anistiado político; II – reparação econômica, de caráter indenizatório, em prestação única ou em prestação mensal, permanente e continuada, asseguradas a readmissão ou a promoção na inatividade, nas condições estabelecidas no *caput* e nos §§1º e 5º do art. 8º do Ato das Disposições Constitucionais Transitórias; III – contagem, para todos os efeitos, do tempo em que o anistiado político esteve compelido ao afastamento de suas atividades profissionais, em virtude de punição ou de fundada ameaça de punição, por motivo exclusivamente político, vedada a exigência de recolhimento de quaisquer contribuições previdenciárias; IV – conclusão do curso, em escola pública, ou, na falta, com prioridade para bolsa de estudo, a partir do período letivo interrompido, para o punido na condição de estudante, em escola pública, ou registro do respectivo diploma para os que concluíram curso em instituições de ensino no exterior, mesmo que este não tenha correspondente no Brasil, exigindo-se para isso o diploma ou certificado de conclusão do curso em instituição de reconhecido prestígio internacional; e V – reintegração dos servidores públicos civis e dos empregados públicos punidos, por interrupção de atividade profissional em decorrência de decisão dos trabalhadores, por adesão à greve em serviço público e em atividades essenciais de interesse da segurança nacional por motivo político. Parágrafo único. Aqueles que foram afastados em processos administrativos, instalados com base na legislação de exceção, sem direito ao contraditório e à própria defesa, e impedidos de conhecer os motivos e fundamentos da decisão, serão reintegrados em seus cargos.

O tom pacificador e conciliador da Lei nº 10.559/2002 é patente. Além de sua aprovação por grande parte no Congresso, conseguiu solucionar muitas questões pendentes e consolidou um mecanismo de reparação aos atingidos e prejudicados pelas perseguições. O acesso à anistia foi ampliado, incluindo novas modalidades e um rito administrativo bem desenhado.

A Comissão de Anistia foi instalada pelo Ministério da Justiça em 28 de agosto de 2001. Em números, o governo Fernando Henrique Cardoso foi responsável por aumentar exponencialmente a quantidade de requerimentos e de apreciações sobre os pedidos. Segundo o Relatório Anual da Comissão de Anistia de 2014, é possível observar essa condição nos gráficos de processos autuados *vs.* total de decisões.[205]

Em que pese todos os esforços, um problema permanecia: obter a documentação comprobatória.

Embora no governo Fernando Collor de Mello tenham sido tomadas medidas para se ampliar o acesso a documentos do regime, a obtenção dos documentos produzidos no SNI e nas Delegacias de Ordem Política e Social nos Estados não estava conectada, mas dispersa e desorganizada. Esse foi um dos fatores que ainda limitava o acesso à anistia daqueles que haviam sido alvo de perseguições de cunho político, pois nada aparecia nos arquivos. Na época, alguns se valiam de remédios constitucionais, como o *habeas data* e o mandado de segurança, para obter documentos que constassem o seu nome.

Em que pese a evolução legislativa e a construção de consenso, ao que parece, ao longo do processo de transição, pouca foi a preocupação quanto à conservação dos registros. Muitos documentos haviam sido destruídos e incinerados, apagando informações importantes da história do Brasil.

Com a transição de governo para Luiz Inácio Lula da Silva, outro presidente atingido pelos atos de exceção e com alto apelo junto à classe trabalhadora, iniciou-se outro ciclo de expansão de direitos e acesso à anistia.

---

205 BRASIL. *Relatório Anual da Comissão de Anistia*. Brasília: Ministério da Justiça, 2014. Disponível em: https://www.gov.br/mdh/pt-br/navegue-por-temas/comissao-de-anistia/anexos/anistia-2014-final-reduzido.pdf. Acesso em 13 mar. 2023.

3.4 Anistia política e governo Lula: 2003-2010

Com a eleição de Luiz Inácio Lula da Silva, um longo caminho seria traçado não só na continuação das ações já iniciadas com a CF/1988. Foi instituído o Programa Nacional de Direitos Humanos (PNDH-3); a competência de anistia foi transferida ao Ministério da Justiça, fomentando a criação da Comissão Nacional da Verdade, que contribuiu para a instituição de políticas de memória e transição.

No aspecto jurídico, o governo Lula organizou um emaranhado de arranjos jurídicos e direcionou a política por meio de ações articuladas ligadas às ações de verdade e memória e por meio de reparações administrativas (Lei nº 10.559/2002).[206]

Em 2005, todos os documentos que estavam em posse da Agência Brasileira de Inteligência Brasileira (ABIN) relativos ao período da ditadura militar foram transferidos para a custódia do Arquivo Nacional, sob o comando da Casa Civil, subordinada à presidência da República.[207]

Em 2009, a então chefe da casa civil, Dilma Rousseff, editou a Portaria nº 204/2009,[208] criando o Centro de Referência das Lutas Políticas no Brasil (1964-1985) – Memórias Reveladas, no âmbito do Arquivo Nacional da Casa Civil da Presidência da República, com financiamento da Lei Rouanet (Lei nº 8.313/1991), da Petrobras e do Banco do Brasil, dentre outros.[209]

Por meio do Decreto nº 7.037/2009, foi aprovado o PNDH-3, que, no Eixo Orientador VI, Direito à memória e à verdade, consta diretrizes para a compreensão de como o assunto deveria ser conduzido, apresenta um compilado sobre a legislação nacional e os principais programas implementados até 2009.

O PNDH-3 teve papel primordial ao definir, na Diretriz nº 23, o objetivo estratégico da política de anistia, descrevendo a criação de

---

206 Durante o seu primeiro ano de governo, segundo dados publicados no Anuário da Anistia, foram autuados 22.929 processos. Esse foi o maior número até hoje registrado na Comissão de Anistia [Relatório anual – 2001-2014].

207 ROUSSEF, Dilma. A memória é nossa. *Folha de S. Paulo*, 22 dez. 2005. Disponível em: https://www1.folha.uol.com.br/fsp/opiniao/fz2212200509.htm. Acesso em 18 abr. 2024.

208 Portaria nº 204, de 13 de maio de 2009. Cria o "Centro de Referência das Lutas Políticas no Brasil (1964-1985) – memórias reveladas", no âmbito do Arquivo Nacional da Casa Civil da Presidência da República.

209 BRASIL. Ministério da Gestão e da Inovação em Serviços Públicos. *Arquivo Nacional. Memórias Reveladas. Institucional*. 28 mar. 2022. Disponível em: https://www.gov.br/memoriasreveladas/pt-br/acesso-a-informacao/institucional/institucional. Acesso em 31 mar. 2024.

grupos de trabalho, responsabilidades, obrigações, comissões, meios de obtenção de documentos públicos e sua conservação.[210]

Na Diretriz nº 24 sobre a Preservação da memória[211] histórica e a construção pública da verdade, consta o objetivo estratégico e as ações programáticas para este plano a respeito da criação de espaços públicos para centros de memória, como museus, e linhas de financiamento de pesquisas ou incentivos a instituições públicas para se realizar pesquisas durante o período. Percebe-se, especialmente, o caráter cultural das ações aqui descritas.

Conforme anotado por San Romanelli Assumpção:

> Pertencem ao campo da justiça de transição os processos e mecanismos por meio dos quais a sociedade e os Estados lidam com o legado de graves violações de direitos humanos e atrocidades praticados em larga escala no passado recente, em nome de memória, verdade, justiça, *accountability*, reparação e reconciliação, para estabelecimento e consolidação de uma nova ordem regida pelos valores da paz, do Estado de direito e da democracia. Dentre esses processos e mecanismos estão as comissões da verdade, os sítios de memória, os processos judiciais, as punições a violadores, os expurgos estatais, as anistias, as indenizações às vítimas, as reparações simbólicas e as reformas institucionais com o intuito de evitar que as violações do passado recente se repitam.[212]

A Diretriz 25 trata da modernização da legislação relacionada à promoção do direito à memória e à verdade como instrumento democrático. No objetivo estratégico, busca-se identificar e suprimir do ordenamento jurídico pátrio normas remanescentes do período de exceção que não mais comportam ser aplicadas quando analisadas sob a nova perspectiva constitucional:

---

[210] Decreto nº 7.037/2009 – aprova o Programa Nacional de Direitos Humanos (PNDH).

[211] "A noção de memória remete tanto aos mecanismos de acumulação, vinculando-se às formas de conservação, atualização e reconhecimento de uma lembrança, quanto aos processos de compartilhamento de representações sociais. Vinculada ao universo de interações e significações de um sujeito em seu mundo, é essa reinterpretação constante do passado, sua reconfiguração e formas de ação no presente". (FERREIRA, Maria Letícia Mazzucchi. Políticas de memória e políticas de esquecimento. *Revista Aurora*, Memória, n. 10, p. 101-118, 2011. Disponível em: https://revistas.pucsp.br/index.php/aurora/article/view/4500. Acesso em 05 mai. 2024).

[212] ASSUMPÇÃO, San Romanelli. Comissões da verdade e justiça de transição: problemas de fundações morais deliberativas para se pensar graves violações de direitos humanos massivamente praticadas. *Estudos Ibero-Americanos*, v. 45, n. 3, p. 39-50, 2019. p. 40.

> Legados autoritários podem ser compreendidos como resquícios do regime burocrático autoritário que, a despeito da finalização da transição à democracia, projetaram-se no tempo para além da duração do regime de exceção. No Brasil, aponta-se como legados autoritários que se apresentam, ou se apresentaram durante longo tempo: 1) a tese da anistia "recíproca"; 2) a Política Nacional de Sigilo Documental; 3) as prerrogativas militares; 4) resquícios culturais do autoritarismo.[213]

Dentre as ações programáticas desta diretriz buscou-se, por meio de articulação junto ao Congresso Nacional, revogar leis contrárias aos direitos e garantias fundamentais e revisar propostas legislativas envolvendo retrocessos na matéria do direito à memória e à verdade.

As medidas do PNDH-3 foram essenciais para fomentar a discussão da criação da Comissão Nacional da Verdade. Em 2010 foi apresentado o Projeto de Lei nº 7.376/2010, de autoria do Poder Executivo, por meio da Mensagem nº 229/2010, que dispunha sobre a criação da CNV no âmbito da Casa Civil da Presidência da República.[214]

Dentre as razões do projeto, além da previsão constitucional contida no art. 8º do ADCT, ações já em curso, como a Comissão Especial de Mortos e Desaparecidos, instituída pela Lei nº 9.140/1995, a criação da Comissão de Anistia, no âmbito do Ministério da Justiça (Lei nº 10.559/2002), com fundamento no Projeto de Lei nº 5.228/2009 (embrião da Lei de Acesso à Informação) e a previsão contida no art. 19 da Declaração Universal dos Direitos Humanos, foram os argumentos apresentados pelo Poder Executivo.

Havia, depois de muitos anos, um arcabouço jurídico bem desenhado e articulado.

---

213 GALLO, Carlos Artur; GUGLIANO, Alfredo Alejandro. Legados autoritários, políticas de memória e qualidade da democracia no Brasil. *In*: GALLO, Carlos Artur; RUBERT, Silvania. *Entre a memória e o esquecimento*: estudos sobre os 50 anos do golpe civil-militar no Brasil. Porto Alegre: Deriva, 2014. p. 289.

214 Sobre os atores políticos e os discursos da criação da CNV: "Bolsonaro fez mais de uma dezena de discursos na tribuna da Câmara criticando o projeto, mobilizando constantemente aqueles dois argumentos já analisados aqui. Tanto a acusação de "revanchismo" – "vocês querem a revanche. Vocês querem humilhar, querem esculachar as Forças Armadas" quanto a crítica às indenizações – "cria-se um trem da alegria, um enorme trem da alegria, porque o projeto prevê assistência às vítimas de tais violações. Vai ser um festival de indenizações milionárias! Já gastaram 4 bilhões com 'bolsa ditadura'. Vão criar uma nova 'bolsa ditadura'". (PEDRETTI, Lucas. Bolsonaro e a luta contra a memória das vítimas da ditadura. *Etcétera, Revista del Área de Ciencias Sociales del CIFFyH*, n. 6, p. 01-18, 2020. p. 11).

No tocante ao andamento da Comissão de Anistia durante os anos 2002-2010, houve um intenso julgamento de casos, período em que foram autuados 62.623 processos e proferidas 57.582 decisões.[215]

Figura 1 – Comissão de Anistia (2002-2010)

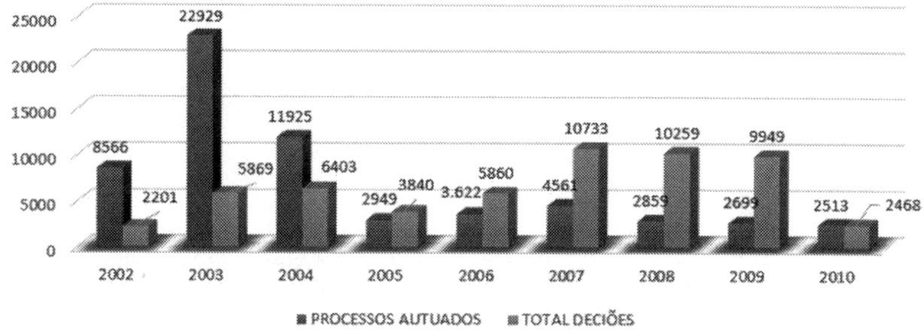

Fonte: Elaborado por Bruno Talpai com base nas informações disponíveis no *site* da Comissão de Anistia das sessões de julgamento e publicações. Disponível em: https://www.gov.br/mdh/pt-br/navegue-por-temas/comissao-de-anistia/sessoes. Acesso em 22 mai. 2024.

Em 2008 foram criadas as "caravanas de anistias", apreciações itinerantes com julgamentos realizados em diversos Estados da federação, permitindo não só levar a política de anistia ao extrato real do seu público-alvo, mas também mobilizando setores da sociedade, promovendo eventos, estudos, seminários, palestras, oficinas, livros, artigos e tantos outros eventos que contribuíram para efetivar a política.[216]

---

215 Dados retirados e tratados conforme o período específico com base em: BRASIL. *Relatório Anual da Comissão de Anistia*. Brasília: Ministério da Justiça, 2014. Disponível em: https://www.gov.br/mdh/pt-br/navegue-por-temas/comissao-de-anistia/anexos/anistia-2014-final-reduzido.pdf. Acesso em 13 mar. 2023.

216 "Se do ponto de vista individual o processo de reparação representa o resgate da dignidade humana maculada durante os períodos de exceção, do ponto de vista coletivo ele representa um acerto de contas da nação com seus cidadãos. Assim sendo, o processo de reparação torna-se um momento ímpar na construção da história e da identidade nacional. A centralidade de todas as sessões de julgamento em Brasília impedia a plena realização dessa dimensão pública da anistia e, nesse sentido, foi instituído, em abril de 2008, o projeto das Caravanas da Anistia. É por meio das Caravanas que o princípio da reconciliação nacional tem ganhado ampla concretude. As caravanas já foram acolhidas por universidades, escolas, sindicatos, câmaras municipais, assembleias legislativas, tribunais de justiça, assentamentos rurais, sindicatos, palácios de governo estaduais, entidades representativas como a ABI, a OAB Nacional em seu Congresso anual, a CNBB, a UNE, ocupando ainda a ágora em seu sentido mais literal: a praça pública". (ABRÃO, Paulo *et al*. A justiça de transição no Brasil: o papel da Comissão de Anistia do Ministério da Justiça. *In*: *Revista Anistia Política e Justiça de Transição*, Brasília: Ministério da Justiça, n. 1, p. 12-21, jan./jun. 2009).

> Umas das mais expressivas e que vem alcançando grande repercussão nacional são as Caravanas da Anistia. Nelas, a Comissão se desaloja das instalações do Palácio da Justiça em Brasília e percorre os diferentes Estados brasileiros para julgar requerimentos de anistia emblemáticos nos locais onde as perseguições aconteceram, realizando os julgamentos em ambientes educativos como Universidades e espaços públicos e comunitários.
> Durante esses julgamentos, todos os procedimentos, inclusive os debates e as divergências entre os Conselheiros e as Conselheiras, são realizados às claras, diante de todos os presentes e contando sempre com o testemunho emocionado de muitos anistiandos e anistiandas. Esses testemunhos expressam de modo cristalino as características do testemunho como ligação entre memória e história. A experiência das Caravanas da Anistia permite que se vivencie algo insubstituível: testemunhar o testemunho. A narrativa do sofrimento é quase impossível, mas, como disse Adorno, é a condição de toda verdade. É a possibilidade de recolocar no plano simbólico a violência negada e repetitiva.[217]

É certo já existiam pedidos de anistia, especialmente quando as demissões por motivações políticas ocorriam em empresas públicas ou vinculadas aos Ministérios. Na prática forense, antes da Lei nº 10.559/2002, muitos processos haviam sido instaurados no Ministério de Minas e Energia, no Ministério do Trabalho, na Previdência e em tantos outros.

Isso porque a legislação – embora Fernando Collor de Mello tenha contribuído para reduzir o emaranhado legal – ainda não tinha adesão social no campo de mobilização. Não havia uma compreensão bem formada do que se tratava, de fato, a Lei nº 10.559/2002.

Assim, para adequar-se ao rito desta legislação, processos que antes tramitavam em outros Ministérios, autarquias ou entes públicos foram remetidos à Comissão de Anistia. Com o início da implementação legal, os procedimentos e ritos começaram a se estabelecer firmando parâmetros financeiros, políticos e de compreensão por parte do órgão de decisão do que seria constituído como ação de programa para a construção pública da verdade.

Houve inúmeros debates e critérios, a exemplo da discussão sobre a readmissão/reintegração de funcionários ao serviço público e

[217] SILVA FILHO, José Carlos Moreira da. A ambiguidade da anistia no Brasil: memória e esquecimento na transição inacabada. *In*: PIOVESAN, Flávia; SOARES, Inês Virgínia Prado (coord.). *Direitos humanos atual*. Rio de Janeiro: Elsevier, 2014. p. 16-41.

de temas como greve nos serviços públicos e em atividades essenciais de interesse da segurança nacional, remetendo à compreensão do art. 8º, §5º, do ADCT.[218]

A este ponto, o arranjo jurídico da anistia se desenhava da seguinte forma:

Figura 2 – Quadro Normativo Anistia

NORMA	COMANDO
EC n. 26, de 27 de novembro de 1985.	Convoca Assembleia Nacional Constituinte e dá outras providências.
Art. 8º do ADCT	Marco Constitucional da Anistia 1988
Art. 21, XVII; art. 48, VIII, da CF/1988	Competência Constitucional
Lei n. 6.683/1979 (Lei de Anistia 1979)	Concede anistia e dá outras providências.
Lei n. 8.878/1994	Dispõe sobre a concessão de anistia nas condições mencionadas
Lei n. 10.559/2002	Regulamenta o art. 8º do Ato das Disposições Constitucionais Transitórias e dá outras providências
Lei n. 9.140/1995 (conhecida como "Lei dos Desaparecidos")	Lei de Mortos e Desaparecidos
Decreto n. 7.430/2011	Arquivo Nacional foi transferido ao Ministério da Justiça
Lei n. 12.528/2011	Cria a Comissão Nacional da Verdade
Decreto Presidencial n. 5.584/2005	Dispôs sobre o recolhimento, pelo Arquivo Nacional, de documentos sob custódia da Agência Brasileira de Inteligência (ABIN). No mês seguinte, o Arquivo Nacional recebeu documentos do Conselho de Segurança Nacional (CSN), da Comissão Geral de Investigações (CGI) e do Serviço Nacional de Informação (SNI)
Portaria n. 204/2009	Cria o Centro de Referência das Lutas Políticas no Brasil (1964-1985)
Decreto n. 7.037/2009	Aprova o Programa Nacional de Direitos Humanos – PNDH-3 e dá outras providências. Diretrizes 23, 24 e 25

Fonte: elaborado por Bruno Talpai.

Em relação ao papel do direito como elemento de análise das políticas públicas, Ruiz e Bucci lecionam:

[218] BRASIL. ADCT. §5º. A anistia concedida nos termos deste artigo aplica-se aos servidores públicos civis e aos empregados em todos os níveis de governo ou em suas fundações, empresas públicas ou empresas mistas sob controle estatal, exceto nos Ministérios militares, que tenham sido punidos ou demitidos por atividades profissionais interrompidas em virtude de decisão de seus trabalhadores, bem como em decorrência do Decreto-Lei nº 1.632, de 4 de agosto de 1978, ou por motivos exclusivamente políticos, assegurada a readmissão dos que foram atingidos a partir de 1979, observado o disposto no §1º.

> O Direito, nesse sentido, se revela como um elemento crucial para a análise de políticas públicas, na medida em que cria arenas, atribui competências, regulamenta o funcionamento do espaço decisório, regula as condutas dos agentes e os processos de tomada de decisão – determinando a forma da estrutura institucional no interior da qual são tomadas as decisões acerca de uma política pública – sem determinar, no entanto, o conteúdo das decisões (o que pertence ao campo da política).[219]

No governo Lula 2002-2010, a institucionalização[220] da Comissão de Anistia com procedimentos específicos previstos em normas direcionadas e ações específicas para a matéria possibilitou o amplo acesso àqueles que, de alguma forma, compreenderam que haviam sido prejudicados.

Também no campo das ações da justiça e memória, Luiz Inácio Lula da Silva foi responsável por promover inúmeros projetos no campo da sociedade civil, a exemplo de *Memórias reveladas e clínicas do testemunho.* Em seu governo, foram criadas e ampliadas políticas envolvendo diferentes graus de reparação ao ocorrido.

3.4.1 ADPF nº 153

Em 2008, o Conselho Federal da OAB ajuizou uma ADPF objetivando a declaração por parte do STF pela não recepção do art. 1º, §1º, da Lei nº 6.683/1979,[221] que versa sobre a controvérsia da excludente de punibilidade dos "crimes conexos" e da "autoanistia".

---

[219] RUIZ, Isabela; BUCCI, Maria Paula Dallari. Quadro de problemas de políticas públicas: uma ferramenta para análise jurídico-institucional. *REI – Revista Estudos Institucionais,* [S. l.], v. 5, n. 3, p. 1.142-1.167, 2019. Disponível em: https://www.estudosinstitucionais.com/REI/article/view/443. Acesso em 29 mar. 2024.

[220] "Isso porque, os instrumentos normativos (leis, decretos, portarias, resoluções), uma vez aprovados em suas respectivas arenas de discussão, em observância a procedimentos juridicamente regulados, consolidam decisões importantes e impõem aos agentes governamentais e não governamentais envolvidos no planejamento e execução da política ônus, deveres e obrigações que representam o resultado de um conflito político cuja solução fica cristalizada em determinado estágio com a culminação do processo de aprovação da norma ou ato jurídico. E a decisão, materializada pela norma posta, implica na consolidação das regras e parâmetros para o funcionamento da política pública". (RUIZ, Isabela; BUCCI, Maria Paula Dallari. Quadro de problemas de políticas públicas: uma ferramenta para análise jurídico-institucional. *REI – Revista Estudos Institucionais,* [S. l.], v. 5, n. 3, p. 1.142-1.167, 2019. Disponível em: https://www.estudosinstitucionais.com/REI/article/view/443. Acesso em 29 mar. 2024).

[221] BRASIL. Lei nº 6.683/1979. Art. 1º, §1º. Consideram-se conexos, para efeito deste artigo, os crimes de qualquer natureza relacionados com crimes políticos ou praticados por motivação política.

A OAB defendeu que o STF deveria dar interpretação conforme a CF/1988 para excluir o entendimento de que a Lei de Anistia alcança crimes comuns praticados por agentes do regime militar. Sustentou, ainda, a não recepção pela CF/1988 da norma por incompatibilidade do art. 5º, XLIII, da CF/1988, segundo o qual a tortura é insuscetível de graça e anistia, vez que também vilipendiaria os princípios democrático e republicano e a dignidade humana.

À época, Eros Grau foi o Ministro relator. O julgamento, ocorrido em 2010, foi marcado por duas correntes principais. A primeira, pelo Min. Eros Grau, que em seu voto enfatizou a corrente histórica, expondo o processo decisório à época construído pelos legisladores e o debate promovido. Em sua relatoria, concluiu que a anistia no Brasil foi bilateral, ampla e irrestrita.

Os votos divergentes dos Min. Ricardo Lewandowski[222] e Ayres Brito, por outro lado, teceram críticas à utilização da interpretação histórica, defendendo a sua aplicação com base nos entendimentos firmados à luz da CF/1988. Julgar no sentido do voto relator, para a divergência, seria um erro, vez que a própria intenção do Congresso Nacional de 1979 era formada em meio à ditadura militar, portanto, sem legitimidade quando verificados os moldes constitucionais da CF/1988.

Por 7 votos a 2, o STF entendeu que a Lei de Anistia de 1979 foi recepcionada pela CF/1988, além de atribuir seus efeitos como amplos, bilaterais e irrestreitos. A Lei, assim, deveria ser considerada uma decisão política fundamental, firmada no parlamento que permitiu a transição democrática no país. O STF manteve as decisões e os acordos políticos formulados ao longo do processo de construção desta política.

---

222 "Tivesse o plenário do Supremo Tribunal Federal acompanhado a posição de Lewandowski, o Brasil não se constituiria, no cenário latino-americano, em triste exceção ao processo generalizado de enfrentamento da impunidade dos responsáveis pelas ações das ditaduras que se multiplicaram na região na segunda metade do século passado. Na Argentina, no Chile, no Peru e em diversos países a chamada Justiça de Transição funcionou, levando à condenação de um grande número de criminosos, inclusive ex-chefes de Estado. Isso não ocorreu no Brasil. (DALLARI, Pedro de Abreu. A Comissão Nacional da verdade e a relevância de seu marco legal. *In*: PRUDENTE, Eunice Aparecida de Jesus; BUCCI, Maria Paula Dallari; RANIERI, Nina Beatriz Stocco; TOJAL, Sebastião Botto de Barros (Coord.). *Teoria do Estado Contemporânea*: homenagem da academia ao professor Ricardo Lewandowski. Quartier Latin, 2023. p. 623-624).

3.5 Anistia política e governo Dilma (2011-2016)

Durante o governo de Dilma Rousseff foi definitivamente criada e instituída a Comissão Nacional da Verdade (Lei nº 12.528/2011), um marco civilizatório e um grande avanço na política de transição. Após 30 anos da promulgação da CF/1988, um relatório seria produzido sobre o ocorrido no período da ditadura militar.[223]

A Portaria Interministerial nº 1.321-A/2015, por sua vez, "declara o recebimento do Relatório da Comissão Nacional da Verdade e declara de interesse público e social o acervo documental e arquivístico reunido pela Comissão Nacional da Verdade".[224]

A CNV, a partir de seus objetivos,[225] contribuiria para elucidar a investigação de fatos e daria subsídios para outras Comissões, como a de Mortos e Desaparecidos, e a própria Comissão de Anistia.

Pedro Dallari, sobre o arcabouço jurídico do CNV, e a produção desenvolvida sobre os trabalhos, argumenta:

---

223 "A criação de uma comissão da verdade para apurar graves violações aos direitos humanos é uma das típicas medidas de justiça transicional, ou seja, faz parte do conjunto de providências para a superação, em uma sociedade pós-conflito ou pós-governo autoritário, de um legado de graves violações aos direitos humanos, com o objetivo de promover a reconciliação, fortalecer o Estado democrático de direito e garantir a não recorrência". (WEICHERT, Marlon. O Relatório da Comissão Nacional da verdade: conquistas e desafios. *Projeto História*, São Paulo, n. 50, ago. 2014. p. 86-137).

224 BRASIL. Portaria Interministerial nº 1.321-A/2015. Art. 1º. Fica declarado o recebimento, pelo Poder Executivo federal, do Relatório da Comissão Nacional da Verdade. Parágrafo único. O inteiro teor do relatório a que se refere o *caput* se encontra publicado pela Imprensa Nacional, em obra impressa registrada na Biblioteca Nacional do Brasil sob o número ISBN 978-85-85142-56-8, disponível na internet.

225 BRASIL. Comissão Nacional da Verdade. Art. 3º. São objetivos da Comissão Nacional da Verdade: I – esclarecer os fatos e as circunstâncias dos casos de graves violações de direitos humanos mencionados no *caput* do art. 1º; II – promover o esclarecimento circunstanciado dos casos de torturas, mortes, desaparecimentos forçados, ocultação de cadáveres e sua autoria, ainda que ocorridos no exterior; III – identificar e tornar públicos as estruturas, os locais, as instituições e as circunstâncias relacionados à prática de violações de direitos humanos mencionadas no *caput* do art. 1º e suas eventuais ramificações nos diversos aparelhos estatais e na sociedade; IV – encaminhar aos órgãos públicos competentes toda e qualquer informação obtida que possa auxiliar na localização e identificação de corpos e restos mortais de desaparecidos políticos, nos termos do art. 1º da Lei nº 9.140, de 4 de dezembro de 1995; V – colaborar com todas as instâncias do poder público para apuração de violação de direitos humanos; VI – recomendar a adoção de medidas e políticas públicas para prevenir violação de direitos humanos, assegurar sua não repetição e promover a efetiva reconciliação nacional; e VII – promover, com base nos informes obtidos, a reconstrução da história dos casos de graves violações de direitos humanos, bem como colaborar para que seja prestada assistência às vítimas de tais violações.

> A consideração desse arcabouço legal que abriga a CNV, seu relatório e a documentação por ela colecionada – materializado na Lei federal nº 12.528/2011 e na portaria interministerial nº 1.321-A, aqui referidas – é fundamental para a compreensão da relevância social que o trabalho realizado pela CNV adquiriu nos anos subsequentes. Indo além dos elementos substantivos nele contidos, é exatamente a qualidade de documento oficial do Estado brasileiro, derivada desse marco legal, que confere ao relatório da CNV condição ímpar, apta a instrumentalizar a conduta da sociedade e dos órgãos dos diferentes Poderes do Estado nos tratamentos dos múltiplos aspectos do terrível quadro de graves violações de direitos humanos que marcou a ditadura militar e a história brasileira na segunda metade do século passado.[226]

O acervo da Comissão Nacional da Verdade é composto por três volumes, contém depoimentos, artigos e outros documentos de inegável valor jurídico, conforme observa Marlon Wiechert:

> Ainda que juridicamente as conclusões da CNV não sejam vinculantes ao Poder Judiciário, diante da sua autonomia constitucional, e nem mesmo cogente para o governo (a Lei não estabeleceu seu *status* normativo), o valor jurídico do Relatório não pode ser reduzido a mera coleção de opiniões.
>
> O sistema legal – como qualquer sistema – demanda coerência, formando um todo integrado e ordenado, do qual faz parte a Lei que instituiu a Comissão da Verdade. Assim, os resultados dessa Comissão não podem ser tratados como uma singularidade desconexa, desvinculados do sistema legal aos quais pertencem. Ao contrário, o Relatório emitido pela Comissão é um documento legal produzido para elucidar fatos que tinham versões conflitantes, e aos quais o Estado decidiu que uma versão oficial fosse determinada. Na medida em que a Comissão define que graves violações aos direitos humanos foram perpetradas e que tais atos constituem crimes contra a humanidade, essas conclusões inegavelmente possuem autoridade legal e devem ser levadas a sério pelo Poder Público. Qualquer recusa de seu conteúdo impõe, no mínimo, um ônus argumentativo a quem pretendê-la, ou seja, os órgãos de governo para agirem contrariamente à conclusão do Relatório e às suas recomendações deverão necessariamente fundamentar sua decisão, expondo as razões de divergência e submetendo-as à aprovação das

[226] DALLARI, Pedro de Abreu. A Comissão Nacional da verdade e a relevância de seu marco legal. *In*: PRUDENTE, Eunice Aparecida de Jesus; BUCCI, Maria Paula Dallari; RANIERI, Nina Beatriz Stocco; TOJAL, Sebastião Botto de Barros (Coord.). *Teoria do Estado Contemporânea*: homenagem da academia ao professor Ricardo Lewandowski. Quartier Latin, 2023. p. 629-630.

mais altas instâncias do governo. A verdade revelada pela CNV é a valoração oficial dos fatos – a expressão da "verdade estatal" – a qual deve ser observada pelos demais órgãos da administração pública.[227]

O relatório da CNV serviria, então, como base interpretativa para questões relacionadas a esse período cuja finalidade é orientar os órgãos e os Poderes da Administração Pública, todas alinhadas na perspectiva da justiça de transição: (1) o direito à memória e à verdade; (2) as reformas institucionais; (3) as reparações simbólicas e financeiras; e (4) a responsabilização por atos praticados no período autoritário.

A instituição e os trabalhos da CNV foram alvos de duras críticas no Congresso Nacional. Em estudo promovido por Antônio Teixeira Barros, realizou-se um levantamento sobre o debate parlamentar acerca da criação da CNV composto pelos principais parlamentares que se manifestaram contrários à iniciativa e pelo número de manifestações dos partidos.

O estudo divide as estatísticas em assuntos relacionados à instalação, aos pronunciamentos sobre o relatório da CNV e à discussão sobre a sua composição. O orador com o maior número de pronunciamentos entre os anos 2011 e 2014 foi Jair Bolsonaro (PP-RJ), com 26 pronunciamentos. Na sequência, os principais oradores sobre os temas correlatos: Chico Alencar (PSOL-RJ) 24; Luiz Couto (PT-PB) 17; Erika Kokay (PT-DF) 14; Luíza Erundina (PSB-SP) 13, Ivan Valente (PSOL) 11.[228]

Havia, assim, campo e espaço político para a livre manifestação e disputa da objetivação do texto normativo. Observado o devido processo, logrou êxito o projeto político de Dilma, em continuação às políticas já instauradas pelo governo Lula.

Dilma dava efetividade à CNV, que apresentava um relatório consistente voltado a abrir novas formas de compreensão sobre o período, sem se limitar a trazer fatos e depoimentos, e instigou a ampliação das Comissões Estaduais da Verdade.

Foram instauradas Comissões Municipais em diversos locais do país, todas com atos de comunicação junto à Comissão de Anistia e à CNV para apurar as questões. Desenvolveu-se um severo trabalho de

---

227 WEICHERT, Marlon. O Relatório da Comissão Nacional da verdade: conquistas e desafios. *Projeto História*, São Paulo, n. 50, ago. 2014. p. 86-137.

228 BARROS, Antônio Teixeira. O debate parlamentar sobre a Comissão Nacional da verdade no Congresso Nacional Brasileiro. *Revista Brasileira de Ciências Sociais*, v. 35, n. 104, 2020.

investigação que propiciou um avanço inestimável à política de verdade e memória no país.[229]

Também no governo Dilma Rousseff outro fator importante para se obter acesso a documentos foi a aprovação, pela presidenta, da Lei nº 12.527/2011 (Lei de Acesso à Informação – LAI), outro importante marco jurídico na política de acesso aos documentos públicos e informações antes mantidos em sigilo.

Para além disso, milhares de novos documentos comporiam o Arquivo Nacional com informações sobre o período e permitiriam aos interessados ingressarem com requerimento para obter documentação eventualmente existente em seu nome nos arquivos públicos e na ABIN.

Promoveu-se uma política de acesso aos documentos, com prazos e obrigações muito bem delimitadas na LAI e com vistas a enfrentar uma política bastante difícil de acesso aos documentos da época:

> A política nacional de sigilo, que estabelecia prazos e critérios para a disponibilização de documentos classificados como secretos, se manteve essencialmente a mesma desde o final do período autoritário até maio de 2012, quando entrou em vigor a Lei nº 12.527/2011, que previu o fim do sigilo eterno. Apesar da mudança garantida com a vigência do novo texto da Lei de Acesso à Informação, muitos documentos do período autoritário seguem inacessíveis, impossibilitando que, da aplicação da nova regra, ocorra a democratização da informação pretendida.[230]

[229] A distância temporal entre o funcionamento da Comissão e os fatos a serem investigados trouxe peculiaridades positivas e negativas ao caso brasileiro. Como principal aspecto negativo, o tempo transcorrido certamente prejudicou a colheita de evidências documentais e testemunhais sobre os acontecimentos, bem como a localização de restos mortais de desaparecidos. Ademais, o impacto restaurador e reconciliador que a Comissão poderia trazer para os familiares das vítimas ficou significativamente prejudicado, pois muitos familiares – especialmente os pais e as mães das vítimas de morte ou desaparecimento – já estão muito idosos ou faleceram. Mas a demora também teve consequências positivas. Em especial, a Comissão pode trabalhar longe das disputas ideológicas subjacentes ao período autoritário. Com quase três décadas de restauração do processo democrático, a nação vive um período de maturidade política, com eleições sistemáticas e confiáveis. A revelação da verdade não trouxe temor de retrocessos. Do mesmo modo, a distância temporal facilitou a identificação do que restou de legado autoritário nas estruturas estatais e, portanto, a proposição de recomendações para superá-lo". (WEICHERT, Marlon. O Relatório da Comissão Nacional da verdade: conquistas e desafios. *Projeto História*, São Paulo, n. 50, ago. 2014. p. 136-137).

[230] GALLO, Carlos Artur; GUGLIANO, Alfredo Alejandro. Legados autoritários, políticas de memória e qualidade da democracia no Brasil. *In*: GALLO, Carlos Artur; RUBERT, Silvania. *Entre a memória e o esquecimento*: estudos sobre os 50 anos do golpe civil-militar no Brasil. Porto Alegre: Deriva, 2014. p. 292.

Durante o governo Dilma Rousseff, houve avanços também na política de memória, pois o andamento da Comissão de Anistia, até então, funcionava tal como instituída pelo governo Lula. A seguir, algumas iniciativas e seus respectivos efeitos:

Figura 3 – Quadro-resumo das iniciativas e efeitos de ações no governo Dilma Rousseff sobre o tema anistia

norma	efeito
Lei n. 12.527/2011 (Lei de Acesso à Informação)	Lei de Acesso à Informação para facilitar o acesso aos documentos públicos;
Lei n. 12.528/2011 (Comissão Nacional da Verdade)	Cria a comissão Nacional da Verdade
Portaria Interministerial n. 1.321-A/2015	Declara o recebimento do Relatório da Comissão Nacional da Verdade e declara de interesse público e social o acervo documental e arquivístico reunido pela Comissão Nacional da Verdade

Fonte: elaborado por Bruno Talpai.

Após o *impeachment* da presidenta Dilma Rousseff, instaurou-se uma nova política em relação aos temas ligados à memória e ao funcionamento da Comissão de Anistia. Em 2015, tal comissão apresentou os seguintes resultados:

Figura 4 – Resultados apresentados pela Comissão de Anistia no ano de 2015

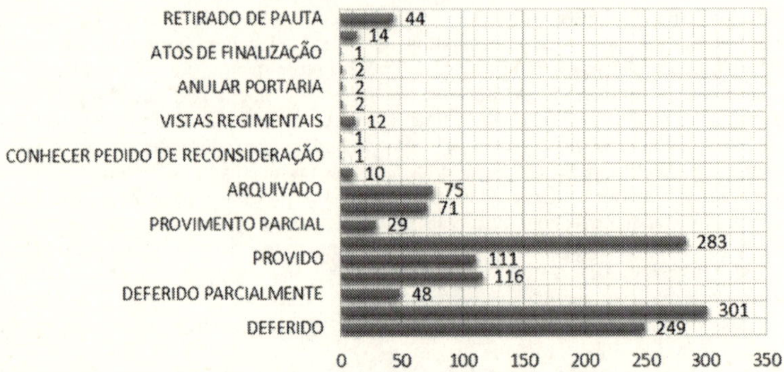

Fonte: gráfico elaborado por Bruno Talpai com base nas pautas e julgamentos das sessões disponíveis no *site* do MDHC.

Já em 2016, os dados foram analisados até o momento da posse de Michel Temer, em 31 de agosto de 2016. Durante o período janeiro-agosto ocorreram 16 julgamentos ainda sob a condução da ex-presidenta, compondo o seguinte cenário:

Figura 5 – Julgamentos conduzidos por Dilma Rousseff entre janeiro/agosto 2016

2016 – Período Dilma

Nº de sessões: 16
processos analisados: 555
deferido 102
indeferido: 68
deferido parcialmente: 59
desprovido: 66
provido: 58
adiado: 43
provimento parcial: 26
convertido em diligência: 76
arquivado: 04
não conhecido pedido de reconsideração: 09
conhecido pedido de reconsideração: 06
não conhecimento do pedido de revisão
vistas regimentais: 29
outros: 08

Total: 555

Fonte: gráfico elaborado por Bruno Talpai com base nas pautas e julgamentos das sessões disponíveis no *site* do MDHC.

Com o término do governo Dilma ocorreria um novo paradigma que levou a diversas mudanças na forma dos julgamentos e na Comissão de Anistia. Este seria o ponto de distinção fulcral em que o número de indeferimentos seria menor que o de deferimentos. Contudo, durante o processo de *impeachment*, a atuação por parte de vários órgãos fora desmobilizada.

É mais correto dizer que, a partir do último período de Dilma Rousseff, o número de indeferimentos superou o de deferimentos, mostrando a flexão desta política. De maneira intencional ou não, as análises ficaram prejudicadas. Dilma foi afastada por 180 dias da Presidência da República. Até 2015, mostra-se, ainda, uma política centrada nos caminhos delineados, construídos no governo de Luiz Inácio Lula da Silva e, posteriormente, ampliados no governo Dilma Rousseff.

Os fatores do afastamento de Dilma interferiram diretamente no funcionamento das instituições. Embora não seja objeto deste trabalho esmiuçar a questão, essa é uma variável do processo político a ser levada em consideração na análise.

Além disso, a política de memória e verdade também seria alvo de diversas investidas pelos próximos governos. O projeto tão longo e construído a duras penas desde a convocação da Assembleia constituinte, o qual, desde então, ultrapassara diferentes governos, a partir de Michel Temer, ingressa em um rápido processo de desmonte e de descrédito da política até então construída.

3.6 Anistia política e governo Temer (2016-2018)

Durante o governo de Michel Temer, no âmbito da anistia política e da justiça de transição, marcou-se o início de um esvaziamento ou desmonte desta política "modificando seu caráter de formulador e executor dessas políticas e interrompendo a continuidade de seus projetos".[231]

Janine Mello, sobre a capacidade de resiliência institucional das políticas públicas perante as novas dinâmicas políticas, acrescenta:

> Políticas públicas nunca estiveram imunes à dinâmica política, social e econômica. Como trabalhado à exaustão na literatura sobre o tema, questões ligadas ao ambiente institucional, mudanças na correlação de forças, ocorrência de eventos externos e configuração do conflito entre os diferentes atores que transitam na arena de produção de políticas públicas impactam diretamente as condições de estabilidade ou mudança da ação governamental.[232]

[231] SILVA, Fernanda Abreu. Os riscos do silenciamento: diferentes perspectivas nos processos de tomada de decisão na elaboração de políticas públicas de memória no contexto da redemocratização brasileira. *Revista Del CESLA – International Latin American Studies Review*, n. 28, p. 295-310, 2021. p. 307.

[232] MELLO, Janine. Condicionantes institucionais do desmonte e da resiliência de políticas públicas no Brasil. Brasília: Instituto de Pesquisa Econômica Aplicada (Ipea), 2021. *In*: GOMIDE, Alexandre de Ávila; SILVA, Michelle Morais de Sá e; LEOPOLDI, Maria Antonieta (Ed.). *Desmonte e reconfiguração de políticas públicas (2016-2022)*. Brasília, DF: Ipea/INCT/PPED, 2023.

Dentre as principais políticas públicas, por meio de Portaria do Ministério da Justiça, Michel Temer alterou a composição da Comissão de Anistia. De um quadro formado por 25 membros, anunciou-se a substituição de 19 integrantes.[233] Outra medida foi a retirada dos votos do pedido de desculpas do Estado brasileiro da Comissão de Anistia, *praxe* esta não prevista em Lei ou regulamento, mas que ao decorrer dos anos foi incluída aos votos da comissão como forma de reparação simbólica.[234]

A medida em questão foi descrita por Silvio Brandão[235] e representou uma inédita e inegável interferência à autonomia da Comissão de Anistia, especialmente porque a escolha dos membros da Comissão era feita a partir de consulta à sociedade e de entidades ligadas ao tema e considerava o histórico de defesa de liberdades públicas daqueles que eventualmente se tornariam parte dela, ainda que competência exclusiva do Chefe do Executivo na escolha dos membros.

Conforme anotado por Fernanda Abreu Silva, a partir de 2016 "é observado o início do desmonte das políticas de memória e verdade com o esvaziamento da Comissão de Anistia, modificando seu caráter de formulador e executor dessas políticas e interrompendo a continuidade de seus projetos".[236]

---

233 ALVES, Glenda Gathe. Os sentidos da anistia brasileira e a virada hermenêutica da Comissão de Anistia. *In*: GALLO, Carlos Artur (Org.). *Anistia*: quarenta anos, uma luta, múltiplos significados. Rio de Janeiro: Gramma, 2019. p. 283-311.

234 "Entre os conselheiros que votaram contra a continuidade do pedido de desculpas, alguns argumentaram que, como a decisão final era do ministro, não cabia ao conselho da Comissão realizar o pedido de desculpas; se fosse revertida a concessão da anistia, o pedido de desculpas poderia servir de fundamento para impugnações judiciais contra a decisão do ministro. Outros afirmaram simplesmente ser indevido um pedido de desculpas. Segundo a ex-conselheira Rita Sipahi, "[e]ra comum ouvirmos dos(as) anistiados(as) ser aquele momento [do pedido de desculpas] o mais importante de todo o processo". (CATEB, Caio *et al.* A Comissão Especial sobre mortos e desaparecidos Políticos e a Comissão de anistia no primeiro ano do governo Bolsonaro. *In*: TELES, Edson; QUINALHA, Renan. *Espectros da ditadura*: da Comissão da verdade ao bolsonarismo. São Paulo: Autonomia Literária, 2020. p. 159).

235 BRANDÃO, Silvia. Da ditadura ao tempo presente: as máquinas de memória e seus efeitos contemporâneos. *In*: TELES, Edson; QUINALHA, Renan. *Espectros da ditadura*: da Comissão da verdade ao bolsonarismo. São Paulo: Autonomia Literária, 2020. p. 58-81.

236 SILVA, Fernanda Abreu. Os riscos do silenciamento: diferentes perspectivas nos processos de tomada de decisão na elaboração de políticas públicas de memória no contexto da redemocratização brasileira. *Revista Del CESLA – International Latin American Studies Review*, n. 28, p. 295-310, 2021. p. 307.

Dentre os membros escolhidos por Michel Temer, alguns nomes indicados já haviam se manifestado simpatizantes do regime militar, a exemplo do ex-sargento do exército Paulo Lopo Saraiva.[237]

Marca dessa interferência, o então presidente da Comissão de Anistia Arlindo Oliveira deixou o cargo e justificou sua renúncia ao dizer que a linha de julgamento dos requerimentos adotada pelo então Ministro da Justiça Torquato Jardim (responsável por expedir as portarias de anistia) não estava alinhada com o que a Comissão praticava.[238]

Os entendimentos administrativos consolidados até então sobre o que era considerado ato excepcional por motivação política, por consequência, também foram alterados.

Durante o governo de Michel Temer, Alexandre de Moraes (12.05.2016 – 22.02.2017), José Levi (07.02.2017 – 07.03.2017), Osmar Serraglio (07.03.2017 – 31.05.2017) e Torquato Jardim (31.05.2017 – 01.01.2019) conduziram o Ministério da Justiça. Era de responsabilidade desta pasta expedir as portarias de anistia.

A mensagem política transmitida por Michel Temer era diferente da de Dilma. Outra forma de gestão e de tratar a *res publica* foi adotada. Igualmente, a narrativa sobre os fatos do passado também interessa a grupos distintos.

É certo que políticas estão sujeitas a alterações mediante a mudança da dinâmica econômica, política e social. Novidades no cenário institucional e envolvendo as forças políticas e de competência atribuídas impactam diretamente, por exemplo, a estabilidade ou a mudança de uma ação governamental.

Ponto pertinente é identificar se essas mudanças de procedimento são um percurso natural do desenvolvimento de uma política – seja ela inicial ou processo de extinção – ou, na verdade, uma mudança abrupta quanto às formas de compreensão do que se trata a memória e as ações correlacionadas ao período. Afinal, em que grau e medida é possível afirmar de fato a existência de um desmonte?

---

[237] FERNANDES, Filipe Botelho Soares Dutra. O início do fim: os ataques do governo Temer à Comissão de Anistia e o início do desmonte das políticas de memória no Brasil. *In*: *Anais do XVI Encontro Estadual de História da ANPUH-RS*. Porto Alegre: ANPUH-RS, 2022. Disponível em: https://www.eeh2022.anpuh-rs.org.br/resources/anais/12/anpuh-rs-eeh2022/1661277864. Acesso em 15 abr. 2024.

[238] ÉBOLI, Evandro. Presidente da Comissão de anistia deixa governo e critica ministro da justiça. *Gazeta do Povo*, 16 set. 2017. Disponível em: https://www.gazetadopovo.com.br/politica/republica/presidente-da-comissao-de-anistiadeixa-governo-e-critica-ministro-da-justica-5uka45m8cm8afug55wjnf1ofc/. Acesso em 15 mar. 2023.

Inicialmente, por desmonte deverá ser compreendido:

> [...] não como fenômeno coeso, único e unidimensional, mas enquanto processos de desmonte que variam entre áreas e tipos de políticas e em relação ao contexto institucional no qual se inserem e com o qual se relacionam. Aspectos como o envolvimento de múltiplos atores e instâncias nos espaços e momentos de configuração e execução das políticas, assim como o grau de institucionalização e as estratégias de direcionamento adotadas pelas políticas são apresentados como condicionantes relevantes para entender os processos de desmonte verificados nos últimos anos.[239]

Nesse sentido, Michael W. Bauer propõe categorias para se compreender os processos de desmonte em quatro diferentes etapas, conforme descritas a seguir.

A primeira delas, "desmonte por *default*", ocorre quando se reduz ou não se decide ou age. Em outras palavras, trata-se da omissão, da estagnação de procedimentos em alguma etapa do processo que dificulte ou reduza a eficácia do programa.[240]

A segunda etapa aborda a "ação simbólica". Ocorre quando há clara intenção de reduzir ou extinguir determinada política e sua manifestação pode ocorrer por meio do discurso político. Sua mobilização se dá para atender a base política ou é movida pelo afeto.[241]

Já a terceira etapa é marcada pelo "desmonte ativo", o qual parte da premissa explícita do interesse em reduzir ou extinguir determinada política e começa, então, a atuar nos instrumentos jurídicos e arranjos da sustentação da política. No geral, são mudanças de entendimentos administrativos e normativas, além da introdução de novos procedimentos que, ao final, alteram a substância real da política.

O quarto elemento dessas etapas é a "mudança de arena", da compreensão institucional sobre o tema. Medidas como modificar

---

239 MELLO, Janine. Condicionantes institucionais do desmonte e da resiliência de políticas públicas no Brasil. Brasília: Instituto de Pesquisa Econômica Aplicada (Ipea), 2021. *In*: GOMIDE, Alexandre de Ávila; SILVA, Michelle Morais de Sá e; LEOPOLDI, Maria Antonieta (Ed.). *Desmonte e reconfiguração de políticas públicas (2016-2022)*. Brasília, DF: Ipea/INCT/PPED, 2023.

240 BAUER, Michael; KNILL, Christoph. A conceptual framework for the comparative analysis of policy change: measurement, explanation and strategies of policy dismantling. *Journal of Comparative Policy Analysis*: Research and Practice, v. 16, n. 1, p. 28-44, 2014.

241 BAUER, Michael; KNILL, Christoph. A conceptual framework for the comparative analysis of policy change: measurement, explanation and strategies of policy dismantling. *Journal of Comparative Policy Analysis*: Research and Practice, v. 16, n. 1, p. 28-44, 2014.

competências, transferir órgão ou nível de governo, promover alterações internas e outros arranjos administrativos fomentam o processo de desmonte.[242]

Com base nesses conceitos, observa-se que os elementos anímicos e subjetivos, ao menos dos elementos da mudança de arena, desmonte ativo e desmonte por *default* estiveram presentes durante o período de condução de Michel Temer.

Em números, para se verificar a hipótese levantada, o material de pesquisa foi apurado junto ao *site* do Ministério dos Direitos Humanos e da Cidadania, o qual disponibiliza as pautas e as atas de julgamento dos requerimentos de anistia individualizados por sessão e ano.

Em 2014, a Comissão de Anistia lançou o último relatório anual da anistia incluindo os números desenvolvidos desde 2001. Contudo, não consta o relatório anual com os dados no período de 2015-2018. Conforme mencionado, os procedimentos durante a gestão Temer foram alterados, o que também levou a mudanças relacionadas à gestão dos dados.

Assim, no que diz respeito ao recorte metodológico, a partir da posse de Michel Temer (31.8.2016) até dezembro de 2018, houve os últimos julgamentos da Comissão de Anistia em seu governo. Mais uma vez, os dados apontados foram tratados com base nas pautas de julgamento e resultados das informações contidas no *site* da Comissão de Anistia.[243]

O critério considerado é o da estatística descritiva, pois permite verificar, a partir de um conjunto de informações similares, a variação de percentual anual e a relação por ano[244] com base no período específico mencionado. Os dados também não estão disponíveis e compilados no anuário da Comissão de Anistia, o que dificulta a identificação da quantidade de portarias deferidas e indeferidas.

Registra-se a existência de peculiaridades em relação a alguns julgamentos, na medida em que trabalhadores em situação idêntica, normalmente, eram julgados em bloco, justamente na perspectiva das

---

[242] BAUER, Michael; KNILL, Christoph. A conceptual framework for the comparative analysis of policy change: measurement, explanation and strategies of policy dismantling. *Journal of Comparative Policy Analysis*: Research and Practice, v. 16, n. 1, p. 28-44, 2014.

[243] BRASIL. Ministério dos Direitos Humanos e da Cidadania. *Acervos*. Disponível em: https://www.gov.br/mdh/pt-br/navegue-por-temas/comissao-de-anistia/acervos. Acesso em 18 abr. 2024.

[244] AGRESTI, Alan; FINLAY, Barbara. *Métodos estatísticos para as ciências sociais*. Porto Alegre: Penso, 2012. p. 20.

caravanas de anistia, para possibilitar o aumento do número de julgamentos.

Caberia, então, ao Ministério da Cidadania e dos Direitos Humanos investir em recursos para sistematizar e compilar dados. Desta forma, a análise da política em longo prazo tornaria muito mais eficiente sua aplicação. Isso porque, após os julgamentos, é necessária a assinatura da Portaria de anistia por parte do Ministro de Estado. Em seguida, ocorre o trâmite para o seu encaminhamento ao Ministério do Planejamento e Orçamento (alterações conforme governos do órgão pagador) até a disponibilização e o início do pagamento pelo Estado.

Todos esses procedimentos burocráticos na esfera administrativa levaram, por exemplo, aqueles que tiveram seu direito deferido (mesmo com o relatório e voto favorável na Comissão de Anistia e minuta de portaria expedida), a esperar por anos até a efetiva publicação ou o pagamento dos valores, ensejando uma enxurrada de ações no TRF que exigiam o cumprimento da Portaria de Anistia no prazo de 60 dias, encampado pela Lei nº 10.559/2002.

Destaca-se que as últimas sessões de julgamento ocorridas na modalidade "caravanas de anistia" ocorreram em 7.12.2016, na Faculdade de Direito do Largo São Francisco (USP) – 21ª e 22ª sessões.

Trata-se de um fator importante, na medida em que a postura adotada pelo governo foi diferente da adotada nos períodos de governo Luiz Inácio Lula da Silva e Dilma Rousseff. A retirada das caravanas demonstra o desmonte na dimensão participativa, na medida em que grupos que até então se mobilizavam na esfera estadual e municipal a partir desse espaço participativo e acessível eram levados àqueles grupos que pleiteavam a anistia.

A retirada das caravanas representou um deslocamento do foro do poder de atuação e concentrou, mais uma vez, o poder decisório. A justiça de transição se resume a gabinetes, formalidades e retira o acesso da proximidade dos legitimados.

Além disso, no campo da articulação e das estratégias de difusão para uma política de memória e verdade, esse deslocamento de foro e redução do acesso representa o que Michael W. Bauer[245] anota como desmonte pela "mudança de arena":

---

[245] [...] "uma mudança de natureza direta, indireta, oculta ou simbólica que diminui o número de políticas numa determinada área e reduz o número de instrumentos de políticas utilizados e/ou diminui a sua intensidade. Pode envolver mudanças nestes elementos centrais da política e/ou ser alcançada através da manipulação das capacidades para sua implementação

> As estratégias buscadas pela Comissão de Anistia passaram pela implementação de ações que pudessem reverter a falta de esclarecimento da sociedade sobre os fatos ocorridos ao longo do período de ditadura militar e valorizar o papel histórico dos perseguidos políticos. As ações tiveram três enfoques: (1) a reconstrução semântica do sentido da anistia no Brasil, (2) a valorização dos requerimentos de anistia como fontes históricas da versão dos perseguidos políticos e (3) o desenvolvimento de projetos de educação em direitos humanos, como as Caravanas da Anistia e o Marcas da Memória, como forma de fomentar o livre acesso à memória e ao direito à verdade.[246]

Os dados oferecidos pelo MDHC, relativos às pautas de julgamento, permitem analisar as principais decisões proferidas pela Comissão de Anistia. É possível verificar se os pedidos foram deferidos, indeferidos, providos, desprovidos, retirados de pauta, adiados, se houve pedido de vistas e outros encaminhamentos. A ideia é demonstrar, além dos argumentos jurídicos e das medidas políticas tomadas, a análise dos dados, em especial a linha comportamental institucional desta política.

Em 2017 foram realizadas outras 22 sessões de julgamento e analisados 1.074 casos. Levando em consideração as principais repetições de resultados, notou-se que dos processos foram: I) deferidos: 177; II) indeferidos: 325; III) deferidos parcialmente: 61; IV) desprovidos: 44; V) adiados: 250; VI) vistas regimentais: 91. Considerando o período global do ano de 2016 e 2017, os dados anteriores geraram a estatística a seguir representada.

---

e acompanhamento". (BAUER, Michael *et al.* (Ed.). *Dismantling public policy*: preferences, strategies and effects. Oxford: Oxford University Press, 2012. p. 35).

[246] BAGGIO, Roberta Camineiro. Por que reparar? A Comissão de Anistia e as estratégias de potencialização do uso público da razão na construção de uma dimensão político-moral das reparações no Brasil. *In*: SOUSA JÚNIOR, José Geraldo de *et al.* (Org.). *O direito achado na rua*: introdução crítica à justiça de transição na América Latina. Brasília: UnB, 2015. p. 282-291.

Figura 6 – Resultado dos trabalhos da Comissão de Anistia durante os anos 2016 e 2017

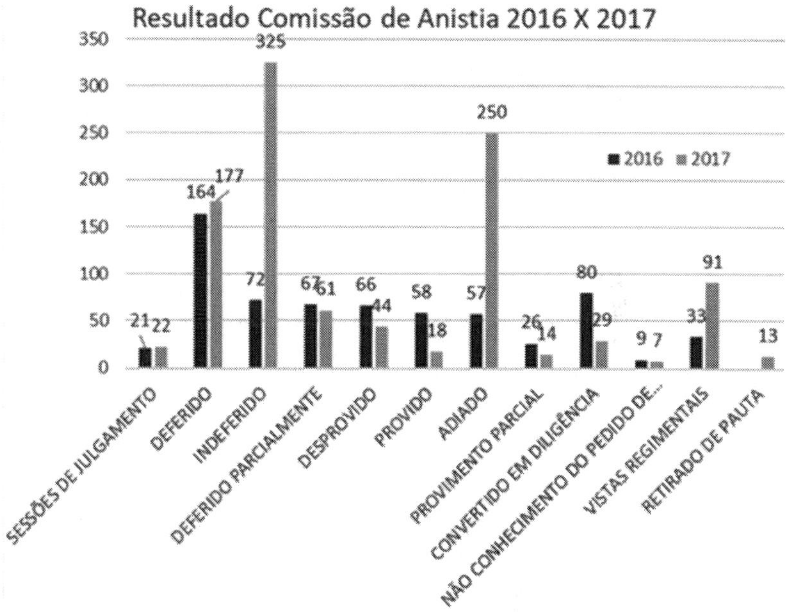

categoria	variação %
deferido	7.93
indeferido	351.39%
deferido parcialmente	–8.96%
desprovido	33.33%
provido	–68.97%
adiado	338.6%
provimento parcial	–46.15%
convertido em diligência	–63.75%
não conhecimento do pedido de reconsideração	–22.22%
conhecer pedido de reconsideração	–66.67%
vistas regimentais	175.76%
total de processos	64.74%

Fonte: elaborado por Bruno Talpai com base em informações disponíveis no site da Comissão de Anistia das sessões de julgamento e publicações: https://www.gov.br/mdh/pt-br/navegue-por-temas/comissao-de-anistia/sessoes.

O quadro anterior demonstra os anos de 2016-2017 – quando a Comissão de Anistia esteve diante de duas gestões distintas – em comparação às variações de percentual anual e de indeferidos. A variação percentual anual entre 2016 e 2017, em que pese o número de sessões de julgamento ter se mantido em 2017, a análise de processos aumentou em 64,74%. Em paralelo, houve um aumento de 351,39% em 2017, quando comparado ao ano anterior.

Em 2018 foram analisados 2.679 processos durante 32 sessões de julgamento:

Figura 7– Resultado dos trabalhos da Comissão de Anistia durante o ano de 2018

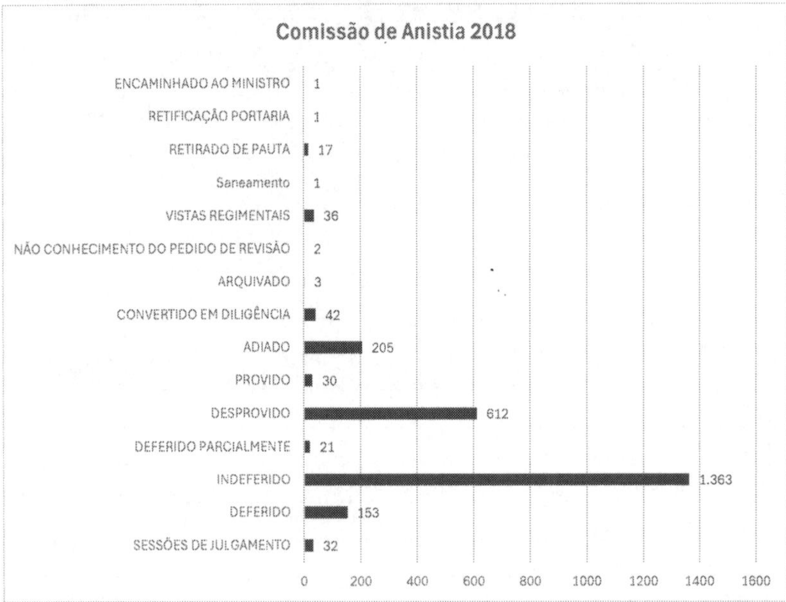

Fonte: Sessões de julgamento e publicações. Disponível em: https://www.gov.br/mdh/pt-br/navegue-por-temas/comissao-de-anistia/sessoes. Acesso em: 22 mai. 2024.

Aponta o quadro comparativo:

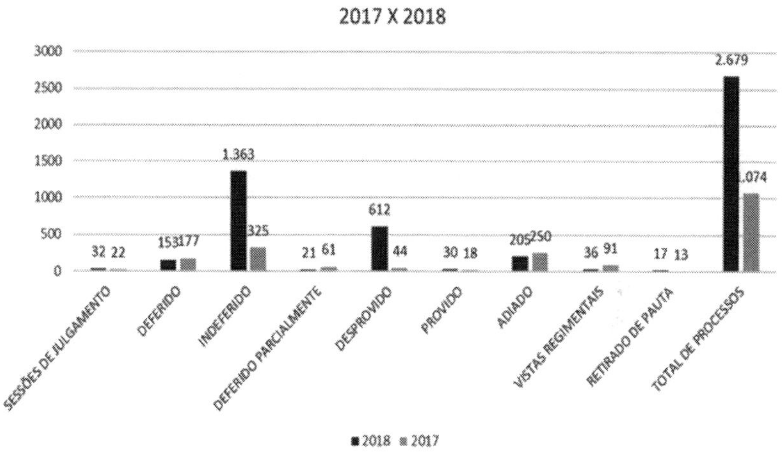

Fonte: elaborado por Bruno Talpai com base em informações disponíveis no *site* da Comissão de Anistia das sessões de julgamento e publicações. Disponível em: https://www.gov.br/mdh/pt-br/navegue-por-temas/comissao-de-anistia/sessoes. Acesso em 22 mai. 2024.

Comparando o período de 2017-2018, obtém-se a seguinte estatística:

Figura 8 – Comparativo período 2017-2018 – Comissão de anistia em %

categoria	**variação %**
deferido	-13.56%
indeferido	319.08%
deferido parcialmente	-65.57%
desprovido	1281.82%
provido	66.67%
adiado	-17.6%
provimento parcial	-60.44%
convertido em diligência	200%
não conhecimento do pedido de reconsideração	-100%
conhecer pedido de reconsideração	-100%
vistas regimentais	-50%
total de processos	**149.25%**

Fonte: elaborado por Bruno Talpai.

Percebe-se que, durante este período, houve um aumento exponencial da análise e julgamento de processos e cresceram os indeferimentos em 2018.

Figura 9 – Trabalhos da Comissão e Anistia durante o governo de Michel Temer

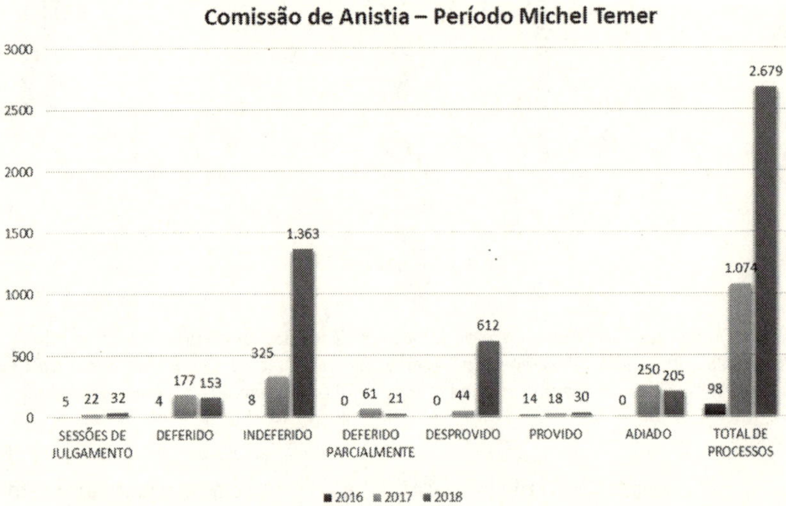

Fonte: elaborado por Bruno Talpai com base em informações disponíveis no *site* da Comissão de Anistia das sessões de julgamento e publicações. Disponível em: https://www.gov.br/mdh/pt-br/navegue-por-temas/comissao-de-anistia/sessoes. Acesso em 22 mai. 2024.

Em 2018 foram realizados julgamentos em bloco de grupos específicos, dentre os quais se destacam a guerrilha do Araguaia, Petrobras, Praças FAB, Grupo dos Onze, Bloco Vereador, Bloco Exército, Arsenal da Marinha, marinha, estudantes, perseguição, reflexão e servidor público. Na análise estatística, foram obtidos os resultados compilados abaixo, considerando, ao todo, 1.353 casos.

A partir de uma análise entre os processos deferidos e indeferidos, comparando-se o ano de 2015 até o final do mandato de Michel Temer, verifica-se que sua nova gestão e política influenciaram diretamente na forma e nos julgamentos, na medida em que promoveu indeferimentos em massa.

Figura 10 – Deferimentos *versus* indeferimentos promovidos pela Comissão de Anistia durante os anos de 2015 a 2018 (final do mandato presidencial de Michel Temer)

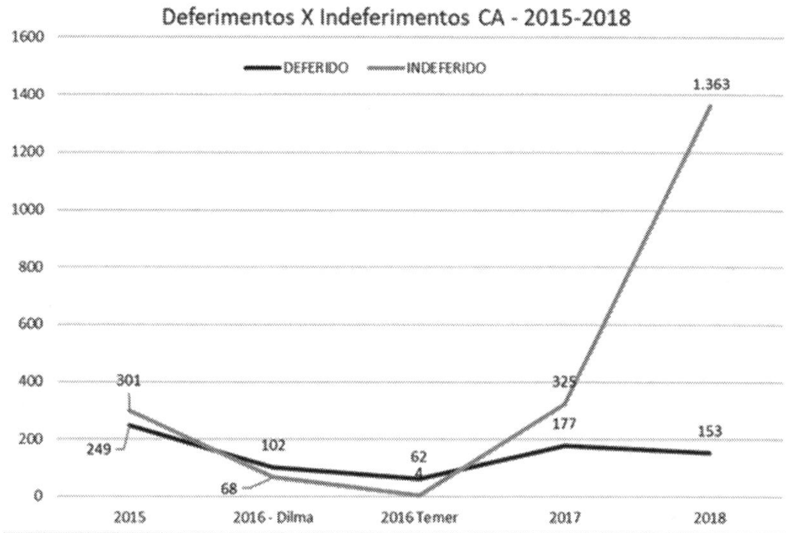

Fonte: elaborado por Bruno Talpai com base em informações disponíveis no *site* da Comissão de Anistia das sessões de julgamento e publicações. Disponível em: https://www.gov.br/mdh/pt-br/navegue-por-temas/comissao-de-anistia/sessoes. Acesso em 22 mai. 2024.

Os números, dados e estatísticas revelam que a política de anistia (Lei nº 10.559/2002) sofreu alterações substanciais em sua forma de funcionamento a partir da mudança do seu regimento interno, o qual alterou procedimentos jurídicos e entendimentos, dentre tantas outras medidas, levando ao aumento no número de julgamentos.

O ponto é verificar se esta política pública respeita o desenho jurídico-institucional apresentado no governo de Luiz Inácio Lula da Silva. Verificam-se, nesse contexto, inúmeras ações articuladas, que foram se sobrepondo ao longo do tempo para formar um arcabouço jurídico positivado e bem direcionado para uma política não só de reparação aos que tiveram restrições em seus direitos fundamentais, mas também a política de memória e verdade, a partir da criação de inúmeros estudos e de espaços de participação social.

Ao se alterar o plano jurídico, a arena política e a semântica do discurso, foi testado o grau de resiliência e de institucionalização da política de anistia:

> O conceito de robustez está diretamente ligado à capacidade de adaptação das políticas a uma variedade de desdobramentos futuros (Moynihan, 2009). Diz respeito à capacidade de desenhar políticas capazes de manter a mesma performance diante de diferentes contextos operacionais e de atender a seus objetivos em circunstâncias variadas (Howlett, 2019). Para Capano e Woo (2017), robustez não estaria vinculada à rigidez institucional e procedimental. Mais do que manter integridade procedimental ou formato institucional de determinada política ou programa, ela seria relevante como elemento capaz de garantir a continuidade das entregas previstas em seu escopo.[247]

O que se extrai desse período é que a política de anistia não foi capaz de conter as novas tendências e mudanças implementadas durante o governo de Michel Temer,[248] vez que os dados demonstram uma mudança significativa da linha histórica que havia sido adotada.

Ainda durante o período de Michel Temer, o *Memórias Reveladas* realizou, ao longo de dois anos, seu *Prêmio de Pesquisa Memórias Reveladas*, reconhecendo monografias escritas a partir de fontes documentais relativas à ditadura, cuja última edição ocorreu em 2018.[249] Foi mantida intacta a Comissão de Mortos e Desaparecidos. Nesse ponto, durante sua gestão, registra-se o I Encontro Nacional de Familiares de Pessoas Mortas e Desaparecidas Políticas, em dezembro de 2018.[250]

---

[247] MELLO, Janine. Condicionantes institucionais do desmonte e da resiliência de políticas públicas no Brasil. Brasília: Instituto de Pesquisa Econômica Aplicada (Ipea), 2021. *In*: GOMIDE, Alexandre de Ávila; SILVA, Michelle Morais de Sá e; LEOPOLDI, Maria Antonieta (Ed.). *Desmonte e reconfiguração de políticas públicas (2016-2022)*. Brasília, DF: Ipea/INCT/PPED, 2023.

[248] SERRANO, Pedro. Autoritarismo líquido e as novas modalidades de prática de exceção no século XXI. *Revista Themis*, Fortaleza, v. 18, n. 1, p. 197-223, jan./jun. 2020.

[249] FERNANDES, Filipe Botelho Soares Dutra. O início do fim: os ataques do governo Temer à Comissão de Anistia e o início do desmonte das políticas de memória no Brasil. *In*: *Anais do XVI Encontro Estadual de História da ANPUH-RS*. Porto Alegre: ANPUH-RS, 2022. Disponível em: https://www.eeh2022.anpuh-rs.org.br/resources/anais/12/anpuh-rs-eeh2022/1661277864. Acesso em 15 abr. 2024.

[250] CATEB, Caio *et al*. A Comissão Especial sobre mortos e desaparecidos Políticos e a Comissão de anistia no primeiro ano do governo Bolsonaro. *In*: TELES, Edson; QUINALHA, Renan. *Espectros da ditadura*: da Comissão da verdade ao bolsonarismo. São Paulo: Autonomia Literária, 2020. p. 151-174.

Com a posse de Jair Bolsonaro, em 2019, seguindo os passos do ocorrido neste período, o agravamento das condições não só da Comissão de Anistia, mas como de outros programas e ações coordenadas sofreriam uma mudança de comportamento ainda mais acentuada, com mudanças tanto na esfera política quando no arranjo jurídico-institucional.

3.7 Anistia política e governo Bolsonaro (2019-2022)

O período do governo de Jair Bolsonaro no campo da justiça de transição e da Comissão de Anistia foi marcado por severas alterações. Desde o seu primeiro mandato como deputado federal, Jair Bolsonaro adotou postura agressiva em relação à política de transição, especialmente quando foi revisor da Lei nº 10.559/2002 (Lei de Anistia), de relatoria de Renan Calheiros.

Nesta seção do trabalho são tratadas as decisões políticas e as modificações legislativas sobre a política de verdade e memória e da Comissão de Anistia. Bolsonaro, há muito, acompanhou na esfera política, especialmente no Congresso, a evolução tanto da Lei nº 10.559/2002 quanto da implementação das medidas descritas no período do governo Luiz Inácio Lula da Silva.

Como plano de fundo, é impossível deixar de analisar os aspectos políticos da formação e do desenvolvimento institucional brasileiro. Frequentes foram as rupturas institucionais e o alto grau de instabilidade política no Brasil. A forma mais recente ocorreu após a destituição de Dilma Rousseff, período marcado pela instabilidade política, jurídica e social,[251] além das declarações de apoio à tortura em diversas oportunidades de sua carreira como parlamentar.[252]

---

[251] Conforme relata Luiz Guilherme Arcaro Conci sobre as circunstâncias políticas que permitiram a ascensão do governo de Jair Bolsonaro, destacando o seu caráter eminentemente populista: "Em um cenário de crises – política, social, econômica, institucional – que se vinha instalando no Brasil desde 2012, o solo se tornou fértil para a volta do populismo, pois a conjuntura propicia o surgimento de personagens existentes fora do jogo político, que enfatizam inadequações do *establishment*. Esse "sistema", que precisa ser reformado, na verdade, consiste na própria democracia, consequentemente, as instituições que desempenham tal função de protegê-la também precisam ser aniquiladas". (CONCI, Luiz Guilherme Arcaro. *Democracia constitucional e populismo na América Latina*: entre fragilidades institucionais e proteção insuficiente dos direitos fundamentais. (Livre Docência em Direito). Pontifícia Universidade Católica de São Paulo (PUC-SP), São Paulo, 2022. p. 231-232).

[252] PODER 360. *Bolsonaro já defendeu tortura para quem pediu para ficar em silêncio em CPI*. 18 mai. 2021. Disponível em: https://www.poder360.com.br/governo/bolsonaro-ja-defendeu-tortura-para-quem-pediu-para-ficar-em-silencio-em-cpi/. Acesso em 18 abr. 2024.

As alterações promovidas durante o governo Michel Temer na política de memória e da Comissão de Anistia também devem ser consideradas. Coube a Jair Bolsonaro ampliar o desmantelamento.

A influência desses fatores mostra a ocorrência de diversos conflitos institucionais: o Ministério Público assume o protagonismo perante a mídia, o Poder Judiciário se revela sobrecarregado e exarando decisões que deveriam ser discutidas no Congresso Nacional. Houve, ainda, ofensas do presidente da República aos Poderes, instituições e nichos sociais.

Diante desse cenário, "identificar os problemas e as contradições inerentes ao jogo democrático funciona como uma espécie de medida preventiva contra o autoritarismo, isso porque permite a revisão crítica capaz de corrigir os rumos e impedir a tentação totalitária".[253]

Com Jair Bolsonaro, o desmonte pôde ser observado pela "ação simbólica", pois em sua carreira como parlamentar e militar proferiu discursos criticando as anistias, completamente distinto ao da CNV. A linguagem e a retórica tornaram-se os principais pontos para se criticar esta política. A mudança de discurso, neste caso, quando comparada aos demais, é radical.[254]

Essa mudança não só foi transmitida para a sociedade como serviu de comando orientador para as políticas de memória. Por consequência, os conselhos participativos, a Comissão de Anistia e as instituições – capturadas aos interesses do governo – promoveriam uma série de mudanças nesta política a partir de novos entendimentos.

O colegiado, aliás, foi presidido por João Henrique Nascimento de Freitas, advogado e especialista em gestão e administração pública em direito militar, assessor de Flávio Bolsonaro na Assembleia Legislativa do Estado do Rio de Janeiro (ALERJ),[255] junto a vários coronéis ou militares reformados que passaram a compor o órgão desde então.

---

253 CASARA, Rubens R. R. *Estado pós-democrático*: neo-obscurantismo e gestão dos indesejáveis. 4. ed. Rio de Janeiro: Civilização Brasileira, 2018. p. 62.

254 "O modelo mais simples das relações existentes entre a opinião pública e a formação de políticas públicas é o que concebe o governo simplesmente como uma máquina de formação de políticas – processando diretamente os sentimentos populares em decisões de política pública e estratégias de implementação". (HOWLETT, Michael. A dialética da opinião pública: efeitos recíprocos da política pública e da opinião pública em sociedades democráticas contemporâneas. *Opinião Pública*, Campinas, v. 6, n. 2, p. 167-186, 2000).

255 "Como um de seus primeiros atos, Damares decidiu que entre os 27 membros da comissão, sete seriam militares ou teriam algum vínculo direto com a família Bolsonaro. Dentre eles, o atual presidente da comissão, o advogado João Henrique Nascimento de Freitas, que já assessorou Flávio Bolsonaro (Republicanos-RJ) quando ele era deputado estadual no Rio

No que diz respeito à análise de requerimentos, considerando a completa reformulação dos membros da Comissão de Anistia, além do entendimento da Ministra dos Direitos Humanos e da Mulher, Damares Alves, e do presidente Jair Bolsonaro:

> O órgão passou a ser composto, em sua maioria por militares, que negavam de forma massiva os pedidos de reparação a opositores do regime militar. Do total dos 4.285 processos julgados entre 2019 e 2022, 4.081 foram rejeitados, o que representa 95% dos pedidos analisados. Entre os *integrantes da comissão estava, por exemplo, o general Rocha Paiva, amigo do coronel Carlos Alberto Brilhante Ustra,* apontado como torturador no período que chefiou o Doi-Codi de São Paulo. Paiva foi responsável por escrever o prefácio do livro de Ustra e o definia como um "herói".[256]

A esse desmonte associa-se também a mudança de arena,[257] que troca a competência e transfere órgãos ou estruturas internas. Assim, por meio da Medida Provisória nº 870/2019 foi estabelecida a nova organização básica dos órgãos da Presidência da República e dos Ministérios, dentre elas, a transferência da competência para se atribuir a Portaria de Anistia ao Ministro de Estado da Mulher, da Família e dos Direitos Humanos. Transferiu-se, ainda, a competência para a apreciação dos requerimentos da Comissão de Anistia ao mesmo Ministério. Em junho de 2019, a Medida Provisória foi convertida em Lei, modificando a Lei nº 10.559/2002.

Luiz Inácio Lula da Silva havia instituído o Ministério da Justiça como órgão competente para analisar os requerimentos de anistia e o Ministro da Justiça, até então, competente para conceder a Portaria de Anistia. Jair Bolsonaro modificou essa competência, que fora mantida

---

e, atualmente, é assessor-chefe adjunto no gabinete do vice-presidente Hamilton Mourão (PRTB). Também já advogou para o presidente Bolsonaro". (BENITES, Afonso. Governo quer fim da Comissão de Anistia em 2022 e nega 90% dos pedidos de reconhecimento de anistiados. *El País*, 10 abr. 2021. Disponível em: https://brasil.elpais.com/brasil/2021-04-10/governo-quer-fim-da-comissao-de-anistia-em-2022-e-nega-90-dos-pedidos-de-reconhecimento-de-anistiados.html. Acesso em 18 abr. 2024).

[256] SANTOS, Daniela. Dominada por militares sob Bolsonaro, comissão acumula pedidos de anistia. *Metrópoles*, 10 fev. 2023. Disponível em: https://www.metropoles.com/brasil/dominada-por-militares-sob-bolsonaro-comissao-acumula-pedidos-de-anistia. Acesso em 15 mar. 2023.

[257] BAUER, Michael; KNILL, Christoph. A conceptual framework for the comparative analysis of policy change: measurement, explanation and strategies of policy dismantling. *Journal of Comparative Policy Analysis*: Research and Practice, v. 16, n. 1, p. 28-44, 2014.

até por Michel Temer, e a transferiu para o Ministério criado em seu governo (Lei nº 13.844/2019, art. 12, §1º).[258]

Aqui, desmonta-se a dimensão organizacional, pois a Medida Provisória convertida em Lei teve por efeito transferir a gestão da política, extinguir ou alterar competências, precarizar os recursos materiais e humanos alocados e restringir recursos.[259]

No aspecto jurídico, houve o "desmonte ativo",[260] que modificou explicitamente os instrumentos e os arranjos que sustentam a política de anistia, especialmente a partir da alteração de entendimentos já firmados, procedimentos administrativos e outras formalidades processuais.

Assim, foi aprovado o novo regimento interno da Comissão de Anistia pela Portaria nº 376/2019 do Ministério da Mulher, da Família e dos Direitos Humanos (MMFDH). Dentre as principais alterações promovidas na política de anistia a partir desse momento, mencionam-se: a) alteração do *quórum* de conselheiros[261] para, no mínimo, 9 (nove) conselheiros; b) mudança no sistema de recursos administrativos, impondo limite sobre a lei federal de processo administrativo; c) ampliação das competências do Ministro de Estado que, a partir de então, poderia indeferir qualquer Portaria de Anistia – inclusive as já com voto favorável – sem a necessidade de justificar ou retornar ao conselho para análise; d) retirou-se o direito de sustentação oral; as sessões foram esvaziadas, inclusive com proibições e ameaças a advogados e aos próprios requerentes, violando garantia básica constitucional do devido processo legal; e) modificou-se o método e a análise dos julgamentos – a quantidade de "resoluções" era o que importava; d) não foram destinados ou integralmente empenhados recursos financeiros

---

258 BRASIL. Lei nº 13.844/2019. "Art. 12. Fica criada, no âmbito do Ministério da Justiça, a Comissão de Anistia, com a finalidade de examinar os requerimentos referidos no art. 10 desta Lei e assessorar o respectivo Ministro de Estado em suas decisões. §1º. Os membros da Comissão de Anistia serão designados mediante portaria do Ministro de Estado da Justiça e dela participarão, entre outros, um representante do Ministério da Defesa, indicado pelo respectivo Ministro de Estado, e um representante dos anistiados".

259 BUCCI, Maria Paula Dallari. A abordagem direito e políticas públicas no Brasil: quadros analíticos. *Revista Campo de Públicas: conexões e experiências, FJP – Escola de Governo*, v. 2, n. 1, p. 91-125, 2023.

260 BAUER, Michael; KNILL, Christoph. A conceptual framework for the comparative analysis of policy change: measurement, explanation and strategies of policy dismantling. *Journal of Comparative Policy Analysis*: Research and Practice, v. 16, n. 1, p. 28-44, 2014.

261 BRASIL. Ministério dos Direitos Humanos e da Cidadania. *Ministra Damares anuncia mudanças na Comissão de Anistia durante evento em Brasília*. 27 mar. 2019. Disponível em: https://www.gov.br/mdh/pt-br/assuntos/noticias/2019/marco/ministra-damares-anuncia-mudancas-na-comissao-de-anistia-durante-evento-em-brasilia. Acesso em 01 abr. 2024.

para a execução da política; e) houve reanálise de casos ou anulação de portarias de anistia.

A alteração do *quórum* dos conselheiros e a destinação das vagas delimitadas foi significativa. Integrantes da sociedade civil e representantes de organizações e associações foram, basicamente, excluídos do processo decisório.

Outra técnica de desmonte foi o da função participativa e de articulação, pois alterou a composição de colegiado substituindo o seu caráter deliberativo para meramente consultivo. Este é um ponto importante, na medida em que, com o esvaziamento do órgão, além das decisões meramente formais e restrições a direito de recurso, as decisões do Ministro sobre indeferimento de portarias eram realizadas sem qualquer justificativa pelo caso concreto. Milhares de anistias que já tinham sido julgadas procedentes pela comissão foram indeferidas.

A segurança jurídica das decisões e os entendimentos proferidos até então de nada valiam. Juridicamente, foram reduzidas, inicialmente, a meros entendimentos. Ao Ministro de Estado, de fato, caberia somente conceder ou não a portaria.

O MPF ajuizou uma ação Civil Pública – processo nº 1011312-09.2019.4.01.3400, na Justiça Federal do TRF-1, pendente de julgamento – alertando para a desconformidade com o sentido da Lei nº 10.559/02 e do art. 8º do ADCT. Alegou, ainda, que as medidas do Poder Executivo pela Portaria nº 378/2019, além de ilegais e inconstitucionais, estavam em desacordo com a proteção da memória[262] como patrimônio cultural brasileiro, com garantia constitucional no art. 216.[263]

---

[262] Sobre o significado de cultura, Lúcia Reisewitz afirma: "Tudo o que é fruto da ação humana é cultura. Deveríamos, então, preservar o mundo todo a nossa volta, estancar as possibilidades de mudança, impedir suas transformações em nome da preservação da cultura? Naturalmente não. Quando afirmamos que a cultura é um meio para a garantia da qualidade de vida humana, isto é uma verdade, qualquer que seja a manifestação cultural. Mas quando afirmamos que certos bens culturais devem ser preservados, pois são o meio de garantia para a realização de valores reconhecidos pelo direito, estamos nos referindo a uma manifestação específica de cultura, qual seja, o patrimônio cultural, ou melhor, as coisas materiais e imateriais que reconhecemos como valiosas culturalmente, desde que preencham alguns requisitos normativos". (REISEWITZ, Lúcia. *Direito ambiental e patrimônio cultural*: direito a preservação da memória, ação e identidade do povo brasileiro. São Paulo: Juarez de Oliveira, 2004. p. 63-64).

[263] BRASIL. Constituição Federal (1988). Art. 216. Constituem patrimônio cultural brasileiro os bens de natureza material e imaterial, tomados individualmente ou em conjunto, portadores de referência à identidade, à ação, à memória dos diferentes grupos formadores da sociedade brasileira, nos quais se incluem: "§3º. A lei estabelecerá incentivos para a produção e o conhecimento de bens e valores culturais".

Foram nomeados conselheiros com trajetórias completamente distintas daquelas indicadas pela Comissão, em um claro e significativo indicativo da mudança de tendência.

As mudanças de procedimentos jurídicos formais são perceptíveis na condução do novo processo pela nova Comissão. Limita-se o direito de recurso para o requerente não mais poder levar sua questão à análise. Essa medida desprestigia a natureza do processo de anistia, que é obter a documentação (muitas vezes parca e desorganizada) ante o sistema de organização dos arquivos estaduais e nacional.

Houve, no passado, um processo lento na conquista de obtenção dos documentos, seja pelo manejo de ações constitucionais ou pela aprovação da Lei de Acesso à Informação, além da criação da Comissão Nacional da Verdade e de outros instrumentos que possibilitaram a obtenção dos documentos com maior facilidade. A partir de então, seria permitido apenas um pedido de reconsideração.

Até hoje, é difícil obter documentos. Embora disponíveis, exige-se um conhecimento específico sobre como lidar com documentações muito antigas. De qualquer sorte, muitos processos ainda estão em andamento. A pesquisa, a ampliação do debate e a investigação do tema ditadura nas empresas, por exemplo, havia proporcionado uma perspectiva diferente da que se tinha. Assim, não permitir a reconsideração nos julgamentos seria o mesmo que não permitir que novas provas essenciais ou novos avanços no processo global de investigação e do próprio avanço do tempo sejam considerados.

A medida destoa da política de memória e verdade construída, ao menos, durante as últimas duas décadas. Impõe, assim, visão diametralmente oposta, isto é, voltada ao esquecimento.

Sobre a técnica de interpretação restritiva tomada pelo novo contexto, Tércio Sampaio Ferraz Júnior acrescenta:

> Uma interpretação restritiva ocorre toda vez que se limita o sentido da norma, não obstante a amplitude de sua expressão literal. Em geral, o intérprete vale-se de considerações teleológicas e axiológicas para fundar o raciocínio. Supõe, assim, que a mera interpretação especificadora não atinge os objetivos da norma, pois lhe confere uma amplitude que prejudica os interesses, ao invés de protegê-los. Assim, por exemplo, recomenda-se que toda norma que restrinja os direitos e garantias

fundamentais reconhecidos e estabelecidos constitucionalmente deva ser interpretada restritivamente.[264]

No aspecto financeiro, o desmonte está na restrição do financiamento, pois não houve qualquer interesse do governo em disponibilizar recursos para esta política. Diante disso, desvinculou orçamento e recursos e restringiu a concessão da reparação no aspecto individual.

Segundo o relatório da Comissão de Anistia, eis o orçamento destinado entre 2019 e 2022:

> O orçamento da Comissão de Anistia aprovado para o ano de 2019 foi de R$177.000,00. Ao longo do ciclo de gestão de 2019 a 2022, houve um incremento quantitativo em torno de R$2.558,00 totalizando uma dotação atualizada de R$179.558,00.[265]

O "desmonte ativo" na mudança de entendimentos administrativos na Comissão de Anistia foi notificado em diversos veículos de mídia. Até então, os dados não estavam compilados por tal Comissão no relatório utilizado.

Segundo relatório da Comissão de Anistia que analisou o período de 2019 até 2022, foram observados os seguintes números:

> No período em referência, foram realizadas 48 sessões do Conselho, para as quais 5.443 processos foram pautados. Considerando os requerimentos retirados de pautas, os pedidos de vistas, os adiamentos e as diligências demandadas, os Conselheiros analisaram e emitiram pareceres conclusivos para 4.285 processos, ou seja, concluíram a análise de 78,72% dos processos pautados. No ano de 2019, foram realizadas 12 (doze) sessões do Conselho da Comissão de Anistia, com 809 requerimentos de anistiados pautados, sendo 435 retirados de pauta, inclusive por pedido de vistas regimentais e diligências. Em 2020, foram realizadas 10 sessões e pautados 1.265 processos, sendo analisados 1.194 requerimentos e 71 processos retirados de pauta. Em 2021 foram realizadas 19 sessões do Conselho, sendo 2.570 requerimentos de anistiados pautados, e 595 foram retirados de pauta. Neste ano de 2022, até novembro, foram

---

264 FERRAZ JÚNIOR, Tércio Sampaio. *Introdução ao estudo do direito*: técnica, decisão, dominação. São Paulo: Atlas, 2017. p. 256.

265 Cf.: Comissão de anistia. *Gov.br*, [s.d.]. Disponível em: https://www.gov.br/mdh/pt-br/acesso-a-informacao/governanca/BALANCO_COMISSAO_ANISTIA.pdf. Acesso em 18 abr. 2024.

analisados 742 requerimentos do total de 799 requerimentos pautados, 57 retirados de pauta.[266]

Figura 11 – Números globais a partir do relatório

2019	**2020**
em pauta: 809 analisados: 374 retirado de pauta: 293 vistas: 122 diligência: 20 indeferido: 333 deferimento: 41 **total: 1992**	em pauta: 1265 analisados: 1194 retirado de pauta: 54 vistas: 13 indeferido: 1166 diligência: 4 deferimento: 28 **total: 3724**
2021	**2022**
em pauta: 2570 analisados: 1975 retirado de pauta: 586 vistas: 6 diligência: 3 indeferido: 1940 deferimento: 35 **total: 7115**	em pauta: 799 analisados: 742 retirado de Pauta: 56 vistas: 1 diligência: 0 indeferido: 642 anulação FAB: 97 deferimento: 3 **total: 2340**

Fonte: Dados obtidos do Balanço da Comissão de Anistia no período de 2019-2022. COMISSÃO DE ANISTIA. Disponível em: https://www.gov.br/mdh/pt-br/acesso-a-informacao/governanca/BALANCO_COMISSAO_ANISTIA.pdf. Acesso em 6 abr. 2024.

266 Cf.: Comissão de anistia. *Gov.br*, [s.d.]. Disponível em: https://www.gov.br/mdh/pt-br/acesso-a-informacao/governanca/BALANCO_COMISSAO_ANISTIA.pdf. Acesso em 18 abr. 2024.

Figura 12 – Números globais a partir do relatório

	2019	2020	2021	2022
casos analisados	374	1194	1975	742
indeferidos	333	1166	1941	642
deferidos	41	28	35	3
pedido de vistas	122	13	6	1
retirados de pauta	293	54	586	56
adiado	20	4	100	91

Fonte: elaborado por Bruno Talpai a partir dos Dados obtidos do Balanço da Comissão de Anistia no período de 2019-2022. COMISSÃO DE ANISTIA. Disponível em: https://www.gov.br/mdh/pt-br/acesso-a-informacao/governanca/BALANCO_COMISSAO_ANISTIA.pdf. Acesso em 6 abr. 2024.

Figura 13 – Números globais, em porcentagem

	2019	2020	2021	2022
indeferimento	89, 04%	97,66%	98,23%	86,52%
deferimento	10,97%	2,35%	1,77%	0,40%
pedido de vistas	15,07%	1,03%	0,23%	0,13%
retirado de pauta	36,22%	4, 27%	22,79%	7,01%
adiamento	5,35%	0,33%	5,01%	13,09%

Fonte: elaborado por Bruno Talpai a partir dos Dados obtidos do Balanço da Comissão de Anistia no período de 2019-2022. COMISSÃO DE ANISTIA. Disponível em: https://www.gov.br/mdh/pt-br/acesso-a-informacao/governanca/BALANCO_COMISSAO_ANISTIA.pdf. Acesso em 6 abr. 2024.

Os dados apresentados revelam o indeferimento em massa dos requerimentos. Houve também, no mesmo período, a anulação das Portarias de ex-cabos da FAB.[267]

O quadro comparativo apresentado a seguir, entre requerimentos deferidos e indeferidos com base nos dados apresentados no trabalho, no período 2015-2022, mostra que a Comissão de Anistia optou por uma política de alto número de processos e indeferimento.

[267] MAZIEIRO, Guilherme. Ministério dos Direitos Humanos anula 295 anistias a ex-cabos da FAB. *UOL*, 08 jun. 2020. Disponível em: https://noticias.uol.com.br/politica/ultimas-noticias/2020/06/08/ministerio-dos-direitos-humanos-anula-295-anistias-a-ex-cabos-da-fab.htm. Acesso em 6 abr. 2024.

Figura 14 – Resultado do trabalho da Comissão de Anistia entre 2015 e 2022 (deferimentos e indeferimentos)

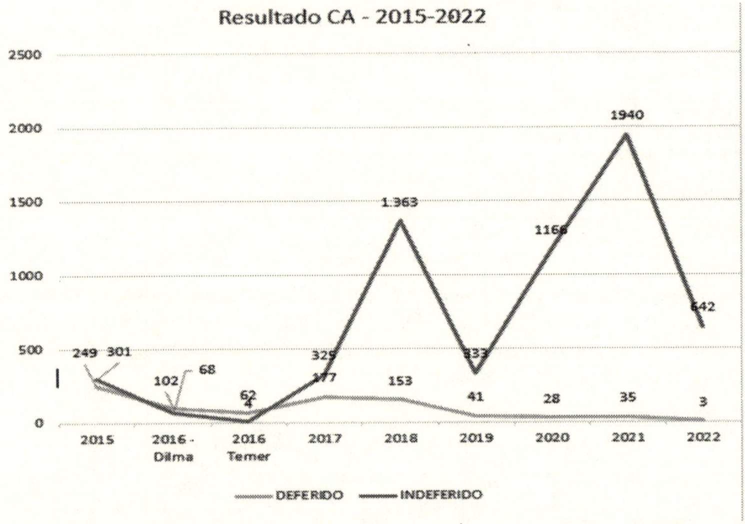

Fonte: elaborado por Bruno Talpai com base nas informações obtidas do Balanço da Comissão de Anistia no período de 2019-2022. COMISSÃO DE ANISTIA. Disponível em: https://www.gov.br/mdh/pt-br/acesso-a-informacao/governanca/BALANCO_COMISSAO_ANISTIA.pdf. Acesso em 6 abr. 2024. E com base em informações disponíveis no *site* da Comissão de Anistia das sessões de julgamento e publicações. Disponível em: https://www.gov.br/mdh/pt-br/navegue-por-temas/comissao-de-anistia/sessoes. Acesso em 22 mai. 2024.

O funcionamento da Comissão de Anistia neste período representou o indeferimento em massa e o esvaziamento da Comissão de Anistia. Adotou-se uma postura de política de governo na condução dos trabalhos levando a uma redução substantiva e precarizada da política de reparações da Lei nº 10.559/2002 e do art. 8º do ADCT.

O desmantelamento da Comissão de Anistia foi alvo de discussões em fóruns especializados e de relevância pública. Eneá de Stutz e Almeida, professora da Universidade de Brasília e com ampla área de atuação na Comissão de Anistia e na Justiça de Transição, em audiência realizada na Câmara dos Deputados, ponderou:

> A Lei está sendo destruída nos últimos quatro anos, uma lei que deveria regular a justiça de transição da ditadura para a democracia, fazer as reparações integrais previstas na Constituição. Por integral se entende reparação econômica, reinserção no trabalho e escolas e até psicológica.

> Porém, o governo federal mudou as regras da Comissão de Anistia, que são inconstitucionais. Uma afronta aos direitos humanos, virou uma comissão de governo.[268]

O ex-presidente da Comissão de Anistia e ex-secretário da Comissão IDH, Paulo Abrão Pires, também se posicionou sobre o desmonte:

> Tivemos um período de grande acúmulo de boas experiências com um programa brasileiro de reparações. Isso acabou em 2016. O desmonte de hoje atinge a integralidade desse programa, não apenas na interpretação da lei, mas também na perspectiva das políticas construídas ao longo do tempo, como a Caravana da Anistia, o programa Marcas da Memória e os efeitos dessas políticas para outras gerações.[269]

Outros elementos da política de memória foram atacados, dentre eles, o Arquivo Nacional. Servidores do local apontaram o esvaziamento e as demissões de cargos importantes no órgão, além de indicações políticas. Por meio de decreto presidencial foi retirada a competência do Arquivo Nacional sobre a preservação de documentos federais e para eliminá-los ou não.

O Decreto nº 10.148/2019 pretendia esgotar o principal órgão gerenciador de documentos da história do país. No objeto deste trabalho, fundos e coleções do Arquivo Nacional no que dizem respeito a documentos do período da ditadura ficaram indisponíveis e sofreram gerenciamentos indevidos.[270]

As alterações legislativas também ocorreram na Comissão de Mortos e Desaparecidos, pois o Decreto Presidencial nº 9.759/2019 pôs fim a vários colegiados da Administração Pública Federal. Dentre os

---

[268] BRASIL. Câmara dos Deputados. *Uma lei em desmonte*: especialistas e vítimas da ditadura avaliam situação da Lei da Anistia. Comissão de Legislação Participativa. 24 mai. 2022. Disponível em: https://www2.camara.leg.br/atividade-legislativa/comissoes/comissoes-permanentes/clp/noticias/uma-lei-em-desmonte-especialistas-e-vitimas-da-ditadura-avaliam-situacao-da-lei-da-anistia. Acesso em 16 dez. 2022.

[269] Esse desmonte da Comissão de Anistia também foi transmitido em outros *sites*. (BENITES, Afonso. Governo quer fim da Comissão de Anistia em 2022 e nega 90% dos pedidos de reconhecimento de anistiados. *El País*, 10 abr. 2021. Disponível em: https://brasil.elpais.com/brasil/2021-04-10/governo-quer-fim-da-comissao-de-anistia-em-2022-e-nega-90-dos-pedidos-de-reconhecimento-de-anistiados.html. Acesso em 18 abr. 2024).

[270] A alegação também foi noticiada pelo periódico Carta Capital. (THUSWOHL, Maurício. Servidores denunciam descarte de documentos sobre a ditadura. *Carta Capital*, 04 mar. 2022. Disponível em: https://www.cartacapital.com.br/politica/servidores-denunciam-o-descarte-de-documentos-sobre-a-ditadura/. Acesso em 6 abr. 2024).

extintos, três deles colaboravam com o grupo; além disso, a Comissão foi alvo de troca de membros.[271]

Outro ponto de atenção foi a alteração do regulamento da CEMDP:

> [...] estão a vinculação da busca por pessoas desaparecidas à manifestação de interesse pela família e a revogação da resolução sobre retificação de assentos de óbito. Ambas as modificações parecem ir na contramão do dever do Estado de, de ofício, investigar os desaparecimentos forçados, esclarecer a verdade e devolver os restos mortais às famílias. Junto com as alterações nas atividades da Comissão, chegou à mídia a perspectiva de que a CEMDP finalizaria seus trabalhos ainda no ano de 2020. Em entrevista concedida uma semana após a publicação do novo regimento, o então presidente da Comissão, Marco Vinicius de Carvalho, afirmou que pretende entregar um relatório final dos trabalhos da CEMDP como "questão de reconciliação", não sendo possível "ficar eternamente batendo nessa mesma tecla".[272]

Em 16 de dezembro de 2022 extinguiu-se a Comissão de Mortos e Desaparecidos,[273] que apurava crimes da ditadura militar, em sessão extraordinária convocada pelo presidente do órgão, Marcos Vinícius Carvalho, e com anuência dos conselheiros, a despeito das recomendações do Ministério Público Federal no sentido de não aprovar a pauta.

Essas modificações revelam o uso desses mecanismos para descontinuar e estreitar a política de reparação e de proteção ao patrimônio cultural, além da extensa revogação de entendimentos já consolidados na Comissão de Anistia.

Diante disso, a política implementada no governo de Fernando Henrique Cardoso a partir da criação da Comissão de Mortos e Desaparecidos, no apagar das luzes da saída da presidência da República por parte de Bolsonaro, foi extinta ao se eliminar a Comissão.

---

271 CERIONI, Clara. Bolsonaro troca membros da Comissão de Mortos e Desaparecidos Políticos. *Revista Exame*, 01 ago. 2029. Disponível em: https://exame.com/brasil/bolsonaro-troca-membros-da-comissao-de-mortos-e-desaparecidos-politicos/. Acesso em 18 abr. 2024.

272 CATEB, Caio *et al.* A Comissão Especial sobre mortos e desaparecidos Políticos e a Comissão de anistia no primeiro ano do governo Bolsonaro. *In*: TELES, Edson; QUINALHA, Renan. *Espectros da ditadura*: da Comissão da verdade ao bolsonarismo. São Paulo: Autonomia Literária, 2020. p. 151-174.

273 BRASIL. Câmara dos Deputados. Comissão de Direitos Humanos, Minorias e Igualdade Racial. *Presidente da CDHM questiona extinção da Comissão Especial de mortos e desaparecidos políticos*. 12 dez. 2022. Disponível em: https://www2.camara.leg.br/atividade-legislativa/comissoes/comissoes-permanentes/cdhm/noticias/presidente-da-cdhm-questiona-extincao-da-comissao-especial-de-mortos-e-desaparecidos-politicos. Acesso em 18 abr. 2024.

O manejo da comunicação política foi amplamente utilizado pela Ministra de Estado visando deslegitimar os então frutos de investigação, e já consolidados durante quase 20 anos da Lei nº 10.559/2002 (Lei de Anistia). Dentre esses atos, inclui-se sua intenção de deixar de promover políticas públicas voltadas a reparar integralmente as vítimas por meio do indeferimento em massa dos requerimentos.

Houve a diminuição do alcance da política voltada à reparação integral às vítimas, mediante o indeferimento em massa dos requerimentos de anistia.

As características descritas podem ser observadas quanto à legalidade do uso da "discricionariedade administrativa" como fundamento de validade para incluir medidas incompatíveis com a dinâmica da justiça de transição e contrárias ao próprio princípio republicano.[274]

Dadas as alterações descritas, propõe-se o quadro analítico a seguir, indicando as normas, seus efeitos e a dimensão da política.

Figura 15 – Normas desestruturantes, resultados/ efeitos dessas normas e dimensão do desmonte dos trabalhos da Comissão de Anistia

(continua)

Normas	Resultado/efeito	Dimensão
Medida Provisória n. 870/ 2019, convertida na Lei nº 13.844/2019	transferência da competência do Ministério da Justiça para o Ministério da Mulher, da Família e dos Direitos Humanos	organizacional
Instrução Normativa nº 2/2021	institui, facilita e estabelece procedimento e rito administrativo para revisão de anistia	articulação

[274] "O direito assume um programa de racionalidade, torna-se o *logos* – palavra e razão – de afetos que circulam na sociedade, abriga a vontade política autoritária. O Direito, se não resiste à política autoritária, serve voluntariamente a ela. Há um espírito de colaboração do direito que serve docilmente, disponibiliza suas aptidões, proporciona narrativas de racionalidade para acolher afetos políticos mobilizados pela vontade política autoritária. O Direito não é um impeditivo, mas parceiro indispensável a permitir a agentes autoritários camuflarem os seus ódios à democracia, esconderem a vazão autoritária em caminhos de regras jurídicas, travestirem anseios autoritários em intenções nobres. A servidão voluntária é a chave de interpretação do papel do Direito nos estados de exceção. Se não resiste é porque há um desejo do Direito de servir ao arbítrio. (PIRES, Luís Manuel Fonseca. *Estados de exceção*: a usurpação da soberania popular. São Paulo: Contracorrente, 2021. p. 145).

(conclusão)

Normas	Resultado/efeito	Dimensão
Instrução Normativa nº 2/2021	Determina que a Comissão de Anistia "exercerá suas atividades processuais com independência e imparcialidade, assegurado o sigilo necessário à elucidação do fato e à conclusão do processo administrativo ou exigido pelo interesse da administração". O documento ainda ressalta que não poderão participar da condução do processo administrativo de revisão cônjuges ou familiares até terceiro grau dos interessados no processo.	instrumental e substantiva
Portaria nº 3.136/ 2019	aprovou novo regimento interno para o MMFDH	substantiva, organizacional, articulação
Decreto Presidencial nº 9.759/2019	extingue e estabelece diretrizes, regras e limitações para colegiados da administração pública federal	participativa
Portaria nº 376/2019 do MMFDH	altera o número de conselheiros mínimos de 20 para 9; desde 2006, a composição mínima era de 20 conselheiros	participativa/ articulação
Portaria nº 378/2019 do MMFDH	altera e nomeia 7 conselheiros para a Comissão de Anistia	participativa/ articulação
Decreto nº 10.148/2019	altera e/ou restringe e transfere competências do Arquivo Nacional	instrumental
Decreto de 31 de julho de 2019 do MMFDH	altera os membros da Comissão de Mortos e Desaparecidos	
Resolução nº 4/2020	Altera competências e termos da Comissão Especial de Mortos e Desaparecidos	instrumental

Fonte: BUCCI, Maria Paula Dallari.[275]

Outro fator que chama a atenção é o ressentimento político de Jair Bolsonaro com a política de memória e de anistia, pois este "perdeu" no campo político quando foi revisor da Lei nº 10.559/2002, se opôs veementemente à criação da CNV e empenhou esforços e discursos favoráveis a torturadores e à extinção de políticas de memória.

---

275 BUCCI, Maria Paula Dallari. A abordagem direito e políticas públicas no Brasil: quadros analíticos. *Revista Campo de Públicas: conexões e experiências, FJP – Escola de Governo*, v. 2, n. 1, p. 91-125, 2023.

Ao tornar-se presidente, apropriou-se da política com desmontes sistemáticos e muito bem calculados em diversos aspectos. Subverteu o processo legislativo e rasgou todo o entendimento firmado até então pelos órgãos instituídos, bem como desmobilizou elementos articulados básicos para o funcionamento da política de anistia, reduzindo-a drasticamente.

3.8 Anistia política e governo Lula 2023: perspectivas

Com a eleição de Luiz Inácio Lula da Silva pela terceira vez na condição de Presidente da República, o cenário político herdado na política de transição da anistia se diversificou do elencado no governo anterior, ao passo que apontou a necessidade de inúmeros reparos, seja no arranjo jurídico ou dos atores, além de ter determinado quem doravante deteria a competência para decidir.

Lula se pronunciou afirmando que as anistias negadas durante os governos de Michel Temer e Jair Bolsonaro serão alvo de reapreciação pela Administração Pública, pois considera que a Comissão de Anistia foi descaracterizada de suas funções e assumiu, predominantemente, um papel ideológico nos julgamentos.

No início do governo, Luiz Inácio Lula da Silva indicou para Ministro da pasta de Direitos Humanos e Cidadania o advogado Silvio Luiz de Almeida. O Ministro apresentou críticas em diferentes meios de comunicação e até a convite em sessão na Câmara dos Deputados, de que a Comissão de Anistia no governo Jair Bolsonaro não cumpriu o mandamento constitucional (art. 8º do ADCT) e a Lei de Anistiados Políticos (Lei nº 10.559/2002). Apontou, ainda, a forma de condução dos julgamentos e dos procedimentos adotados perante a Comissão de Anistia, por exemplo: I) ausência de publicação de decisões favoráveis e de ato de concessão de anistia apreciados perante a comissão (*desmonte por default*); II) o encerramento/redução das vias e instrumentos de revisão ou recurso ao Conselho (*desmonte ativo*); a retirada do direito de fala e os julgamentos na Comissão ocorrendo "de portas fechadas", além da supressão do direito à sustentação oral no plenário pelos representantes e advogados (*organizacional/instrumental*).

Adotou-se uma postura no Ministério de que o MDHC e a Comissão de Anistia têm o dever constitucional de reestabelecer os sentidos e entendimentos firmados ao longo do processo desenvolvido no país, isto é, compreensões mínimas sobre a aplicação do PNDH-3, das disposições constitucionais e da política de verdade e memória no país.

Uma nova Comissão de Anistia foi nomeada (Portaria nº 31/2023 do MDHC). Antigos conselheiros e membros da Comissão de Anistia, em virtude da experiência técnica com o tema, retornaram às funções já exercidas. A medida permitiu a realização de etapas e blocos de julgamentos de casos idênticos e trouxe o sentido de resiliência institucional por meio dos que compõem os trabalhos da Comissão de Anistia.

Foram firmados, ainda, critérios para organizar pautas e revisar os processos indeferidos nas gestões de Jair Bolsonaro[276] e Michel Temer. Dentre eles, especialmente, requerimentos pendentes de publicação de portaria; requerimento com parecer favorável à concessão da anistia que, mediante despacho da Ministra Damares, ou de quem exerceu momentaneamente o cargo, negaram a concessão; portarias de anistia favoráveis que aguardavam publicação foram "realizadas" e, de ofício, indeferidas; ordem cronológica; reparação em prestação única e bloco de casos idênticos ou similares.[277]

Ao mesmo tempo, foi aprovado o novo Regimento Interno da Comissão de Anistia (Portaria nº 177/2023 do MDHC).

Um caso emblemático para o novo entendimento da Comissão de Anistia ocorreu por meio do Despacho nº 4/2023/DSCA/CSF/CGGA/CA/ADMV/GM.MDHC/MDHC, de 23 de março de 2023, oportunidade em que tal Comissão apresentou as razões de direito, os valores e os princípios que iriam nortear os seus trabalhos.

Embora extensa, a citação é paradigmática e retrata, fielmente, os percalços enfrentados por esta política pública no decorrer da última década:[278]

> À época da interposição do pedido de reconsideração pelo requerente encontrava-se *vigente a Portaria nº 376, de 27 de março de 2019* – MMFDH, onde *não havia duplo grau de apreciação pelo Conselho da Comissão de Anistia,*

[276] CURVELLO, Ana Carolina. Governo Lula irá rever mais de 11 mil decisões da gestão de Damares. *Gazeta do Povo*, 06 mar. 2023. Disponível em: https://www.gazetadopovo.com.br/vida-e-cidadania/comissao-da-anistia-lula-rever-11-mil-decisoes-damares. Acesso em 18 abr. 2024.

[277] GABRIEL, João. Comissão de Anistia revisa negativas de Bolsonaro e prevê concessão coletiva. *Folha de S. Paulo*, 29 mar. 2023. Disponível em: https://www1.folha.uol.com.br/poder/2023/03/comissao-de-anistia-revisa-negativas-de-bolsonaro-e-preve-concessao-coletiva.shtml. Acesso em 18 abr. 2024.

[278] Para preservação, omite-se o nome do requerente, contudo, sem perder o conteúdo e a justificativa legal.

ou seja, a primeira apreciação do requerimento por Turma, e havendo discordância do requerente do Parecer poderia ele recorrer para o Plenário da Comissão de Anistia, antes da publicação da Portaria.

9. *No Regimento vigente só havia possibilidade de uma única apreciação pelo Conselho da Comissão e, havendo inconformidade do Requerente, o pedido de reconsideração para a autoridade que proferiu a decisão, ou seja, ao Ministro de Estado, após a publicação da Portaria.* Tal procedimento configura *usurpação da competência legal* do Conselho da Comissão de Anistia para rever seus atos, já que a Lei nº 10.559/02 atribui competência exclusiva ao Conselho da Comissão para a elaboração de voto que fundamenta a decisão pelo deferimento ou não do pedido de declaração de anistia política. O Ministro de Estado poderá divergir do entendimento do Conselho, devendo, nessa hipótese, elaborar suas razões de discordância *e devolver à apreciação pelo mesmo Conselho.* Nenhuma dessas situações se configurou no caso em tela, *já que competência legal exclusiva de apreciação sobre o cabimento ou não da declaração de anistia política foi usurpada do Conselho da Comissão.*

10. A Lei nº 9.784, de 29.01.1999, que regulamenta o processo administrativo prevê no at. 56 e ss. a respeito do recurso administrativo e da revisão, que caso a autoridade não reconsidere a decisão no prazo de cinco dias, deverá encaminhar à autoridade superior.

11. Assim, *entendeu a nova composição da Comissão de Anistia, designada pela Portaria nº 31, de 16 de janeiro de 2023,* pela necessidade de *elaborar um novo Regimento Interno da Comissão de Anistia,* em conformidade com a *Lei nº 9.784/1999,* balizado pela *Lei nº 10.559/2002,* pela *Constituição de 1988* e pelos propósitos de uma *política de reparação, verdade e memória,* bem como a reorganização da estrutura administrativa de apoio ao Conselho.

12. Considerando que foi recebido pedido de reconsideração, o presente requerimento preenche os critérios exigidos para análise pelo Plenário, uma vez que não houve essa possibilidade anteriormente.

13. O art. 43, §2º, do Regimento Interno – Portaria nº 177/2023 dispõe:

Art. 43. Fica garantido o direito de requerer reconsideração das decisões da comissão de anistia, para que a comissão exerça o poder-dever de rever seus atos, respeitados os prazos decadenciais da legislação. [...]

§2º A Presidência da Comissão de Anistia poderá determinar de ofício a apreciação do pedido de reconsideração pelo Plenário, na hipótese de inconformidade das decisões da Comissão com a Lei nº 10.559, de 2002.

14. Mesmo que não se entendesse que o pedido de reconsideração poderia ser recebido como recurso, o Regimento Interno autoriza que a Presidência da Comissão de Anistia, frente à manifesta ilegalidade entre a decisão e os documentos constantes dos autos, possa determinar de ofício a sua apreciação pelo Plenário. *A sessão do dia 30 de março será significava pois deverá ter em pauta casos que retratem de maneira robusta a violência cometida pelo Estado brasileiro no período da exceção e uma nova*

> *violência, esta cometida pela própria Comissão de Anistia no período em que foi transformada em uma comissão de governo.* Será a primeira sessão de julgamento da Comissão de Anistia, recomposta como uma Comissão de Estado, cumprindo o mandamento constitucional.
> 15. Desta forma, o sr. [*omissis*] foi um trabalhador que lutou por seus direitos e por essa razão foi tratado como subversivo. À época, o Estado brasileiro tinha por método imputar as consequências da repressão às próprias vítimas da perseguição política. Em outras palavras, a culpa por sofrer perseguição é do próprio perseguido político. Embora a Comissão de Anistia tenha analisado o requerimento do sr. [*omissis*] e tenha concedido a anistia política com efeitos financeiros, *o então Ministro da Justiça substituto houve por bem usurpar a competência do Conselho para ele próprio, analisar monocrática e ilegalmente a condição do Requerente e indeferiu o pedido que havia sido deferido pela Comissão.* E no fundamento desta decisão atuou com crueldade, pois *repetiu aquele método utilizado pela ditadura, qual seja, o de imputar a responsabilidade da repressão à própria vítima.* Tal postura é inadmissível sob a égide da Constituição Federal de 1988, e menos ainda pela Comissão de Estado, que tem o dever constitucional de reparar e colaborar na construção da memória, verdade e justiça.
> 16. Por todas essas razões, considero o Requerimento de Anistia [*omissis*] como emblemático para demonstrar que a Comissão de Anistia jamais pode perseguir, e ao contrário, deve cumprir a lei e reparar de maneira integral. Determinei o sorteio de relatoria para o caso em tela e foi sorteado por meio do Sistema Interno da Comissão de Anistia (SINCA) para relatoria o Conselheiro Virginius José Lianza da Franca.
> Isto posto, determino que o presente processo seja incluído em pauta de julgamento, para apreciação pelo Plenário da Comissão de Anistia, encaminhem-se os autos ao Sr. Conselheiro Virginius José Lianza da Franca, nos termos do Regimento Interno – Portaria nº 177/2023 e da Lei nº 10.559/2002. ENEÁ DE STUTZ E ALMEIDA Presidente da Comissão de Anistia.[279] (Grifo nosso).

A tendência exposta pela Comissão de Anistia, seguida pela orientação política do Ministro do MDHC, demonstra a capacidade das instituições, ainda que com alterações na arena política, de resiliência institucional.[280]

---

[279] Documento assinado eletronicamente por Eneá de Stutz e Almeida, Presidente da Comissão de Anistia, em 23.03.2023, às 11h44, conforme horário oficial de Brasília, com fundamento no art. 4º, §3º, do Decreto nº 10.543, de 13 de novembro de 2020. A autenticidade deste documento pode ser conferida no *site* https://sei.mdh.gov.br/autenticidade, informando o código verificador 3429018 e o código CRC 1EB3F14E.

[280] Debora Rezende, ao tratar sobre resiliência institucional, aponta uma classificação possível que "parte de uma noção de força institucional que leva em conta a capacidade de as

Consta no despacho a clara distinção entre política de Estado e política de governo.

A primeira trata de elementos de implementação de matéria fundamental e com implementação e execução em longo prazo. Aqui, trata-se a política de anistia como política de Estado, na medida em que seus efeitos e juridicidade avançaram ao longo dos anos, construindo um arcabouço jurídico específico e consensos nas esferas pública, política e social. A anistia também tem fundamento na CF/1988, no ADCT e em Lei Federal, portanto, um processo constituído por inúmeros atores na construção de diálogo e de consensos deliberativos.[281]

A decisão reforça o processo histórico da anistia e o arranjo jurídico desenvolvido ao longo do tempo.

A Comissão (2014) entende que a Portaria nº 376/2019 – MMFDH viola o direito fundamental à revisão das decisões e interposição de recursos. Essa medida foi reestruturada a partir da alteração do regimento interno da Comissão de Anistia instituído pela Portaria nº 177/2023, em especial no seu art. 43, que estabelece essas garantias processuais.

Essa alteração regimental também reestabeleceu o direito à sustentação oral e deu maior abertura e canais de comunicação institucional com os requerentes, seus representantes ou grupos políticos. Foi reestabelecido um mínimo ético necessário para a condução dos trabalhos.

Dentre as principais questões, a primeira foi a revisão de decisões proferidas pelo Ministro da pasta no sentido de não conceder anistia política a despeito de relatório e voto favorável concedido pelos conselheiros julgadores.

O requerimento administrativo é julgado pela Comissão de anistia que, com base nas provas colacionadas, verifica a incidência ou não da hipótese prevista na Lei. Com isso, são proferidos um relatório e o

---

instituições se manterem, mas também se adaptarem, reduzindo conflitos e se tornando cada vez mais aceitas. Como fatores de mudança, consideram o papel das regras, do contexto e dos atores políticos e seus apoiadores, mas, em diálogo com a literatura ideacional e a agência criativa (a ser desenvolvida a seguir), enfatizam o papel das ideias e estratégias dos atores – engenheiros ou arquitetos institucionais – para ganhar autoridade prática". (ALMEIDA, Debora Rezende de. Resiliência institucional: para onde vai a participação nos Conselhos Nacionais de Saúde e dos Direitos da Mulher? *Caderno CrH*, Salvador, v. 33, 2020).

281 "O conceito de diálogo na construção de consensos deliberativos encontra guarida no sistema constitucional brasileiro, na harmonia entre os poderes (art. 2º da CRFB/88), na liberdade de expressão (art. 5º, IV c/c art. 220, ambos da CRFB/88), no princípio democrático, no princípio republicano e no princípio da igualdade (previsto no preâmbulo, no art. 1º, *caput*, e no art. 5º, *caput*, todos da CRFB/88), baluartes do sistema representativo brasileiro e essenciais ao desenvolvimento e atuação na arena política da atuação dos Poderes na justificativa e no respaldo das decisões tomadas frente a *res publica*".

voto. Posteriormente, cabe ao Ministro da pasta responsável conceder ou não o direito via portaria, (art. 10 da Lei nº 10.559/2002).

Na hipótese de não concessão, deverá o Ministro justificar os motivos pelos quais – a despeito de voto favorável a concessão do direito pela Comissão de anistia – optou por entendimento diverso. Somente após o crivo e parecer do referido colegiado é que o Ministro de Estado terá legitimidade para decidir sobre o pedido de anistia.[282]

Ocorre que, em especial na condução da pasta por Damares, inúmeros requerimentos de Anistia – inclusive de casos idênticos já julgados em outras gestões – foram sumariamente indeferidos com justificativa genérica e praticamente idêntica para todos os casos, o que produziu um indeferimento em massa de requerimentos.

Não se está a dizer que não poderia haver vícios e eventualmente requerimentos que não se adequassem ao exigido pela Lei, contudo, foi um movimento muito bem articulado para restringir o acesso ao direito.

Por certo também que a Comissão de Anistia, segundo redação do art. 12 da Lei nº 10.559/2002, aponta como competência[283] o exame de requerimentos em típica tarefa de assessoramento do Ministro de Estado.

Mas, ainda que tenha a tarefa de requerimento à Comissão, é bastante distinto indeferir milhares de votos favoráveis a partir de uma sistemática muito bem articulada do que de casos em que, de fato, há a apreciação das provas e do mérito.

O argumento jurídico, a partir de uma leitura literal da lei, e desconsiderando o quadro apresentado neste trabalho, sustenta-se no sentido de que competências delegadas à comissão de anistia estão inseridas no rol de funcionamento e organização de atribuições destinadas constitucionalmente ao Poder Executivo (art. 76, art. 84, II, IV, VI, "a"). Também deriva a delegação da competência do princípio da separação e harmonia entre os Poderes (art. 2º da CF/1988), sendo o Poder Executivo livre para nomear conselheiros e ministros como bem compreender.

---

282 BRASIL. Superior Tribunal de Justiça. MS nº 15.276/DF, Rel. Min. Castro Meira, Primeira Seção, *DJe* 21 set. 2010.

283 "Visto que o "poder" expressado nas competências não é senão a face reversa do dever de bem satisfazer interesses públicos, a competência pode ser conceituada como o círculo compreensivo de um plexo de deveres públicos a serem satisfeitos mediante o exercício de correlatos e demarcados poderes instrumentais, legalmente conferidos para a satisfação de interesses públicos". (MELLO, Celso Antônio Bandeira de. *Curso de direito administrativo*. 32. ed. São Paulo: Malheiros, 2014. p. 148).

Também, alterar os membros da comissão e a forma de condução dos trabalhos incumbe àquele que o exerce, sem a necessidade, portanto, de observar entendimentos anteriores, o histórico institucional vivido e as finalidades a que se presta. Assim, em tese, não existindo direito adquirido, não há o que se falar em eternização de entendimentos.

Há de se observar, porém, os elementos de validade do ato jurídico. É justamente na lição de Celso Antônio Bandeira de Melo que se extrai a justificativa de que determinado responsável a que seja atribuída competência, seu núcleo essencial a que se presta (no caso a política de anistia) não pode, a pretexto de obter poderes, simplesmente atuar contra a vontade institucional que criou esta política.

Em síntese, o fato de se obter competência e poder para exercer a tomada de ação não significa que é permitido fins diversos ao que foi criado o órgão.

> Uma vez que a atividade administrativa é infralegal, submissa à lei e preordenada à satisfação de seus comandos, as competências *administrativas* nada mais podem ser senão feixes de atribuições concebidos para proporcionar a realização *in concreto* dos desideratos legais, cujo atendimento propõe-se para órgãos e agentes administrativos – repita-se e enfatize-se – como uma imposição à qual, de direito, não podem se esquivar.[284]

Pedro Serrano desponta sobre a hipernomia na interpretação do direito para dar-lhe sentido diverso, por subterfúgios daquela que lhe foi atribuída:

> A hipernomia a que nos referimos no presente estudo é um fenômeno que decorre, essencialmente, da função estatal com intento modificativo de regras abstratas constitutivas de direito. Ela compreende não apenas o fenômeno de profusão de edição de espécies normativas, mas também a atuação do intérprete qualificado do dever poder sancionador que, valendo-se de regras e princípios, expressa normas *com uma intensidade que lhe é incompatível.*[285] (grifos nossos).

[284] MELLO, Celso Antônio Bandeira de. *Curso de direito administrativo*. 32. ed. São Paulo: Malheiros, 2014. p. 148.

[285] SERRANO, Pedro. Autoritarismo líquido e as novas modalidades de prática de exceção no século XXI. *Revista Themis*, Fortaleza, v. 18, n. 1, p. 197-223, jan./jun. 2020.

A forma da então condução da pasta de Direitos Humanos no período do governo Michel Temer e Damares literalmente esvaziou o poder decisório e a própria credibilidade da instituição da Comissão de Anistia.[286] Se o voto proferido nas sessões de julgamento com base nas provas dos autos não era suficiente para embasar a decisão do Ministro, tornaram-se meros procedimentos e formalidades.

Não se está a dizer que o Ministro não possui competência ou discricionariedade para decidir em sentido diverso. Em verdade, a atribuição constitucional para a concessão da Anistia – formalmente – é do Ministro da pasta, vide art. 10 da Lei nº 10.559/2002.[287]

Contudo, a partir dessa suposta "abertura da norma" emprega-se sentido diverso intencionalmente daquela que prevê a Lei com o objetivo de esvaziar, reduzir ou tornar inefetiva a política. Há justamente um procedimento e um rito processual para a comprovação das alegações. Deduzir e atuar contra a Lei trata-se de desvio de finalidade do ato administrativo e atenta contra a moralidade administrativa.[288]

Preservam-se as formalidades de *praxe*, mas a substância e o significado da norma são esvaziados:

> A textura aberta da linguagem, a vagueza dos princípios e dos conceitos jurídicos indeterminados contribuem, decisivamente, para a hipernomia, conferindo ao intérprete dotado de poder decisório o ilegítimo poder de conferir extensão e alcance casuístico, em detrimento, dentre outros, da segurança jurídica. Do mesmo modo, referidos atributos conferem ao aplicador a possibilidade de sempre reinterpretar a norma geral

---

[286] UNIVERSIDADE FEDERAL DE MINAS GERAIS. *Mudanças no regimento esvaziam Comissão da Anistia*. 29 mar. 2029. Disponível em: https://ufmg.br/comunicacao/noticias/mudanca-no-regimento-esvazia-comissao-da-anistia. Acesso em 18 abr. 2024.

[287] BRASIL. Lei nº 10.559/2002. Art. 10. Caberá ao Ministro de Estado da Mulher, da Família e dos Direitos Humanos decidir a respeito dos requerimentos baseados nesta Lei.

[288] "Caracterizam ofensa à moralidade administrativa: intencional violação do direito, por ação ou omissão, quer quanto aos meios de atuação dos agentes públicos, quer quanto aos fins inerentes ao exercício da função pública; o atuar com intenção viciada nos atos expedidos no exercício de competência discricionária; os atos eivados de desvio de poder, nas suas duas modalidades (atos que instrumentalizam busca de finalidade alheia a qualquer interesse público, ou finalidade que não é própria, específica, da competência utilizada); ofensa à ordem jurídica decorrente de grave incúria. (CAMMAROSANO, Márcio. Princípio constitucional da moralidade administrativa. Enciclopédia Jurídica da PUC-SP. *In*: CAMPILONGO, Celso Fernandes; GONZAGA, Alvaro de Azevedo; FREIRE, André Luiz (Coord.).; NUNES JR., Vidal Serrano; ZOCKUN, Maurício; ZOCKUN, Carolina Zancaner; FREIRE, André Luiz (Coord. de tomo). *Tomo*: Direito Administrativo e Constitucional. São Paulo: Pontifícia Universidade Católica de São Paulo, 2017. Disponível em: https://enciclopediajuridica.pucsp.br/verbete/65/edicao-1/principio-constitucional-da-moralidade-administrativa. Acesso em 15 abr. 2024).

e abstrata, da qual decorrerá, também de acordo com os interesses momentâneos, o sancionamento ou não da conduta e, ainda, a aplicação de uma sanção que, desprovida de qualquer critério jurídico objetivo e previsível, oscila de acordo com as conveniências momentâneas.[289]

O despacho, em certa medida, é coerente com o discurso da Comissão de Anistia, ao passo que, em abril de 2023, foi elaborado um balanço das recomendações do relatório da CNV, apresentado pelo instituto Herzog, que realizou severo monitoramento – em estudo[290] – das políticas, ações judiciais e medidas tomadas para que as recomendações do Relatório da CNV sejam efetivadas. No relatório, consta que 93% das recomendações não foram cumpridas nos últimos 10 anos.

Até então, as alterações ocorreram no âmbito interno mediante o uso de instrumentos como portarias, instruções e decretos. Entretanto, no que diz respeito ao rito do processo administrativo no âmbito da Lei nº 9.784/1999 (Lei de Procedimento Administrativo), com a alteração de procedimentos e de manejo de recursos, o entendimento viola diretamente o art. 56 da lei federal. Ao final, a aplicação concreta deste dispositivo permitiu reanalisar um considerável número de requerimentos.

A Comissão de Anistia, de forma a atender não só o grande número de julgados, mas de reanalisar requerimentos dos períodos anteriores, firmou como prioridade o pagamento das indenizações em parcela única (art. 3º, §2º), limitadas até R$100 mil, e o estabelecimento do pagamento a título de indenização em prestação mensal, permanente e continuada, com recebimentos como "se na ativa estive" (art. 6º, §1º) limitada ao teto de R$2 mil.

Optou-se por este entendimento como forma de dar celeridade e permitir que outros requerentes tenham a possibilidade de também obter a anistia. É uma medida que, por um lado, deixa de aplicar a lei para que o acesso ao maior número de beneficiários seja acessado.

Como exemplo, casos nos quais o "paradigma" ou o salário a ser recebido seja da Empresa de Correios e Telégrafos (ECT), com uma verba mensal de R$8 mil, declarada pela própria empresa. Nesse caso, a Comissão de Anistia tem deferido pedidos com base em critérios de

---

[289] SERRANO, Pedro. Autoritarismo líquido e as novas modalidades de prática de exceção no século XXI. *Revista Themis*, Fortaleza, v. 18, n. 1, p. 197-223, jan./jun. 2020.

[290] INSTITUTO VLADIMIR HERZOG. Democracia e Direitos Humanos – Fortalecimento da Democracia. *In*: SCHINCARIOL; Rafael L. F. C.; ABREU, Gabrielle Oliveira de (Coord.). *Monitoramento das recomendações da Comissão Nacional da Verdade*. Mar. 2023. Disponível em: https://library.fes.de/pdf-files/bueros/brasilien/20345.pdf. Acesso em 15 abr. 2024.

"mercado" ou outros distintos do valor que deveria ser recebido e não nos requisitos da Lei.

Na letra fria da Lei, o anistiado deveria perceber as mesmas verbas a que lhe seriam devidas se por motivo político não tivesse tido sua carreira laboral interrompida ou prejudicada. Esse entendimento, em verdade, não é novo na Comissão de Anistia. Aliás, esse posicionamento tem sido objeto de ações perante a Justiça Federal[291] com a finalidade de dar fiel cumprimento ao art. 6º, §1º, da Lei nº 10.559/2002.

Criou-se, assim, uma espécie de ficção jurídica para o valor da concessão, diverso do previsto em Lei.

A tomada de decisão justifica-se a partir do pequeno orçamento destinado e a forma de pagamento prevista pela Lei nº 10.559/2002 possui prazo específico (art. 12, §4º)[292] em que há o comando expresso de pagamento dos valores retroativos no prazo de até 60 dias. Em outras palavras, trata-se do regime jurídico dos precatórios (art. 100 e seguintes da CF/1988).

Tem-se aqui o tempo como vetor da política pública. A finalidade a que se presta parte da política de memória, dado o transcurso do tempo, não seria cumprida em sua função individual e personalíssima. O ato de conceder um julgamento justo e atento às peculiaridades exigidas pelo tema requer reduzir as indenizações e contemplar o maior número possível de requerentes enquadrados nos requisitos. Nesse sentido, destacou Eneá de Stutz e Almeida:

> Ou a gente não julga nada e fica frustrado; ou a gente decide e tem uma resposta do Estado. Nós vamos dar uma resposta. Certamente não vai ser a resposta que as pessoas gostariam, mas elas terão uma resposta. Se for o caso de ir para o Poder Judiciário, ótimo, damos muita força, é isso mesmo. Mas, administrativamente, temos que ser responsáveis.[293]

---

291 (AC nº 0040438-34.2013.4.01.3400, Des. Federal Souza Prudente, TRF1 – Quinta Turma, *PJe* 03.05.2021).

292 BRASIL. Lei nº 10.559/2002 Art. 12. Fica criada, no âmbito do Ministério da Mulher, da Família e dos Direitos Humanos, a Comissão de Anistia, com a finalidade de examinar os requerimentos referidos no art. 10 desta Lei e de assessorar o Ministro de Estado em suas decisões. §4º. As requisições e as decisões proferidas pelo Ministro de Estado da Mulher, da Família e dos Direitos Humanos nos processos de anistia política serão obrigatoriamente cumpridas no prazo de 60 (sessenta) dias, por todos os órgãos da administração pública e por quaisquer outras entidades a que estejam dirigidas, ressalvada a disponibilidade orçamentária.

293 VARGAS, Mateus; HOLANDA, Marianna. Gasto de Lula para ações sobre ditadura é 96% inferior ao de Dilma há uma década. *Folha de S. Paulo*, 28 mar. 2024. Disponível em: https://www1.folha.uol.com.br/poder/2024/03/orcamento-para-acoes-sobre-ditadura-militar-cai-96-em-uma-decada.

Entre 2014-2024, o orçamento do governo federal destinado às políticas de promoção à memória e anistia encolheu 96%. Considerando correção e inflação, o maior orçamento já destinado a essas políticas foi de R$49,7 milhões (2013). Para 2024, o orçamento é um pouco mais de R$1,5 milhão.

A situação foi assim descrita pela presidente da Comissão de Anistia Eneá de Stutz e Almeida:

> Passamos 2023 inteiro com muitas dificuldades, inclusive na questão orçamentária, na própria estrutura da comissão, no número de funcionários, e fomos lidando com isso na medida do possível. No fim do ano, conseguimos julgar 80 processos, o que foi extremamente frustrante para todo mundo, principalmente para os anistiados. Decidimos fazer um novo planejamento para não correr o risco de ficar sem julgar esses casos.[294]

A drástica redução orçamentária ao longo do período ocorreu, em parte, em detrimento da própria natureza desta política, grupos específicos que, em tese, se esgotam ao longo do tempo.

O encolhimento do orçamento destinado à política de memória aconteceu justamente nos períodos do governo de Michel Temer e Jair Bolsonaro, os quais foram responsáveis por imprimir mudanças significativas na condução desta política e da Comissão de Anistia.

Chama a atenção o fato de que, mesmo distante dos olhos da sociedade para este tema, após longo período do governo do PT implementando políticas nacionais, diretrizes, planos e ações articuladas, governos com posicionamentos distintos no campo ideológico prontamente alteraram a estrutura desta política e da Comissão de Anistia. Somam-se a isso os inúmeros discursos contra esta política, especialmente no governo de Jair Bolsonaro.

Outro fator que dificultou a reestruturação da Comissão de Anistia foi o quadro administrativo reduzido e a própria necessidade de pessoal especializado no tema. Soma-se a isso toda a comunicação e o estabelecimento de novos procedimentos e adequações que, do ponto de vista administrativo, levam certo tempo.

---

shtml#:~:text=Em%202024%2C%20ano%20da%20efem%C3%A9ride,apesar%20de%20promessa%20do%20mandat%C3%A1rio. Acesso em 4 abr. 2024.

[294] PODER 360. *Falta de verba e de pessoal dificulta trabalhos da Comissão de Anistia*. 31 mar. 2024. Disponível em: https://www.poder360.com.br/brasil/falta-de-verba-e-de-pessoal-dificulta-trabalhos-da-comissao-de-anistia/. Acesso em 18 abr. 2024.

Nesse sentido, ao se analisar as pautas e os resultados de julgamentos de 2023-2024 até a 3ª sessão (março/2024), foram obtidos os números apresentados na figura a seguir.

Figura 16 – Julgamentos realizados entre 2023 e 2024 (até março/2024)

2023	2024
provido: 18	provido: 29
desprovido: 38	desprovido: 245
vista regimental: 4	vista regimental: 69
convertido em diligência: 1	retirado de pauta: 19
retirado de pauta: 6	anulação: 47
recepção da decisão judicial: 1	provimento Parcial: 2
provido parcialmente: 11	adiado: 4
adiado: 2	arquivado: 1
total: 81	**total: 416**

Fonte: elaborado por Bruno Talpai a partir das informações publicadas no *site* do MDHC. Disponível em: https://www.gov.br/mdh/pt-br/navegue-por-temas/comissao-de-anistia/sessoes. Acesso em 22 mai. 2024.

Em relação ao método para os julgamentos, em pouco tempo implementou-se uma agenda de julgamentos, inclusive de casos idênticos ou com similaridade.

Ocorreu, então, o aumento do número de casos julgados, vez que, durante o primeiro ano da Comissão de Anistia houve muito trabalho ligado à análise, gerenciamento de documentos e a própria compreensão da nova estrutura da Comissão, o que leva tempo até se implementar efetivamente o desejado.

A perspectiva é que a Comissão de Anistia continue implementando o ritmo adotado em 2024 sob a ótica descrita.

Outra inovação trazida pela Comissão de Anistia foi introduzir, no Regimento Interno, o art. 16,[295] que rege o requerimento de anistia

[295] Art. 16. O requerimento de anistia política poderá ser coletivo, por meio de associações, entidades da sociedade civil e sindicatos representantes de trabalhadores, estudantes, camponeses, povos indígenas, população LGBTQIA+, comunidades quilombolas e outros segmentos, grupos ou movimentos sociais que foram atingidos, em decorrência de motivação exclusivamente política, por atos de exceção, institucionais ou complementares, conforme

política coletiva, e estabelecer o procedimento nos demais artigos, inovação que abre um leque de possibilidades.

Essa inovação avança para o campo da memória coletiva,[296] pois o que se busca com este pedido de anistia é a ação declaratória do Estado. A ditadura militar foi um processo que agrediu violentamente a sociedade brasileira. Grupos e minorias foram alvos da violência do Estado, assim, dirimir controvérsias e elucidar fatos com a decisão do Estado é um passo importante na construção deste campo político.

O primeiro julgamento coletivo realizado pela Comissão de Anistia ocorreu na 1ª sessão de Turma de 2024, no novo conselho da Comissão de Anistia. Os casos envolveram o Coletivo Missão Diplomática Chinesa e as comunidades indígenas Krenak e Guyraroká (também questionada em ACP pelo Ministério Público Federal).

Os requerimentos formulados foram julgados procedentes. O pedido de anistia coletivo foi concedido, o qual envolvia o pedido de desculpas pelo Estado brasileiro, com base no art. 30, §6º, do RICA.[297]

Já na política de memória, a CEMDP ainda não foi reinstituída e a previsão de verba orçamentária para o início dos trabalhos está estimada em R$500 mil.

Ao final, notou-se o empenho das instituições em reinstituir a política de memória e verdade, dar funcionamento à Comissão de Anistia e observar as recomendações do relatório da CNV, uma vez

---

disposto no art. 8º do Ato das Disposições Constitucionais Transitórias e nos arts. 1º e 2º da Lei nº 10.559, de 2002.

296 "Na descrição de todas essas dimensões, é possível perceber que um processo transicional vincula-se a uma concepção de justiça como reconhecimento, já que sua preocupação maior não é efetivar a distribuição de bens materiais e sociais, mas sim promover o aumento da integração social como forma de atingir a reconciliação. Mesmo a dimensão da reparação, que cumpriria um papel distributivo, tem o condão de valorizar as ações de resistência das vítimas do Estado. As dimensões proporcionam o acesso e a recuperação das três formas de reconhecimento: pelo afeto, pelo direito e pela comunidade de valores. A integração social passa, necessariamente, pela recuperação dos processos de reconhecimento que foram negados ao longo do período de arbitrariedades". (BAGGIO, Roberta Camineiro. Justiça de transição como reconhecimento: limites e possibilidades do processo brasileiro. *In*: SANTOS, Boaventura de Souza *et al.* (Org.). *Repressão e memória política no contexto ibero-brasileiro*: estudos sobre Brasil, Guatemala, Moçambique, Peru e Portugal. Brasília: Ministério da Justiça, Comissão de Anistia; Portugal: Universidade de Coimbra, Centro de Estudos Sociais, 2010. p. 271).

297 PORTARIA nº 177 de março de 2023. Art. 30. O voto do Relator será composto de relatório, fundamentação e conclusão. §6º. Em caso de deferimento da declaração de anistia política individual ou coletiva, a conclusão do voto deverá registrar o pedido de desculpas em nome do Estado brasileiro.

que as medidas jurídicas e políticas alteraram o sentido empregado a esta política ao menos nos últimos oito anos.

Novas janelas e perspectivas na Justiça de transição também têm avançado. O passo da responsabilização coletiva e das empresas é uma etapa em construção e com formulação encaminhada, bem como ações voltadas ao campo da memória.

CAPÍTULO 4

NOVAS PERSPECTIVAS E ARRANJOS NO CAMPO DA JUSTIÇA DE TRANSIÇÃO

4.1 Termo de Ajustamento de Conduta – Associação Henrich Plagge *vs.* Volkswagem

Trata-se de um instrumento de Termo de Ajustamento de Conduta – TAC[298] firmado entre o Ministério Público Federal, o Ministério Público do Trabalho, o Ministério Público Federal e a associação dos trabalhadores e trabalhadoras da Volkswagen do Brasil vitimados por perseguições políticas e ideológicas no período da ditadura civil-militar e a Volkswagen do Brasil.

Com os avanços das novas perspectivas do Relatório da CNV e no campo democrático, pela primeira vez no Brasil realizou-se um acordo com termo de doação entre uma empresa privada, mediante a tutela do Estado, destinado a um grupo específico de interessados.

Verifica-se, aqui, a busca pela reparação daqueles que colaboraram, direta ou indiretamente, com atos de restrição de direitos fundamentais. No caso da VW, foi promovido um estudo patrocinado pela

[298] "O Termo de Ajustamento de Conduta (TAC) é um instrumento regulamentado pela Instrução Normativa nº 4, de 21 de fevereiro de 2020, passível de ser celebrado pelos órgãos e entidades do Poder Executivo Federal, nos casos de infração disciplinar de menor potencial ofensivo, desde que atendidos os requisitos previstos no referido normativo. Por meio do TAC, o agente público interessado se responsabiliza pelo ressarcimento do dano causado e se compromete a observar os deveres e proibições previstos na legislação vigente". (BRASIL. Controladoria Geral da União. Corregedorias. *Termo de Ajustamento de Conduta TAC*. 05 dez. 2023. Disponível em: https://www.gov.br/corregedorias/pt-br/assuntos/perguntas-frequentes/termo-de-ajustamento-de-conduta-tac#:~:text=O%20Termo%20de%20Ajustamento%20de%20Conduta%20(TAC)%20%C3%A9%20um%20instrumento,ate"ndidos%20os%20requisitos%20previstos%20no. Acesso em 18 abr. 2024).

própria VW "A VW do Brasil durante a Ditadura Militar brasileira 1964-1985".[299]

Segundo o estudo, membros do PCB que trabalhavam na VW foram presos dentro do estabelecimento, sob a mira de metralhadoras, pelos agentes do DOPS:

> As suas expectativas seriam confirmadas pelas experiências dos militantes comunistas. Até 1971, construiu uma célula ilegal do partido com 32 membros com os profissionais técnicos e administrativos recém-recrutados. Relatório confidencial do DEOPS, 21.7.1971; ver relatório do SNI (Serviço Nacional de Informações) sobre a infiltração comunista dos sindicatos, 16.12.1971.
> [...]
> A célula ilegal na fábrica de São Bernardo do Campo fazia parte da organização regional do PCB na região metropolitana de São Paulo.[300]

O DNA da empresa também foi questionado em relação à inclusão dos nomes dos funcionários nas "listas sujas" ou "expedientes sigilosos" com investigações em virtude de participação política, filiação a sindicatos e/ou quaisquer outras organizações políticas até então consideradas passíveis de enquadramento em subversão.

O TAC foi firmado a partir dos Inquéritos Civis Públicos nº 1.34.001.006706/2015-26 (MPF), nº 14.725.00001417/2015-7 (MPSP) e nº 000878.2016.02.001/3 (MPT), além dos estudos[301] e documentos levantados.

---

299 KOPPER, Christopher. *A VW do Brasil durante a ditadura militar brasileira 1964-1985*: uma abordagem histórica. Bielefeld: For Corporate History Department of Volkswagen Aktiengesellschaft (Dieter Landenberger), 2017. p. 51. Disponível em: https://www.mpsp.mp.br/portal/pls/portal/!PORTAL.wwpob_page.show?_docname=2666876.PDF. Acesso em 8 abr. 2024.

300 KOPPER, Christopher. *A VW do Brasil durante a ditadura militar brasileira 1964-1985*: uma abordagem histórica. Bielefeld: For Corporate History Department of Volkswagen Aktiengesellschaft (Dieter Landenberger), 2017. p. 47. Disponível em: https://www.mpsp.mp.br/portal/pls/portal/!PORTAL.wwpob_page.show?_docname=2666876.PDF. Acesso em 8 abr. 2024.

301 Foi desenvolvido um relatório conjunto formulado pelo MPDF, MPT e MPSP sobre Direitos Humanos, empresas e a justiça de transição. O Papel da Volkswagen do Brasil na Repressão Política Durante a Ditadura Militar. (RELATÓRIO CONJUNTO. *Direitos Humanos, Empresas e Justiça de Transição*: o papel da Volkswagen do Brasil na repressão durante a ditadura militar. Out. 2029. Ministério Público Federal, Ministério Público do Trabalho, Ministério Público do Estado de São Paulo. Inquérito Civil nº 1.34.001.006706/2015-26 (MPF); Inquérito Civil nº 14.725.1417/2015-7 (MPSP); Inquérito Civil nº 000878.2016.02.001/3 (MPT). Disponível em: https://www.mpsp.mp.br/documents/portlet_file_entry/20122/2679806.pdf/55488978-129e-6f5d-5abf-50e4fb8824f5. Acesso em 8 abr. 2024).

Formou-se, assim, um movimento articulado com ex-trabalhadores(as) para levantar a documentação visando instaurar inquérito.[302] O procedimento teve apoio dos Ministérios Públicos e do Arquivo Público, de grupos de pesquisas, do sindicato e de advogados para a elaboração e o gerenciamento de toda a documentação.

A Volkswagem do Brasil assinou um termo de doação de R$36,3 milhões. Parte desse valor foi destinado às reparações individuais; outra parte, a diversas instituições voltadas à pesquisa do tema da ditadura, especialmente a participação das empresas em colaboração com o Estado brasileiro durante a ditadura militar.

A medida contempla duas esferas: individual e coletiva.

A primeira, individual, em termo firmado, estabelece em sua cláusula 1ª o destino de R$16.862.400,00 a serem distribuídos aos que se adequarem aos critérios estabelecidos e ao ingresso na habilitação, feito por edital e jornais de grande circulação à época.

Estabeleceu-se um procedimento para verificar os casos a serem realizados pela arbitragem. Portanto, juridicamente, para o pleito dos valores a serem destinados individualmente, caberia observar o procedimento da Lei de Arbitragem, constante, inclusive, do próprio instrumento e critérios específicos para adequação aos diferentes casos e especificidades.[303]

É possível a cumulação de critérios ou a concessão com base em um único critério. Assim, o valor das indenizações pode variar.

No âmbito da reparação coletiva, foram destinados: a) R$4.500.000,00 ao Fundo de Defesa de Direitos Difusos (FDD), nos termos da Lei nº 7.347/1985 e da Lei nº 9.008/1995; b) R$4.500.000,00 ao Fundo Especial de Despesa de Reparação de Interesses Difusos Lesados (FID), nos termos da Lei nº 7.347/1985, da Lei Estadual nº 6.536/1989 e da Lei Estadual nº 13.555/09; c) R$10.500.000,00 – por deliberação própria, promoverá doações a entidades que desenvolvam projetos de

---

[302] Em 4 de abril de 2024, foi lançado no Sindicato dos Metalúrgicos de São Bernardo do Campo livro sobre todo o processo do TAC em minúcia. (GONÇALVES, Rosana; (Org. e pesquisa); ESPÍRITO SANTO, Solange do; MONTE, Gonzaga do (Entrevistas, pesquisa e texto final). Ditadura, a cumplicidade da Volkswagen e a resistência dos trabalhadores. *Associação Heinrich Plagge*, [s.d.]. Disponível em: https://www.alamedaeditorial.com.br/livros-alameda/a-ditadura-a-cumplicidade-da-volkswagen-e-a-resistencia-dos-trabalhadores. Acesso em 08 abr. 2024).

[303] "Parágrafo segundo – A ASSOCIAÇÃO adotará o PROCEDIMENTO DE ARBITRAGEM para enquadramento dos interessados nos incisos da cláusula 3ª e determinação do valor devido a cada um dos beneficiados, conforme regras previstas neste termo".

promoção da memória e verdade em relação a violações aos direitos humanos ocorridas no Brasil durante a ditadura militar de 1964 a 1985, e para entidades qualificadas para a realização de estudos, pareceres e pesquisas relativas a esses mesmos objetos; R$6.000.000,00 para o Memorial da Luta por Justiça, iniciativa desenvolvida pela Ordem dos Advogados do Brasil, Secção São Paulo (OAB/SP), e pelo Núcleo de Preservação da Memória Política (NPMP); R$2.000.000,00 direcionados a atividades do Centro de Antropologia e Arqueologia Forense, para identificar ossadas da Vala de Perus; R$2.000.000,00 foram direcionados a pesquisas de universidades em relação ao tema.

Um dos projetos desenvolvido pela Unifesp ("Responsabilidade de empresas por violações de direitos durante a Ditadura") tem como objetivo promover um centro de estudos e investigações, além de elaborar relatórios sobre a participação de empresas, públicas e privadas, na colaboração com a ditadura (Fiat, Folha de S.Paulo, Petrobras, Companhia das Docas de Santos, Companhia Siderúrgica Nacional, Itaipu Binacional, Ultragaz e outras).[304]

A realização da TAC, no campo da pesquisa, foi um avanço significativo. Passou-se a uma nova etapa de responsabilização e novos horizontes sobre a compreensão do papel exercido especialmente pelas chefias de segurança que formavam um centro de comunicação com agentes do SNI, DOPS, Exército, PM e Aeronáutica.

O TAC, embora não esteja inserido na política de anistia, representa mais uma característica desta política multifacetada. Após tantos percalços e políticas desenvolvidas, esta demonstra a construção de um exemplo de sucesso de uma política de reparação com efeitos individuais e coletivos, vez que valores serão destinados a diversos segmentos, inclusive dando força propulsora para novas ações nos campos da verdade, justiça, memória e reparação de violação cometidas por empresas públicas e privadas durante a ditadura.

---

304 OHANA, Victor. Petrobras, Fiat e Folha são investigadas em pesquisas sobre colaboração com a ditadura. *Carta Capital*, 26 nov. 2021. Disponível em: https://www.cartacapital.com.br/sociedade/petrobras-fiat-e-folha-de-s-paulo-sao-investigadas-em-pesquisas-sobre-colaboracao-com-a-ditadura/. Acesso em 8 abr. 2024.

4.2 O primeiro julgamento coletivo na Comissão de Anistia

O primeiro julgamento coletivo realizado pela Comissão de Anistia ocorreu na primeira sessão de turma de 2024, no novo conselho da Comissão de Anistia. Os casos envolveram o Coletivo Missão Diplomática Chinesa e as comunidades indígenas Krenak e Guyraroká[305] (também questionada em ACP pelo Ministério Público Federal).

O julgamento coletivo "trata-se de uma medida inédita na temática da justiça de transição no Brasil e, quiçá, nas experiências dos demais países ao redor do mundo".[306] Os requerimentos formulados foram julgados procedentes e o pedido de desculpas por parte do Estado brasileiro foi concedido (art. 30, §6º do RICA).[307]

Além disso, foram realizadas recomendações pela Comissão de Anistiados, órgãos administrativos e Poderes àqueles que detêm competências em relação à matéria.[308] Abre-se, então, um campo inovador das atribuições da Comissão de Anistia na justiça de transição, envolvendo: (1) o direito à memória e à verdade; (2) as reformas institucionais; (3) as reparações simbólicas e financeiras; e (4) a responsabilização por atos praticados no período autoritário.

No campo do direito à memória e à verdade, os julgamentos coletivos possibilitam a análise dos casos por órgão especializado em violações de direitos humanos.

O requerimento coletivo permite restabelecer a identidade e possibilita situações históricas antes esquecidas ou deixadas à margem da história serem levadas à tona. Questões sensíveis e violações de direitos, tais quais no caso dos indígenas – lamentavelmente – ainda ocorrem, transformam-se em pauta de debate e inclusão social:

---

305 Povo Guyraroká (Processo SEI nº 08802.004523/2015-96).

306 ALMEIDA, Eneá de Sturz e; VIANA, Thiago Gomes; CARNEIRO, Maíra de Oliveira. Anistia política coletiva: reflexões sobre uma nova perspectiva da justiça de transição no Brasil. *In*: CONPEDI (Org.); SOUZA NETO, Cezar Cardoso de (Coord.); RAMOS, Paulo Roberto Barbosa; BEÇAK, Rubens. *Teorias da democracia, direitos políticos, movimentos sociais e filosofia do estado II* [*online*]. Florianópolis: CONPEDI, 2023. p. 187.

307 PORTARIA nº 177, de março de 2023. Art. 30. O voto do Relator será composto de relatório, fundamentação e conclusão. §6º. Em caso de deferimento da declaração de anistia política individual ou coletiva, a conclusão do voto deverá registrar o pedido de desculpas em nome do Estado brasileiro.

308 Os votos ainda não foram disponibilizados. Quando do acesso, faremos considerações sobre esta inovação na dissertação, especialmente, sobre a justificativa constitucional.

> A perseguição política a coletividades só veio a ser reconhecida anos depois, no relatório final da Comissão Nacional da Verdade (CNV), entretanto, sem dar a devida relevância, já que foram tratados em um volume à parte, por meio de textos, embora se possa reconhecer que, no contexto sociopolítico da época, tenha sido o possível. São sete textos reunidos no Volume II – Textos Temáticos do relatório, contemplados os seguintes segmentos: 1) militares; 2) trabalhadores; 3) camponeses; 4) religiosos cristãos; 5) povos indígenas; 6) comunidade universitária; 7) população LGBTQIA+.[309]

Abrem-se também inúmeras possibilidades em relação ao campo de pesquisa. Com a sensibilização para o tema, e fundamentado nas inúmeras recomendações da anistia, haverá, possivelmente, um núcleo responsável por acompanhar e coordenar os pedidos de informação e recomendações eventualmente aceitas e modificadas.

De certa forma, as recomendações atingem questões relacionadas às reformas institucionais, na medida em que, a partir das recomendações e das decisões proferidas, a forma pela qual se observam essas questões, seja nos órgãos administrativos ou nos Poderes, deverá ser considerada pelos outros Poderes em eventual matéria a ser reformada, conforme recomendação.

Os responsáveis também são apontados e a declaração do ocorrido proporciona a reparação simbólica. Já quanto à responsabilização, a situação ainda é tímida. Seja pela forma pela qual a transição foi conduzida até agora, ou pelas condições políticas para efetivar as medidas. Do ponto de vista jurídico, a discussão sobre a legalidade dos requerimentos e concessões de anistia política coletiva é nova.

Não há previsão literal do texto constitucional ou de lei federal dispondo sobre esta modalidade. A medida foi implementada por meio do novo regimento interno da Comissão de Anistia (Portaria nº 177, de 22 de março de 2023), com base no art. 16:

> Art. 16 – O requerimento de anistia política poderá ser coletivo, por meio de associações, entidades da sociedade civil e sindicatos representantes de trabalhadores, estudantes, camponeses, povos indígenas,

[309] ALMEIDA, Eneá de Sturz e; VIANA, Thiago Gomes; CARNEIRO, Maíra de Oliveira. Anistia política coletiva: reflexões sobre uma nova perspectiva da justiça de transição no Brasil. *In*: CONPEDI (Org.); SOUZA NETO, Cezar Cardoso de (Coord.); RAMOS, Paulo Roberto Barbosa; BEÇAK, Rubens. *Teorias da democracia, direitos políticos, movimentos sociais e filosofia do estado II* [*online*]. Florianópolis: CONPEDI, 2023. p. 173-194.

> população LGBTQIA+, comunidades quilombolas e outros segmentos, grupos ou movimentos sociais que foram atingidos, em decorrência de motivação exclusivamente política, por atos de exceção, institucionais ou complementares, conforme disposto no art. 8º do Ato das Disposições Constitucionais Transitórias e nos arts. 1º e 2º da Lei nº 10.559, de 2002.
> §1º As associações, entidades da sociedade civil e sindicatos devem preencher os seguintes critérios para requerer o reconhecimento de anistia política coletiva: I – possuir, no mínimo, 2 (dois) anos de existência, com cadastro ativo, comprovados por meio de documentação emitida pela Secretaria da Receita Federal do Brasil, com base no Cadastro Nacional da Pessoa Jurídica – CNPJ; II – comprovar atuação na defesa dos direitos humanos, em especial relacionados à temática da justiça de transição, de trabalhadores, camponeses, povos indígenas, população LGBTQIA+, comunidades quilombolas e outros segmentos, grupos ou movimentos sociais, conforme disposto no §2º, no âmbito nacional, estadual ou municipal; III – não possuir fins lucrativos.
> §2º No requerimento coletivo, o Conselho somente poderá aprovar a declaração de anistia política coletiva, conforme inciso I do art. 1º da Lei nº 10.559, de 2002, e emitir recomendações a qualquer outro Ministério ou órgão público, sem a atribuição dos efeitos dos incisos II a V do art. 1º da Lei nº 10.559, de 2002. §3º O requerimento coletivo de anistia política não implica na concessão de anistia individual, para a qual se faz necessário requerimento individual e análise específica, pela Comissão, da ocorrência de alguma das hipóteses do art. 2º da Lei nº 10.559, de 2002.

Observa-se que, na hermenêutica, conforme esclarece Carlos Maximiliano, "dá-se valor a todos os vocábulos e, principalmente, a todas as frases, para achar o verdadeiro sentido de um texto". É certo que "nenhuma parte resulte inoperativa ou supérflua, nula ou sem significação alguma".[310]

Se o texto constitucional não previu expressamente a possibilidade de concessão de anistia política coletiva, há de se perquirir: I) se o constituinte não o colocou expressamente de forma intencional; II) se dados os elementos quando elaborada a CF/1988, não era possível prever a possibilidade; ou, III) se deixou de dizer propositalmente com a finalidade de permitir a atualização ao texto constitucional por força do poder constituinte derivado.

---

[310] MAXIMILIANO, Carlos. *Hermenêutica e aplicação do direito*. 20. ed. Rio de Janeiro: Forense, 2011. p. 204.

Trata-se de questão que ainda precisa ser analisada e compreendida ao longo de seu desenvolvimento. Fato é que existem grupos ou coletivos alvo de restrições de direitos fundamentais. A esses grupos, inicialmente, caberia apenas a concessão do pedido de desculpas em nome do Estado brasileiro e eventuais recomendações a outros órgãos, ministérios e Poderes, sobre as situações de sensíveis restrições de direitos. A reparação econômica, a esse estágio, ainda não é concedida.

Trata-se de um novo vetor de interpretação da política de anistia. Ao que tudo indica, um olhar para o futuro, com políticas de memória e transição adequadas, além dos devidos reconhecimentos das peculiaridades a que cada grupo foi submetido no período da ditadura militar.

Durante a gestão de Jair Bolsonaro, a Comissão de Anistia havia se manifestado por meio do voto do Conselheiro Relator Aécio de Souza Melo Filho (Parecer nº 16/2022/SEI/DSCA/CSF/CGGA/CA/MMFDH), que entendeu a inconstitucionalidade da anistia política vez que o regime contempla apenas pessoas físicas, dando interpretação taxativa e restritiva à Lei.[311]

A medida, segundo Eneá de Stutz Almeida,[312] teria respaldo legal com base nas questões discutidas, por exemplo, elementos como a identidade cultural ou outros aspectos envolvendo direitos difusos coletivos, conforme analisados pelo Conselho.

Existem, ainda, inúmeras ações ajuizadas pelo Ministério Público Federal em relação às questões envolvendo anistia e violação de direitos humanos. No caso do povo *Guyraroká*, já tramitava uma ACP sobre o tema.

A seleção de casos de anistia política coletiva deverá ser cuidadosa e criteriosa. Abre-se um precedente muito importante no campo da justiça de transição e reconhecimento. Por outro lado, é de se preocupar que – a partir das técnicas empenhadas até então pelos antigos governos – esse tipo de reconhecimento do Estado brasileiro possa ser também alvo de deturpações de seu sentido para atender a fins pessoais e a políticas de governo.

---

311 BRASIL. Portaria nº 1.061, de 6 de junho de 2022 – MMFDH (Diário Oficial da União de 13 de junho de 2022).

312 ALMEIDA, Eneá de Sturz e; VIANA, Thiago Gomes; CARNEIRO, Maíra de Oliveira. Anistia política coletiva: reflexões sobre uma nova perspectiva da justiça de transição no Brasil. *In*: CONPEDI (Org.); SOUZA NETO, Cezar Cardoso de (Coord.); RAMOS, Paulo Roberto Barbosa; BEÇAK, Rubens. *Teorias da democracia, direitos políticos, movimentos sociais e filosofia do estado II* [*online*]. Florianópolis: CONPEDI, 2023. p. 173-194.

CONCLUSÃO

Ultrapassados 60 anos do Golpe Militar de 1964 e 35 anos da promulgação da CF/1988, os temas ditadura militar, transição política e anistia ainda são relevantes e permeiam o debate público. O debate sobre a anistia política exigiu uma análise dos fatores e dos arranjos políticos que culminaram na implementação do Estado de Exceção e do ordenamento jurídico como instrumento ou mecanismo de política de governo, resultando em restrições de direitos e liberdades individuais.

Sob a perspectiva do neoinstitucionalismo foram trazidos atores, normas, processos, arranjos, funções, tensões e conflitos de Poder estabelecidos desde o "pré-golpe" às mais severas investidas e supressão integral da Constituição brasileira de 1967, até a entrada em vigor do primeiro marco da anistia política de 1979.

Durante o regime militar, o SNI exercia um papel fundamental de monitoramento e identificação dos mais diversos setores da sociedade, utilizando-a como mecanismo de controle e poder, chancelado pela legislação de exceção em vigor à época e com o apoio de diversas instituições e órgãos públicos no Brasil. Havia, assim, um Poder não passível de controle e com todos os instrumentos para mantê-lo. A supressão do direito vigente desencadeou uma série de movimentos políticos ao redor do país, abarcando as mais diversas correntes políticas.

Diante dos conflitos que permeavam a sociedade brasileira, o primeiro passo foi dado com a elaboração da Lei de Anistia de 1979, em um processo da anistia política com uma forma de transição *lenta, gradual e segura.* Esse processo mostrou-se presente, fragmentando a oposição ao regime. Além disso, não foi resolvido com as disposições da Emenda de Convocação para a Assembleia Constituinte (EC nº 26/1985) e a promulgação da CF/1988.

No Brasil, foi implementada a anistia recíproca, e aqueles que praticaram crimes contra a humanidade não foram punidos. Todavia, o processo de implementação da anistia política, insculpida no art. 8º do ADCT, abrira outra janela para novos flancos voltados ao desenvolvimento de investigações, criação de comissões de Estado para investigar crimes por meio de procedimento próprio e regime jurídico específico tratando a matéria.

Ao longo do livro notou-se que os pilares da justiça de transição – (1) o direito à memória e à verdade; (2) as reformas institucionais; (3) as reparações simbólicas e financeiras; e (4) a responsabilização por atos praticados no período autoritário – estiveram presentes, em conjunto ou isoladamente.

Em relação ao direito à memória e à verdade, inúmeras foram as comissões de investigação dos crimes cometidos pela ditadura militar nas esferas municipal, estadual e federal, em especial, a aprovação e a criação do relatório da Comissão Nacional da Verdade, que exerce(eu) papel fundamental na elucidação dos mais diversos campos, aspectos e áreas afetadas pelo regime militar.

Outra medida foi a organização e a gestão do acervo documental que continha provas essenciais, esforço este transmitido na criação de arquivos públicos estaduais e do Arquivo Público Nacional. Soma-se, ainda, a garantia de acesso à comissão para submeter a elucidação e, se for o caso, o reconhecimento dos fatos com a concessão da condição de anistiado.

Já nas reformas institucionais, a CF/1988 atribuiu uma nova lógica de interpretação constitucional. Com isso, o processo de amadurecimento e de permeabilidade do novo Texto Constitucional e de seu sentido levaram tempo até serem acolhidos.

A anistia política foi alvo de decisão pelo pleno do STF na ADPF nº 153, de Relatoria do Ministro Eros Grau. Por maioria de votos (7 x 2), a Corte reconheceu a recepção da Lei de Anistia de 1979 ao Texto Constitucional de 1988. Ainda que presente a controvérsia da excludente de punibilidade dos "crimes conexos" e da "autoanistia", deveria prevalecer o entendimento consignado pelos acordos e pelas decisões políticas formuladas pelo processo desta política, além da própria vontade do Poder Constituinte.

O Poder Judiciário ainda discute questões de anistia política, como sua validade, concessão, equiparação de salários e outras ações as quais, por ser inviável sua obtenção por via administrativa, é acionado a decidir. Controvérsias como a imprescritibilidade do tema e a extensão da obtenção das indenizações previstas na Lei nº 10.559/2002 e no art. 8º do ADCT, ainda que previstos expressamente, encontram óbice, sendo comum se chegar a decisões formalistas ou lastreadas de cunho econômico, com vistas a evitar a concessão do direito.

Ressalta-se, também, que o Poder Judiciário, especialmente a Justiça Federal, tem dado abertura e proferido entendimentos favoráveis à concessão de direitos previstos em Lei, fora o papel de reconhecimento institucional do Estado brasileiro dos fatos ocorridos, corroborando paralelamente com a memória e a verdade.

Há também um avanço em decisões prolatadas pela Justiça Federal do Tribunal Regional Federal da 3ª Região responsabilizando civilmente agentes da ditadura e condenando ao pagamento de indenizações a familiares.

Outras alterações legislativas, a exemplo da diferenciação do regime de previdência com o regime jurídico da anistia política, propiciaram uma importante solução no campo previdenciário, o que fora implementado durante o governo de Fernando Collor de Mello. O PNDH-3, por exemplo, representou uma medida importante na identificação de ações específicas para se alterar resquícios de legislação editada à época da ditadura, que fossem incompatíveis com a Constituição.

Outro fator relevante foi a instauração de um procedimento administrativo vinculado ao Ministério da Justiça, que deu efetividade à implementação da Lei nº 10.559/2002, ampliando e garantindo o seu acesso a milhares de brasileiros.

No campo das reparações simbólicas e financeiras, a Lei nº 10.559/2002, a Lei de Mortos e Desaparecidos e outras leis estaduais propiciaram reparações às vítimas. A questão é como, de fato, isso ocorreu. Notou-se que cada governo adotou um tom em relação a esta política. Muitas indenizações não foram concedidas, em especial pela questão orçamentária e de afetação dos cofres públicos com despesas mensais correntes, inclusive para os dependentes.

A Lei nº 10.559/2002, em seu art. 16, definiu expressamente que os direitos conferidos nesta lei não excluem outros direitos abarcados por outras normas legais, vedado benefício ou indenização sob o mesmo fundamento. Este dispositivo permite, assim como ocorreu no processo de construção da anistia política, notar que outras formas de responsabilização – ainda pouco conhecidas ou que venham a constituir fatos novos – pelos atos praticados, sejam eles pelo Estado ou por privados em conluio, merecem apuração e, eventualmente, responsabilização.

A responsabilização pelos atos não é só representada pelo reconhecimento do próprio Estado. As investigações e relatórios também são subsídios para responsabilizar os agentes.

Em 2024 foram adotadas novas perspectivas de responsabilização com o julgamento de anistias coletivas e o TAC firmado com uma empresa privada. Novos cenários e perspectivas de responsabilização mostram-se possíveis, inclusive, com destinação de verbas a universidades para desenvolvimento de estudos sobre a responsabilidade das empresas na ditadura, construindo, assim, uma outra faceta do direito à verdade e à memória.

A responsabilização criminal e civil dos agentes, de forma individual, é um dos pontos mais sensíveis deste tema, posto que a ideia de justiça é distorcida a partir da impunidade.

O processo político de transição do Brasil demonstrou que, em que pese tratar-se de ato de disposição transitória, deveria haver um momento para se encerrar essa questão no plano institucional.

Por outro lado, nota-se que a política criada ainda sob a ordem de exceção apresenta uma capacidade intergeracional de comunicação com problemas públicos. Também é perceptível a adaptação do uso desta política a depender do impulso político que lhe é dado.

No último ano do governo de Dilma Rousseff, já sob a crise instalada, a política de anistia começou a decair.

Com Michel Temer, deu-se início a uma nova tendência de julgamentos, com nova roupagem, tanto relativo à composição quanto sob o aspecto jurídico, iniciando o período de indeferimento e desmonte geral.

No governo Jair Bolsonaro, os dados e números apresentados demonstraram as vertiginosas alterações e indeferimentos de anistias em massa. Todo o esforço político e jurídico fora empenhado para o desmonte da política de memória.

Com Luiz Inácio Lula da Silva, a Comissão de Anistia retomou seus trabalhos, reestabelecendo práticas adotadas antes do período de Michel Temer. Com orçamento reduzido, a Comissão estabeleceu procedimentos para dar maior efetividade e julgar o maior número possível de casos.

Ainda que haja proteção constitucional sobre a matéria, alterações procedimentais são capazes de modificar profundamente o funcionamento e o real sentido que se atribui a esta política. Ao longo dos anos, houve um esforço político e um real desenvolvimento do tema no Brasil, conforme demonstrado. O tempo também reflete o processo político no qual se desenvolveu a luta pelo texto da anistia, marcado por idas e vindas em concessões e regressos.

Inacabado pode ser entendido como incompleto, parcial, que não foi terminado. Assim é a anistia política no Brasil. Ainda há um longo caminho a ser percorrido. Fato é que a retomada do poder de ação do Estado em propiciar meios adequados de acesso e incentivos no campo da política de memória são essenciais para a continuidade e a consolidação deste processo político.

REFERÊNCIAS

ABRÃO, Paulo; TORELLY, Marcelo D. O programa de reparações como eixo estruturante da Justiça de Transição no Brasil. *In*: GUI, Felix (Org.). *Justiça de transição – Manual para a América Latina*. Brasília/Nova Iorque: Ministério da Justiça/ICTJ, 2011.

ABRÃO, Paulo *et al*. A justiça de transição no Brasil: o papel da Comissão de Anistia do Ministério da Justiça. *In*: *Revista Anistia Política e Justiça de Transição*, Brasília: Ministério da Justiça, n. 1, p. 12-21, jan./jun. 2009.

ABRUCIO, Luiz Fernando; PEDROTI, Paula; PÓ, Marcos Vinicius. A formação da burocracia brasileira: a trajetória e o significado das reformas administrativas. *In*: LOUREIRO, Maria Rita; MARTES, Ana Cristina Braga; OLIVIERI, Cecília. *Burocratas, partidos e grupos de interesse*: o debate sobre política e burocracia no Brasil. Burocracia e política no Brasil. Desafios para o Estado democrático no século XXI. São Paulo: FGV, 2010.

ACERVO, Rio de Janeiro, v. 21, n. 2, p. 29-42, jul./dez. 2008.

AGAMBEN, Giorgio. *Estado de exceção*. Tradução de Iraci D. Poleti. São Paulo: Boitempo, 2004.

AGRESTI, Alan; FINLAY, Barbara. *Métodos estatísticos para as ciências sociais*. Porto Alegre: Penso, 2012.

ALMEIDA, Debora Rezende de. Resiliência institucional: para onde vai a participação nos Conselhos Nacionais de Saúde e dos Direitos da Mulher? *Caderno CrH*, Salvador, v. 33, 2020.

ALMEIDA, Eneá de Stutz. *A transição brasileira*: memória, verdade, reparação e justiça (1979-2021). Salvador: Editora UnB, 2022.

ALMEIDA, Wellington Lourenço de. *Direitos humanos no Brasil (1988-1998)*: um desafio à consolidação democrática. Tese (Doutorado). Faculdade de Filosofia, Letras e Ciências Humanas, Universidade de São Paulo (USP), São Paulo, 2002.

ALMEIDA, Eneá de Sturz e; VIANA, Thiago Gomes; CARNEIRO, Maíra de Oliveira. Anistia política coletiva: reflexões sobre uma nova perspectiva da justiça de transição no Brasil. *In*: CONPEDI (Org.); SOUZA NETO, Cezar Cardoso de (Coord.); RAMOS, Paulo Roberto Barbosa; BEÇAK, Rubens. *Teorias da democracia, direitos políticos, movimentos sociais e filosofia do estado II* [*online*]. Florianópolis: CONPEDI, 2023.

ALVES, Glenda Gathe. Os sentidos da anistia brasileira e a virada hermenêutica da Comissão de Anistia. *In*: GALLO, Carlos Artur (Org.). *Anistia*: quarenta anos, uma luta, múltiplos significados. Rio de Janeiro: Gramma, 2019.

AMADO, Guilherme. Damares vai negar pedidos de Lula e Dilma na Comissão da Anistia: "Dedinho não é perseguição política". Época, [s.d.]. Disponível em: https://oglobo.globo.com/epoca/guilherme-amado/damares-vai-negar-pedidos-de-lula-dilma-na-comissao-da-anistia-dedinho-nao-perseguicao-politica-23415638. Acesso em 14 dez. 2022.

AMORIM, Bianca Rihan Pinheiro. *Nas entrelinhas da distensão*: a construção de memórias no arquivo pessoal de Ernesto Geisel. Dissertação (Mestrado em História), Universidade Federal Fluminense (UFF), Instituto de Ciências Humanas e Filosofia, Programa de Pós-Graduação em História, Niterói, 2014.

ARANTES, Maria Auxiliadora de Almeida Cunha. O Comitê Brasileiro pela Anistia de São Paulo (CBA-SP): memória e fragmentos. *In*: SILVA, Haike Roselane Kleber da. *A luta pela anistia*. São Paulo: Unesp, 2009.

ARANTES, Maria Auxiliadora de Almeida Cunha. O Comitê Brasileiro pela Anistia de São Paulo (CBA-SP): memória e fragmentos. *In*: SILVA, Haike R. Kleber da (Org.). *A luta pela anistia*. São Paulo: Unesp/Arquivo Público do Estado de São Paulo: Imprensa Oficial do Estado de São Paulo, 2009.

ARAÚJO, Gustavo Pinto de. Contra-revolução permanente e manutenção da condição dependente no Brasil. *Em Debate*, Florianópolis, n. 6, p. 171-193, jul./dez. 2011.

ARAUJO, Maria Paula Nascimento; VELLOSO, Gabriela de Moraes. *Justiça de transição*: memória, verdade e reconciliação. Rio de Janeiro: FGV, 2015.

ASSUMPÇÃO, San Romanelli. Comissões da verdade e justiça de transição: problemas de fundações morais deliberativas para se pensar graves violações de direitos humanos massivamente praticadas. *Estudos Ibero-Americanos*, v. 45, n. 3, p. 39-50, 2019.

BABOIN, José Carlos de Carvalho. *O tratamento jurisprudencial da greve política no Brasil*. Dissertação (Mestrado em Direito). Universidade de São Paulo (USP), São Paulo, 2013.

BAGGIO, Roberta Camineiro. Justiça de transição como reconhecimento: limites e possibilidades do processo brasileiro. *In*: SANTOS, Boaventura de Souza *et al.* (Org.). *Repressão e memória política no contexto ibero-brasileiro*: estudos sobre Brasil, Guatemala, Moçambique, Peru e Portugal. Brasília: Ministério da Justiça, Comissão de Anistia; Portugal: Universidade de Coimbra, Centro de Estudos Sociais, 2010.

BAGGIO, Roberta Camineiro. Por que reparar? A Comissão de Anistia e as estratégias de potencialização do uso público da razão na construção de uma dimensão político-moral das reparações no Brasil. *In*: SOUSA JÚNIOR, José Geraldo de *et al.* (Org.). *O direito achado na rua*: introdução crítica à justiça de transição na América Latina. Brasília: UnB, 2015.

BARBOSA, Leonardo Augusto de Andrade. *Mudança constitucional, autoritarismo e democracia no Brasil pós-1964*. Tese (Doutorado em Direito), Universidade de Brasília (UNB), Brasília, 2009.

BARRETO, Anna Flávia Arruda Lanna. *Mulheres e anistia*: entre bandeiras e fuzis. Anais do XIII encontro Regional de História. Disponível em: https://www2.ufjf.br/clioedel/wp-content/uploads/sites/75/2009/10/COD02003.pdf. Acesso em 05 mai. 2024.

BARROS, Antônio Teixeira. O debate parlamentar sobre a Comissão Nacional da verdade no Congresso Nacional Brasileiro. *Revista Brasileira de Ciências Sociais*, v. 35, n. 104, 2020.

BARROSO, Luís Roberto. A razão sem voto: o Supremo Tribunal Federal e o governo da maioria. *Revista Brasileira de Políticas Públicas*, Brasília, v. 5, n. especial, p. 23-50, 2015.

BARROSO, Luís Roberto. *O direito constitucional e a efetividade de suas normas*. 2. ed. Rio de Janeiro: Renovar, 1993.

BARROSO, Luís Roberto. Vinte anos da Constituição brasileira de 1988: o Estado a que chegamos. *Revista de Direito do Estado*, n. 10, p. 25-66, abr./jun. 2008.

BASSIOUNI, Mahmoud. Cherif. International crimes: jus cogens and obligations *erga omnes*. *In*: *International Criminal Law Practitioner Library*, v. 1: forms of responsibility in international criminal law. 2. ed. Oxford: Oxford University Press, 2014.

BASTOS, Celso Seixas Ribeiro. Anistia. *Dicionário de Ciências Sociais*. 2. ed. Rio de Janeiro: FGV, 1987. v. 1.

BASTOS, Lucia Elena Arantes Ferreira. *Anistia*: as leis internacionais e o caso brasileiro. Curitiba: Juruá, 2009.

BASTOS, Lúcia Helena Arantes Ferreira. As leis de anistia face ao direito internacional e à justiça de transicional. *In*: SOARES, Virgínia Prado; KISHI, Sandra Akemi Shimada (Coord.). *Memória e verdade*: a justiça de transição no Estado Democrático de Direito brasileiro. Belo Horizonte: Fórum, 2009.

BATISTA, Nilo. Nota introdutória. *In*: SWENSSON JUNIOR, Lauro Joppert *et al.* (Org.). *Justiça de transição no Brasil*: direito, responsabilização e verdade. São Paulo: Saraiva, 2010.

BATISTA, Nilo. *Temas de direito penal*. Rio de Janeiro: Liber Juris, 1984.

BAUER, Michael; KNILL, Christoph. A conceptual framework for the comparative analysis of policy change: measurement, explanation and strategies of policy dismantling. *Journal of Comparative Policy Analysis*: Research and Practice, v. 16, n. 1, p. 28-44, 2014.

BAUER, Michael *et al.* (Ed.). *Dismantling public policy*: preferences, strategies and effects. Oxford: Oxford University Press, 2012.

BENITES, Afonso. Governo quer fim da Comissão de Anistia em 2022 e nega 90% dos pedidos de reconhecimento de anistiados. *El País*, 10 abr. 2021. Disponível em: https://brasil.elpais.com/brasil/2021-04-10/governo-quer-fim-da-comissao-de-anistia-em-2022-e-nega-90-dos-pedidos-de-reconhecimento-de-anistiados.html. Acesso em 18 abr. 2024.

BERNARDO, Rosangela Souza; MORAES, Filomenno. Interpretação do Supremo Tribunal Federal para as anistias políticas concedidas ao longo do período republicano brasileiro. *Seqüência*, Florianópolis, n. 81, p. 77-104, abr. 2019.

BERTOLIN, Patrícia Tuma Martins; KUSSI, Nicoly. As leis de anistia nos órgãos interamericanos de direitos humanos e a justiça de transição nos Estados Brasileiro e Argentino. *Revista Direito e Práxis*, [S. l.], v. 15, n. 1, p. 1-26, 2022. Disponível em: https://www.e-publicacoes.uerj.br/revistaceaju/article/view/66256. Acesso em 26 mar. 2024.

BINENBOJM, Gustavo. Liberdade igual: o que é e por que importa. Rio de Janeiro: História Real, 2020.

BITENCOURT, Cezar Roberto. *Tratado de direito penal*: parte geral. 13. ed. São Paulo: Saraiva, 2008. v. 1.

BITENCOURT, Cezar Roberto. *Tratado de direito penal*: parte geral. 21. ed. São Paulo: Saraiva, 2017.

BOBBIO, Norberto. *Thomas Hobbes*. Tradução de Carlos Nelson Coutinho. Rio de Janeiro: Campus, 1991.

BOBBIO, Norberto. *O futuro da democracia*. Do original: Il futuro della democrazia? Tradução de Marco Aurélio Nogueira. Rio de Janeiro: Paz e Terra, 1986.

BOBBIO, Norberto. *Teoria geral da política*: a filosofia política e as lições dos clássicos. Do original: Teoria generalle dela politica. Tradução de Daniella Beccaccia Versiane. Rio de Janeiro: Elsevier, 2000.

BONAVIDES, Paulo; ANDRADE, Paes de. *História constitucional do Brasil*. 3. ed. São Paulo: Paz e Terra, 1991.

BRANDÃO, Silvia. Da ditadura ao tempo presente: as máquinas de memória e seus efeitos contemporâneos. *In*: TELES, Edson; QUINALHA, Renan. *Espectros da ditadura*: da Comissão da verdade ao bolsonarismo. São Paulo: Autonomia Literária, 2020.

BRASIL, 29 jun. 1979. Presidência da República. *Mensagem nº 191/1979*, de 27 de junho de 1979.

BRASIL. Câmara dos Deputados. *Uma lei em desmonte*: especialistas e vítimas da ditadura avaliam situação da Lei da Anistia. Comissão de Legislação Participativa. 24 mai. 2022. Disponível em: https://www2.camara.leg.br/atividade-legislativa/comissoes/comissoes-permanentes/clp/noticias/uma-lei-em-desmonte-especialistas-e-vitimas-da-ditadura-avaliam-situacao-da-lei-da-anistia. Acesso em 16 dez. 2022.

BRASIL. Câmara dos Deputados. Comissão de Direitos Humanos, Minorias e Igualdade Racial. *Presidente da CDHM questiona extinção da Comissão Especial de mortos e desaparecidos políticos*. 12 dez. 2022. Disponível em: https://www2.camara.leg.br/atividade-legislativa/comissoes/comissoes-permanentes/cdhm/noticias/presidente-da-cdhm-questiona-extincao-da-comissao-especial-de-mortos-e-desaparecidos-politicos. Acesso em 18 abr. 2024.

BRASIL. *Comissão Nacional da Verdade*. Brasília: CNV, 2014. v. 2.

BRASIL. Comissão Nacional da Verdade. *Relatório*: textos temáticos. Brasília: CNV, 2014. v. 2.

BRASIL. Comissão Nacional da Verdade. *Relatório final*. Brasília, DF: CNV, 2014. Disponível em: http://www.cnv.gov.br/. Acesso em 11 mar. 2023.

BRASIL. Conselho de Segurança Nacional. Planejamento de Segurança Interna, de 29 de outubro de 1970g. Brasília, DF: *Conselho de Segurança Nacional*, 29 out. 1970. Disponível em: http://imagem.sian.an.gov.br/br_dfanbsb_n8/0/agr/avu/0013/br_dfanbsb_n8_0_agr_avu_0013 _d0001de0001.pdf. Acesso em 18 mai. 2024.

BRASIL. Controladoria Geral da União. Corregedorias. *Termo de Ajustamento de Conduta TAC*. 05 dez. 2023. Disponível em: https://www.gov.br/corregedorias/pt-br/assuntos/perguntas-frequentes/termo-de-ajustamento-de-conduta-tac#:~:text=O%20Termo%20de%20Ajustamento%20de%20Conduta%20(TAC)%20%C3%A9%20um%20instrumento,ate"ndidos%20os%20requisitos%20previstos%20no. Acesso em 18 abr. 2024.

BRASIL. Lei nº 10.559, de 13 de novembro de 2002. Regulamenta o art. 8º do Ato das Disposições Constitucionais Transitórias e dá outras providências. *Diário Oficial da União*, Brasília, DF: Presidência da República, 2002.

BRASIL. Lei nº 6.683, de 28 de agosto de 1979. Concede anistia e dá outras providências. *Diário Oficial da União*, Brasília, DF: Presidência da República, 1979.

BRASIL. Ministério da Gestão e da Inovação em Serviços Públicos. *Arquivo Nacional. Memórias Reveladas. Institucional*. 28 mar. 2022. Disponível em: https://www.gov.br/memoriasreveladas/pt-br/acesso-a-informacao/institucional/institucional. Acesso em 31 mar. 2024.

BRASIL. Ministério dos Direitos Humanos e da Cidadania. *Acervos*. Disponível em: https://www.gov.br/mdh/pt-br/navegue-por-temas/comissao-de-anistia/acervos. Acesso em 18 abr. 2024.

BRASIL. Ministério dos Direitos Humanos e da Cidadania. *Ministra Damares anuncia mudanças na Comissão de Anistia durante evento em Brasília*. 27 mar. 2019. Disponível em: https://www.gov.br/mdh/pt-br/assuntos/noticias/2019/marco/ministra-damares-anuncia-mudancas-na-comissao-de-anistia-durante-evento-em-brasilia. Acesso em 01 abr. 2024.

BRASIL. Ministério dos Direitos Humanos e da Cidadania. *Comissão de Anistia realiza primeiros julgamentos de reparação coletiva da história do Brasil*: acompanhe ao vivo. 02 abr. 2024. Disponível em: https://www.gov.br/mdh/pt-br/assuntos/noticias/2024/abril/comissao-de-anistia-realiza-primeiros-julgamentos-de-reparacao-coletiva-da-historia-do-brasil. Acesso em 5 abr. 2024.

BRASIL. Ministério dos Direitos Humanos e da Cidadania. Portaria nº 177, de 22 de março de 2023. *Aprova o Regimento Interno da Comissão de Anistia*. Brasília, DF: Presidência da República, 2023.

BRASIL. Ministério dos Direitos Humanos e da Cidadania. Decreto de 31 de julho de 2019. Promulga o Acordo de Cooperação Educacional entre o Governo da República Federativa do Brasil e o Governo da República Democrática Federal da Etiópia, firmado em Adis Abeba, em 24 de maio de 2013.

BRASIL. Ministério dos Direitos Humanos e da Cidadania. Portaria nº 3.136, de 26 de dezembro de 2019. Aprova o Regimento Interno do Ministério da Mulher, da Família e dos Direitos Humanos.

BRASIL. Ministério dos Direitos Humanos e da Cidadania. Portaria nº 376, de 27 de março de 2019. Aprova o Regimento Interno da Comissão de Anistia.

BRASIL. Ministério da Mulher, da Família e dos Direitos Humanos/Comissão Especial sobre Mortos e Desaparecidos Políticos. Resolução nº 4, de 14 de janeiro de 2020. Aprova o Regimento Interno da Comissão Especial sobre Mortos e Desaparecidos Políticos. *Diário Oficial da União*, ed. 11, seção 1, p. 46, 16.01.2020.

BRASIL. Medida Provisória nº 870, de 01 de janeiro de 2019. Estabelece a organização básica dos órgãos da Presidência da República e dos Ministérios.

BRASIL. Secretaria Especial de Direitos Humanos. Presidência da República. *Ofício nº 188/2008 – AS/SDH/PR*. Brasília/DF, 13 nov. 2008. Nota técnica.

BRASIL. *Relatório Anual da Comissão de Anistia*. Brasília: Ministério da Justiça, 2014. Disponível em: https://www.gov.br/mdh/pt-br/navegue-por-temas/comissao-de-anistia/anexos/anistia-2014-final-reduzido.pdf. Acesso em 13 mar. 2023.

BRASIL. Secretaria Especial de Direitos Humanos da Presidência da República. *Programa Nacional de Direitos Humanos (PNDH-3)*. Brasília: SDH/PR, 2010.

BRASIL DE FATO. *Pesquisadores revelam como empresas violaram direitos durante a ditadura no Brasil*. Disponível em: https://www.brasildefato.com.br/2023/05/31/pesquisadores-revelam-como-empresas-violaram-direitos-durante-a-ditadura-no-brasil. Acesso em 18 abr. 2024.

BRITO, Alexandra Barahona de. "Justiça transicional" em Câmara Lenta: o caso do Brasil. *In*: PINTO, António Costa; MARTINHO, Francisco Carlos Palomanes (Org.). *O passado que não passa*: a sombra das ditaduras na Europa do Sul e na América Latina. Rio de Janeiro: Civilização Brasileira, 2013.

BUCCI, Maria Paula Dallari. A Teoria do Estado entre o jurídico e o político. *In*: BUCCI, Maria Paula Dallari; GASPARDO, Murilo (Org.). *Teoria do Estado*: sentidos contemporâneos. São Paulo: Saraiva, 2018.

BUCCI, Maria Paula Dallari. A questão da unidade nas relações entre o jurídico e o político: do reformismo do Estado Social à renovação da Teoria do Estado. *Revista Estudos Institucionais*, [S. l.], v. 7, n. 3, p. 908-933, 2021. Disponível em: https://www.estudosinstitucionais.com/REI/article/view/686. Acesso em 29 mar. 2024.

BUCCI, Maria Paula Dallari. A abordagem direito e políticas públicas no Brasil: quadros analíticos. *Revista Campo de Públicas: conexões e experiências, FJP – Escola de Governo*, v. 2, n. 1, p. 91-125, 2023.

BUCCI, Maria Paula Dallari. *Fundamentos para uma teoria jurídica das políticas públicas*. São Paulo: Saraiva, 2013.

BUCCI, Maria Paula Dallari; COUTINHO, Diogo Rosenthal. Arranjos jurídico-institucionais da política de inovação tecnológica: uma análise baseada na abordagem de direito e políticas públicas. *In*: COUTINHO, Diogo Rosenthal; FOSS, Maria Carolina; MOUALLEM, Pedro Salomon Bezerra (Org.). *Inovação no Brasil*: avanços e desafios jurídicos e institucionais. São Paulo: Blucher, 2017.

BUCHANAN, James McGill; TULLOCK, Gordon. *The calculus of consent*. [1962]. v. 3. The Collected Works of James M. Buchanan. Indianapolis: Liberty Fund, 1999.

BURDEAU, Georges. *O Estado*. Tradução do original L'État. São Paulo: Martins Fontes, 2005.

BURKE-WHITE, William W. Protecting the minority: a place for impunity? an illustrated survey of amnesty legislation, its conformity with international legal obligations, and its potential as a tool for minority-majority reconciliation. *JEMIE – Journal on Ethnopolitics and Minority Issues in Europe*, USA: Harvard Law School, 2000.

CAMMAROSANO, Márcio. Princípio constitucional da moralidade administrativa. Enciclopédia Jurídica da PUC-SP. *In*: CAMPILONGO, Celso Fernandes; GONZAGA, Alvaro de Azevedo; FREIRE, André Luiz (Coord.).; NUNES JR., Vidal Serrano; ZOCKUN, Maurício; ZOCKUN, Carolina Zancaner; FREIRE, André Luiz (Coord. de tomo). *Tomo*: Direito Administrativo e Constitucional. São Paulo: Pontifícia Universidade Católica de São Paulo, 2017. Disponível em: https://enciclopediajuridica.pucsp.br/verbete/65/edicao-1/principio-constitucional-da-moralidade-administrativa. Acesso em 15 abr. 2024.

CAPEZ, Fernando. *Curso de direito penal*. 21. ed. São Paulo: Saraiva, 2016.

CARDOSO, Irene. O arbítrio transformado em lei e a tortura política. *In*: FREIRE, Alípio *et al*. (Org.). *Tiradentes, um presídio da ditadura*. São Paulo: Scipione Cultural, 1997.

CARMARGO, Alessandra Lopes. Negacionismo e políticas de memória na justiça de transição brasileira. *Revista Perseu*, n. 15, a. 12, 2018.

CARTA MAIOR. *PNDH 3 é fiel à Constituição, diz Sepúlveda Pertence*. Disponível em: https://www.sinprominas.org.br/pndh-3-e-fiel-a-constituicao-diz-sepulveda-pertence/. Acesso em 06 mar. 2023.

CARVALHO, José Murilo de. *Cidadania no Brasil*: o longo caminho. Rio de Janeiro: Civilização Brasileira, 2001.

CARVALHO, José Murilo de. A anistia de 1979 e suas consequências. *Revista Estudos Históricos*, Rio de Janeiro, v. 4, n. 7, p. 215-231, 1991.

CASARA, Rubens R. R. *Estado pós-democrático*: neo-obscurantismo e gestão dos indesejáveis. 4. ed. Rio de Janeiro: Civilização Brasileira, 2018.

CASSEL, Douglass. Lessons from the Americas: guidelines for international response to amnesties for atrocities. *Law and Contemporary Problems*, v. 59, n. 4, p. 197-230, 1996.

CATEB, Caio *et al*. A Comissão Especial sobre mortos e desaparecidos Políticos e a Comissão de anistia no primeiro ano do governo Bolsonaro. *In*: TELES, Edson; QUINALHA, Renan. *Espectros da ditadura*: da Comissão da verdade ao bolsonarismo. São Paulo: Autonomia Literária, 2020.

CERIONI, Clara. Bolsonaro troca membros da Comissão de Mortos e Desaparecidos Políticos. *Revista Exame*, 01 ago. 2029. Disponível em: https://exame.com/brasil/bolsonaro-troca-membros-da-comissao-de-mortos-e-desaparecidos-politicos/. Acesso em 18 abr. 2024.

CHOPO, Yolanda Gamarra. Peace with justice: the role of prosecution in peacemaking and reconciliation. *Revista Electrónica de Estudios Internacionales*, 2007.

CLUNE III, William H. A political model of implemetation and implications of the model for public policy, research, and the changing roles of law and lawyers. *In*: *Iowa Law Review*, v. 69, 1983.

COIMBRA, Cecília Maria Bouças. Doutrinas de segurança nacional: banalizando a violência. *Psicol. Estud.*, Maringá, v. 5, n. 2, p. 1-22, 2000.

CONCI, Luiz Guilherme Arcaro. *Democracia constitucional e populismo na América Latina*: entre fragilidades institucionais e proteção insuficiente dos direitos fundamentais. (Livre Docência em Direito). Pontifícia Universidade Católica de São Paulo (PUC-SP), São Paulo, 2022.

CONGRESSO NACIONAL. *Comissão Mista sobre a anistia*: documentário organizado por determinação do Presidente da Comissão Mista do Congresso Senador Teotônio Vilela. Brasília, 1982. v. 1.

CONY, Carlos Heitor. Anistia. *Revista Civilização Brasileira*, Rio de Janeiro, a. I, n. 1, p. 22, mar. 1965.

CORREIO BRAZILIENSE. *Em busca da reparação do estado para chineses*. Disponível em: https://www.correiobraziliense.com.br/politica/2023/11/6653993-em-busca-de-reparacao-do-estado-para-9-chineses.html. Acesso em 5 abr. 2024.

COUTO, Ronaldo Costa. *História indiscreta da ditadura e da abertura – Brasil*: 1964-1985. 2. ed. Rio de Janeiro: Record, 1999.

CRUZ, Sebastião C. Velasco; MARTINS, Carlos Estevão. De Castelo a Figueiredo. Uma incursão na pré-história da abertura. *In*: SORJ, Bernardo; ALMEIDA, Maria Hermínia (Org.). *Sociedade e política no Brasil pós-64*. São Paulo: Brasiliense, 1983.

CURVELLO, Ana Carolina. Governo Lula irá rever mais de 11 mil decisões da gestão de Damares. *Gazeta do Povo,* 06 mar. 2023. Disponível em: https://www.gazetadopovo.com.br/vida-e-cidadania/comissao-da-anistia-lula-rever-11-mil-decisoes-damares. Acesso em 18 abr. 2024.

DALLARI, Dalmo de Abreu. *Elementos de teoria geral do Estado*. 26. ed. São Paulo: Saraiva, 2007.

DALLARI, Pedro de Abreu. A Comissão Nacional da verdade e a relevância de seu marco legal. *In*: PRUDENTE, Eunice Aparecida de Jesus; BUCCI, Maria Paula Dallari; RANIERI, Nina Beatriz Stocco; TOJAL, Sebastião Botto de Barros (Coord.). *Teoria do Estado Contemporânea*: homenagem da academia ao professor Ricardo Lewandowski. Quartier Latin, 2023.

D'ARAÚJO, Maria Celina de A. S. *Anistia*: esquecimento e silêncio. São Paulo: Paz e Terra, 1988.

D'ARAUJO, Maria Celina; CASTRO, Celso (Org.). *Ernesto Geisel*. Rio de Janeiro: FGV, 1997.

DI MAGGIO, Paul Joseph; POWELL, Walter. The iron cage revisited: institutional isomorphism and collective rationality in organizational fields. *American Sociological Review*, v. 48, n. 2, p. 147-160, 1983.

DICIONÁRIO MICHAELIS. Disponível em: https://michaelis.uol.com.br/. Acesso em 11 nov. 2022.

DREIFUSS, René. *A conquista do Estado. Ação política e golpe de classe*. Petrópolis: Vozes, 1981.

ÉBOLI, Evandro. Governo Temer suspende pedido de desculpas às vítimas da ditadura. *Gazeta do Povo*, 11 jun. 2018. Disponível em: https://www.gazetadopovo.com.br/politica/republica/governo-temer-suspende-pedido-de-desculpas-as-vitimas-da-ditadura-13klbj0uqdjr0ni19mc8dbi0w/. Acesso em 18 abr. 2024.

ÉBOLI, Evandro. Presidente da Comissão de anistia deixa governo e critica ministro da justiça. *Gazeta do Povo*, 16 set. 2017. Disponível em: https://www.gazetadopovo.com.br/politica/republica/presidente-da-comissao-de-anistiadeixa-governo-e-critica-ministro-da-justica-5uka45m8cm8afug55wjnf1ofc/. Acesso em 15 mar. 2023.

FALCÃO, Maria Cláudia Araújo de Arruda. *Lei de Anistia – aspectos políticos e jurídicos*. Dissertação (Mestrado em Ciência Política). Universidade Federal de Pernambuco (UFPE), Recife, 2010.

FAUSTO, Boris. *História do Brasil*. São Paulo: Edusp, 2015.

FERNANDES, Filipe Botelho Soares Dutra. 'Quem procura osso é cachorro': os ataques à Comissão de Anistia e à Comissão Especial sobre Mortos e Desaparecidos Políticos no Governo Bolsonaro. *In*: *46º Encontro Anual da Associação Nacional de Pós-Graduação e Pesquisa em Ciências Sociais (ANPOCS)*. Campinas: ANPOCS, 2022. Disponível em: anais-encontro-anpocs-2022. Acesso em 15 abr. 2024.

FERNANDES, Filipe Botelho Soares Dutra. O início do fim: os ataques do governo Temer à Comissão de Anistia e o início do desmonte das políticas de memória no Brasil. *In*: *Anais do XVI Encontro Estadual de História da ANPUH-RS*. Porto Alegre: ANPUH-RS, 2022. Disponível em: https://www.eeh2022.anpuh-rs.org.br/resources/anais/12/anpuh-rs-eeh2022/1661277864. Acesso em 15 abr. 2024.

FERRAZ JUNIOR, Tercio Sampaio. *Introdução ao estudo do direito*: técnica, decisão, dominação. São Paulo: Atlas, 2017.

FERREIRA, Maria Letícia Mazzucchi. Políticas de memória e políticas de esquecimento. *Revista Aurora*, Memória, n. 10, p. 101-118, 2011. Disponível em: https://revistas.pucsp.br/index.php/aurora/article/view/4500. Acesso em 05 mai. 2024.

FERREIRA, Jorge; DELGADO, Lucília de Almeida Neves (Org.). *O tempo da ditadura*: regime militar e movimentos sociais em fins do século XX. Rio de Janeiro: Civilização Brasileira, 2003 (O Brasil Republicano, v. 4).

FERREIRA FILHO, Manoel Gonçalves. *O poder constituinte*. 3. ed. São Paulo: Saraiva, 1999.

FICO, Carlos. A negociação parlamentar da anistia de 1979 e o chamado "perdão aos torturadores". *In*: BRASIL. Comissão de Anistia. Ministério da Justiça. *Revista Anistia Política e Justiça de Transição*, Brasília: Ministério da Justiça, n. 4, jul./dez. 2010.

FICO, Carlos. *História Brasil contemporâneo*. São Paulo: Contexto, 2016.

FONSECA, Felipe Martins da. Justiça de transição, memória e história: as possibilidades e limites da Comissão Nacional da Verdade no Brasil. *In*: SADER, Emir; GENTILI, Pablo (Org.). *Pós-neoliberalismo*: as políticas sociais e o Estado Democrático. Rio de Janeiro: Paz e Terra, 1995.

FRIDERICHS, Lidiane Elizabete. Transição democrática na Argentina e no Brasil: continuidades e rupturas. *Revista do Corpo Discente do PPG-História da UFRGS*, Porto Alegre, n. 20, v. 9, p. 439-455, ago. 2017.

GABRIEL, João. Comissão de Anistia revisa negativas de Bolsonaro e prevê concessão coletiva. *Folha de S. Paulo*, 29 mar. 2023. Disponível em: https://www1.folha.uol.com.br/poder/2023/03/comissao-de-anistia-revisa-negativas-de-bolsonaro-e-preve-concessao-coletiva.shtml. Acesso em 18 abr. 2024.

GALLO, Carlos Artur; GUGLIANO, Alfredo Alejandro. Legados autoritários, políticas de memória e qualidade da democracia no Brasil. *In*: GALLO, Carlos Artur; RUBERT, Silvania. *Entre a memória e o esquecimento*: estudos sobre os 50 anos do golpe civil-militar no Brasil. Porto Alegre: Deriva, 2014.

GALLO, Carlos Artur. *Para que não se esqueça, para que nunca mais aconteça*: um estudo sobre o trabalho da Comissão de familiares de mortos e desparecidos políticos. Dissertação (Mestrado em Ciência Política) – Instituto de Filosofia e Ciências Humanas, Universidade Federal do Rio Grande do Sul (UFRGS), Porto Alegre, 2012.

GONÇALVES, Bernardo. *Curso de direito constitucional*. Belo Horizonte: JusPodivm, 2017.

GONÇALVES, Danyelle Nilin. *O preço do passado*: anistia e reparação de perseguidos políticos no Brasil. Tese (Doutorado em Sociologia). Universidade Federal do Ceará (UFC), Fortaleza, 2006.

GONÇALVES, Danyelle Nilin. Os processos de anistia política no Brasil: do perdão à "reparação". *Dossiê – Direitos, Movimentos e Políticas Sociais*, v. 39, n. 1, p. 38-48, 2008.

GONÇALVES, Rosana; (Org. e pesquisa); ESPÍRITO SANTO, Solange do; MONTE, Gonzaga do (Entrevistas, pesquisa e texto final). Ditadura, a cumplicidade da Volkswagen e a resistência dos trabalhadores. *Associação Heinrich Plagge*, [s.d.]. Disponível em: https://www.alamedaeditorial.com.br/livros-alameda/a-ditadura-a-cumplicidade-da-volkswagen-e-a-resistencia-dos-trabalhadores. Acesso em 08 abr. 2024.

GOULART, João (1918-1976). Discursos selecionados do presidente João Goulart. *In*: MARCELINO, Wanielle Brito (Org.). *Discurso do Presidente João Goulart na Central do Brasil*. Rio de Janeiro (RJ), 13 de março 1964. Brasília: FUNAG, 2009.

GOUVEIA, Aline; ÉBOLI, Evandro. Indígenas são anistiados e, enfim, respeitados. *Correio Braziliense*, 03 abr. 2024. Disponível em: https://www.correiobraziliense.com.br/politica/2024/04/6830382-indigenas-sao-anistiados-e-enfim-respeitados.html. Acesso em 18 abr. 2024.

GUIMARÃES, Ulisses. Íntegra *do discurso presidente da Assembleia Nacional Constituinte, Dr. Ulysses Guimarães, 1988*. Disponível em: https://www.camara.leg.br/radio/programas/277285-integra-do-discurso-presidente-da-assembleia-nacional-constituinte-dr-ulysses-guimaraes-10-23/. Acesso em 11 mar. 2023.

GULLINO, Daniel. Aliados de Bolsonaro decidem acabar com comissão de mortos e desaparecidos. *O Globo*, 15 dez. 2022. Disponível em: https://oglobo.globo.com/politica/noticia/2022/12/aliados-de-bolsonaro-decidem-acabar-com-comissao-de-mortos-e-desaparecidos.ghtml. Acesso em 16 dez. 2022.

HALL, Peter; TAYLOR, Rosemary. Political science and the three new institutionalisms. *Political Studies*, v. 44, n. 5, p. 936-957, 1996.

HAURIOU, Maurice. *Droit Institutionnel*. Paris: Dalloz, 1963.

HAURIOU, Maurice. *Précis de droit administratif et de droit public*. 15. ed. Paris: LGDJ, 1997.

HORTA, Raul Machado. *Estudos de direito constitucional*. Belo Horizonte: Del Rey, 1995.

HOWLETT, Michael. A dialética da opinião pública: efeitos recíprocos da política pública e da opinião pública em sociedades democráticas contemporâneas. *Opinião Pública*, Campinas, v. 6, n. 2, p. 167-186, 2000.

HUNGRIA, Nelson. A criminalidade política no direito brasileiro. *Revista Forense*, p. 11-12, jul. 1956.

IBARRA, Carlos Figueiroa. Dictaduras, tortura y terror en América Latina. *In*: ECAP, ODHAG E CRTC. *La tortura y honras violaciones de los derechos humanos*. Guatemala: Antigua, abr. 2000.

INSTITUTO VLADIMIR HERZOG. Democracia e Direitos Humanos – Fortalecimento da Democracia. *In*: SCHINCARIOL; Rafael L. F. C.; ABREU, Gabrielle Oliveira de (Coord.). *Monitoramento das recomendações da Comissão Nacional da Verdade*. Mar. 2023. Disponível em: https://library.fes.de/pdf-files/bueros/brasilien/20345.pdf. Acesso em 15 abr. 2024.

JORNAL DO BRASIL. *Militares anistiados se organizam para criar lobby na Constituinte*. Rio de Janeiro, 8 abr. 1987.

KOPPER, Christopher. *A VW do Brasil durante a ditadura militar brasileira 1964-1985*: uma abordagem histórica. Bielefeld: For Corporate History Department of Volkswagen Aktiengesellschaft (Dieter Landenberger), 2017. Disponível em: https://www.mpsp.mp.br/portal/pls/portal/!PORTAL.wwpob_page.show?_docname=2666876.PDF. Acesso em 8 abr. 2024.

LEAL, Rogério Gesta. *Verdade, memória e justiça no Brasil*: responsabilidades compartidas. Porto Alegre: Livraria do Advogado, 2012.

LEITE, Carlos Henrique Costa. *Supremacia judicial e justiça de transição*: a última palavra sobre o significado da Constituição e o caso da Lei de Anistia. Rio de Janeiro: Lumen Juris, 2016.

LIMA, Nísia Trindade. Um enigma chamado anistia. *In*: SADER, Emir; GENTILI, Pablo (Org.). *Pós-neoliberalismo*: as políticas sociais e o Estado Democrático. Rio de Janeiro: Paz e Terra, 1995.

LUZARDO, Faria; BUCCI, Maria Paula Dallari. o "Estado da Arte" da pesquisa de políticas públicas em direito administrativo: uma análise bibliográfica. *Revista Direito UFMS*, Campo Grande, MS, v. 8, edição especial, p. 9-33, 2022.

MAGALHÃES, Aline Carneiro; MIRANDA, Lúlian. A greve como direito fundamental: características e perspectivas trabalhista-administrativas. *Rev. Trib. Reg. Trab. 3ª Reg.*, Belo Horizonte, v. 56, n. 86, p. 53-76, jul./dez. 2012.

MARCHAO, Talita. Sob Bolsonaro, Comissão de Anistia muda critérios e vítima vira terrorista. *UOL Política*, 10 ago. 2019. Disponível em: https://noticias.uol.com.br/politica/ultimas-noticias/2019/08/10/anistiando-terrorista-e-decisao-com-base-em-infancia-militar-as-decisoes.htm. Acesso em 6 abr. 2024.

MARTINS, Roberto Ribeiro. *Liberdade para os brasileiros – anistia ontem e hoje*. 2. ed. Rio de Janeiro: Civilização Brasileira, 1978.

MATOS, Saulo Monteiro de. Anistia democrática? Sobre a (i)legitimidade da Lei de Anistia brasileira. *Revista Anistia Política e Justiça de Transição*, Ministério da Justiça, Brasília, n. 7, p. 136-168, jan./jun. 2012.

MAXIMILIANO, Carlos. *Hermenêutica e aplicação do direito*. 20. ed. Rio de Janeiro: Forense, 2011.

MAZIEIRO, Guilherme. Ministério dos Direitos Humanos anula 295 anistias a ex-cabos da FAB. *UOL*, 08 jun. 2020. Disponível em: https://noticias.uol.com.br/politica/ultimas-noticias/2020/06/08/ministerio-dos-direitos-humanos-anula-295-anistias-a-ex-cabos-da-fab.htm. Acesso em 6 abr. 2024.

MELLO, Celso Antônio Bandeira de. *Curso de direito administrativo*. 32. ed. São Paulo: Malheiros, 2014.

MELLO, Janine. Condicionantes institucionais do desmonte e da resiliência de políticas públicas no Brasil. Brasília: Instituto de Pesquisa Econômica Aplicada (Ipea), 2021. *In*: GOMIDE, Alexandre de Ávila; SILVA, Michelle Morais de Sá e; LEOPOLDI, Maria Antonieta (Ed.). *Desmonte e reconfiguração de políticas públicas (2016-2022)*. Brasília, DF: Ipea/INCT/PPED, 2023.

MEZAROBBA, Glenda. *Um acerto de contas com o futuro a anistia e suas consequências – um estudo do caso brasileiro*. Dissertação (Mestrado). Faculdade de Filosofia, Letras e Ciências Humanas, Universidade de São Paulo (USP). São Paulo, 2003.

MORAES, Alexandre de. *Direito constitucional*. 28. ed. São Paulo: Atlas, 2012.

MORAIS, Fernando. *Anistia*: 1979-2009. Rio de Janeiro: Objetiva, 2009.

MOURA, Alessandro de. *Movimento operário no ABC e na Volkswagen (1978-2010)*. 313f. Dissertação (Mestrado em Filosofia e Ciências), Universidade Estadual Paulista, (Unesp), Marília, 2011.

MOYN, Samuel. Classifications of political amnesty. *Harvard International Law Journal*, v. 44, n. 3, p. 447-477, 2003.

NASCIMENTO, Emerson Oliveira do. Violência política e justiça de transição no Brasil: Disputas em torno da memória do passado político recente. *Rev. Direito e Práx.*, Rio de Janeiro, v. 13, n. 2, p. 723-751, 2022.

NOBLAT, Ricardo. Governo Lula irá reverter atos que negaram anistia às vítimas da ditadura. *Metrópoles, Blog do Noblat*, 07 nov. 2022. Disponível em: https://www.metropoles.com/blog-do-noblat/governo-lula-ira-rever-atos-que-negaram-anistia-as-vitimas-da-ditadura. Acesso em 15 mar. 2023.

NORTH, Douglass. *Institutions, institutional change, and economic performance*. Cambridge: Cambridge University Press, 1990.

OHANA, Victor. Petrobras, Fiat e Folha são investigadas em pesquisas sobre colaboração com a ditadura. *Carta Capital*, 26 nov. 2021. Disponível em: https://www.cartacapital.com.br/sociedade/petrobras-fiat-e-folha-de-s-paulo-sao-investigadas-em-pesquisas-sobre-colaboracao-com-a-ditadura/. Acesso em 8 abr. 2024.

OLIVEIRA, David Babosa de. *Análise de discurso crítica da anistia política de militares no Brasil*: a disputa por sentidos que ampliam ou restringem os direitos dos militares anistiados. Tese (Doutorado em Direito). Universidade Federal do Pernambuco (UFPE), Recife, 2015.

OST, François. *O tempo do direito*. Bauru, SP: EDUSC, 2005.

OTAVIO, Chico. Depois de apontarem esvaziamento do Arquivo Nacional por decreto de Bolsonaro, chefes são exoneradas. *O Globo*, 05 jan. 2022. Disponível em: https://oglobo.globo.com/brasil/depois-de-apontarem-esvaziamento-do-arquivo-nacional-por-decreto-de-bolsonaro-chefes-sao-exoneradas-1-25341731. Acesso em 18 abr. 2024.

OTAVIO, Chico. MPF quer suspender decreto de Bolsonaro que tirou competência de Arquivo Nacional sobre preservação de documentos federais. *O Globo*, [s.d.]. Disponível em: https://oglobo.globo.com/brasil/mpf-quer-suspender-de-decreto-de-bolsonaro-que-tirou-competencia-de-arquivo-nacional-sobre-preservacao-de-documentos-federais-1-25381005. Acesso em 18 abr. 2024.

PEDRETTI, Lucas. Bolsonaro e a luta contra a memória das vítimas da ditadura. *Etcétera, Revista del* Área *de Ciencias Sociales del CIFFyH*, n. 6, p. 01-18, 2020.

PEREIRA, Bruna Ferrari. A justiça de transição após a retomada da democracia: uma análise comparada entre Brasil e Chile. *XXV Encontro Estadual de História da ANPUH SP. História, desigualdades e diferenças*, São Paulo, 2020.

PIERSON, Paul. The limits of design: explaining institutional origins and change. *Governance: an International Journal of Policy and Administration*, v. 13, n. 4, p. 475-499, 2000.

PIOVESAN, Flávia. Anistia, direitos humanos e justiça de transição. *In*: SANTOS, Boaventura de Sousa; AVRITZER, Leonardo (Org.). *Conflito, direitos e justiça no Brasil*. Rio de Janeiro: FGV, 2014.

PIRES, Luís Manuel Fonseca. *Estados de exceção*: a usurpação da soberania popular. São Paulo: Contracorrente, 2021.

PLENO NEWS. *Damares faz visita surpresa à Comissão da Anistia*. 13 fev. 2019. Disponível em: https://pleno.news/brasil/damares-faz-visita-surpresa-a-comissao-da-anistia.html. Acesso em 18 abr. 2024.

PODER 360. *Bolsonaro já defendeu tortura para quem pediu para ficar em silêncio em CPI*. 18 mai. 2021. Disponível em: https://www.poder360.com.br/governo/bolsonaro-ja-defendeu-tortura-para-quem-pediu-para-ficar-em-silencio-em-cpi/. Acesso em 18 abr. 2024.

PODER 360. *Falta de verba e de pessoal dificulta trabalhos da Comissão de Anistia*. 31 mar. 2024. Disponível em: https://www.poder360.com.br/brasil/falta-de-verba-e-de-pessoal-dificulta-trabalhos-da-comissao-de-anistia/. Acesso em 18 abr. 2024.

POLANYI, Karl. *A grande transformação*: as origens da nossa época. Rio de Janeiro: Campus, 1944.

PONTE.ORG. *Defensores de direitos humanos repudiam intervenção de Temer na Comissão de Anistia*. 03 set. 2016. Disponível em: https://ponte.org/governo-temer-intervem-na-comissao-da-anistia/. Acesso em 18 abr. 2024.

PRADO, Mariana Mota; TREBILCOCK, Michael J. Path. Dependence, development, and the dynamics of institutional reform. 30 abr. 2009. *University of Toronto Law Journal*, Toronto, 2009 (Legal Studies Research Paper nº 09-04).

PRUDENTE, Eunice Aparecida de Jesus *et al.* (Coord.). *Teoria do Estado Contemporânea*: homenagem da Academia ao Professor Ricardo Lewandowski. São Paulo: Quartier Latin, 2023.

REALE, Miguel. *Fundamentos do direito*. 4. ed. São Paulo: Migalhas, 2014.

REALE, Miguel. *Teoria do Direito e do Estado*. 5. ed. São Paulo: Saraiva, 2005.

REJUR. Militarização das polícias e doutrina de segurança nacional no contexto do combate ao inimigo interno no Brasil (1969-1970). *Revista Jurídica da UFERSA Mossoró*, v. 4, n. 7, p. 111-137, jan./jun. 2020.

REMIGIO, Rodrigo Ferraz de Castro. Democracia e anistia política: rompendo com a cultura do silêncio, possibilitando uma justiça de transição. *Revista Anistia Política e Justiça de Transição*, Brasília, Ministério da Justiça n. 1, p. 178-202, jan./jun. 2009.

REISEWITZ, Lúcia. *Direito ambiental e patrimônio cultural*: direito a preservação da memória, ação e identidade do povo brasileiro. São Paulo: Juarez de Oliveira, 2004.

RELATÓRIO CONJUNTO. *Direitos Humanos, Empresas e Justiça de Transição*: o papel da Volkswagen do Brasil na repressão durante a ditadura militar. Out. 2029. Ministério Público Federal, Ministério Público do Trabalho, Ministério Público do Estado de São Paulo. Inquérito Civil nº 1.34.001.006706/2015-26 (MPF); Inquérito Civil nº 14.725.1417/2015-7 (MPSP); Inquérito Civil nº 000878.2016.02.001/3 (MPT). Disponível em: https://www.mpsp.mp.br/documents/portlet_file_entry/20122/2679806.pdf/55488978-129e-6f5d-5abf-50e4fb8824f5. Acesso em 8 abr. 2024.

RI JÚNIOR, Arno Dal. O conceito de segurança nacional na doutrina jurídica brasileira: usos e representações do Estado Novo à Ditadura Militar Brasileira (1935-1985). *Revista de Direitos Fundamentais e Democracia,* Curitiba, v. 14, n. 14, p. 525-543, jul./dez. 2013.

ROHT-ARRIAZA, Naomi; MARIEZCURRENA, Javier. Transitional justice in the twenty-first century: beyond truth *versus* justice. *Social Research – an international quarterly,* v. 73, n. 1, Spring 2006. Disponível em: https://www.cambridge.org/core/books/transitional-justice-in-the-twentyfirst-century/EB19FF314AD4F60B6E18F4803C0F3148. Acesso em 13 mar. 2023.

ROMANO, Santi. *L'ordinamento giuridico.* 2. ed. Bologna: Zanichelli, 1947.

ROMANO, Santi. *O sistema de direito público subjetivo como sistema de direito objetivo*: Estado como organização de poder. São Paulo: RT, 1997.

ROUSSEF, Dilma. A memória é nossa. *Folha de S. Paulo,* 22 dez. 2005. Disponível em: https://www1.folha.uol.com.br/fsp/opiniao/fz2212200509.htm. Acesso em 18 abr. 2024.

RUIZ, Isabela. *Institucionalidade jurídica e retrocesso nas políticas públicas*: uma análise do Sistema Único de Assistência Social. Dissertação (Mestrado em Direito do Estado). Universidade de São Paulo (USP), São Paulo, 2021.

RUIZ, Isabela; BUCCI, Maria Paula Dallari. Quadro de problemas de políticas públicas: uma ferramenta para análise jurídico-institucional. *REI – Revista Estudos Institucionais,* [S. l.], v. 5, n. 3, p. 1.142-1.167, 2019. Disponível em: https://www.estudosinstitucionais.com/REI/article/view/443. Acesso em 29 mar. 2024.

SABOIA, João. Salários e produtividade na indústria brasileira: os efeitos da política salarial no longo prazo. *Pesquisa & Planejamento Econômico*, n. 20, p. 581-600, dez. 1990.

SALES, Gabriela Azevedo Campos. *A institucionalização dos sistemas de políticas públicas no Brasil*: uma comparação entre saúde, assistência social e educação. Tese (Doutorado em Direito). Universidade de São Paulo (USP), São Paulo, 2022.

SANTOS, Daniela. Dominada por militares sob Bolsonaro, comissão acumula pedidos de anistia. *Metrópoles,* 10 fev. 2023. Disponível em: https://www.metropoles.com/brasil/dominada-por-militares-sob-bolsonaro-comissao-acumula-pedidos-de-anistia. Acesso em 15 mar. 2023.

SARLET, Ingo Wolfgang. *Direitos fundamentais e democracia*: estudos de direito constitucional. 3. ed. Porto Alegre: Livraria do Advogado, 2004.

SARLET, Ingo Wolfgang; MARINONI, Luiz Guilherme; MITIDIERO, Daniel. *Curso de direito constitucional.* 6. ed. São Paulo: Saraiva, 2017.

SARMENTO, Daniel; SOUZA NETO, Cláudio Pereira de. *Direito constitucional*: teoria, história e métodos de trabalho. 2. ed. Belo Horizonte: Fórum, 2017.

SCOTT, Richard. *Institutions and organizations*: ideas, interests and identities. Odense, Southern Denmark? Paperback Sage, 1995.

SENRA, Alvaro de Oliveira. CNBB, democracia e participação popular (1977-1989). *Anos 90,* Porto Alegre, v. 24, n. 46, p. 97-120, dez. 2017.

SERRANO, Pedro. Autoritarismo líquido e as novas modalidades de prática de exceção no século XXI. *Revista Themis*, Fortaleza, v. 18, n. 1, p. 197-223, jan./jun. 2020.

SHARE, Donald; MAINWARING, Scott. Transição por transação: democratização no Brasil e na Espanha. *Dados – Revista de Ciência Sociais*, v. 29, n. 2, p. 207, 1986.

SILVA, Fernanda Abreu. Os riscos do silenciamento: diferentes perspectivas nos processos de tomada de decisão na elaboração de políticas públicas de memória no contexto da redemocratização brasileira. *Revista Del CESLA – International Latin American Studies Review*, n. 28, p. 295-310, 2021.

SILVA FILHO, José Carlos Moreira da. A ambiguidade da anistia no Brasil: memória e esquecimento na transição inacabada. *In*: PIOVESAN, Flávia; SOARES, Inês Virgínia Prado (coord.). *Direitos humanos atual*. Rio de Janeiro: Elsevier, 2014.

SILVA, José Afonso da. *Curso de direito constitucional positivo*. 39. ed. São Paulo: Malheiros, 2016.

SKIDMORE, Thomas. *Brasil*: de Castelo a Tancredo 1964-1985. Tradução de Mário Salviano Silva. 4. ed. Rio de Janeiro: Paz e Terra, 1991.

SKOCPOL, Theda. *States and social revolutions*: a comparative analysis of France, Russia, and China. Cambridge: Cambridge University Press, 1979.

SOUSA, Arnaldo Vieira. Lei da Anistia: o direito entre a memória e o esquecimento. *Cadernos UNDB*, São Luís, v. 4, jan./dez. 2014.

SOUZA, Mayara Paiva; SANDES, Noé Freire. Entre silêncios e ruídos: a anistia na Assembleia Constituinte de 1987/88. *Anos 90*, Porto Alegre, v. 24, n. 46, p. 121-157, dez. 2017.

SOUZA, Mayrara Paiva de. *Os usos do passado nas constituintes de 1946 e 1987/1988*: a anistia entre silêncios, ruídos e esquecimentos. Tese (Doutorado em História). Universidade Federal de Goiás (UFGO), Goiânia, 2016.

TEITEL, Ruti G. *Transitional justice*. Oxford: Oxford University Press, 2000.

TEITEL, Ruti G. *Transitional justice*. Oxford: Oxford University Press, 2002.

THELEN, Kathleen; MAHONEY, James. Institutional theory in political science: the new institutionalism. *In*: *The Oxford Handbook of Political Science*. Oxford: Oxford University Press, 2010.

THUSWOHL, Maurício. Servidores denunciam descarte de documentos sobre a ditadura. *Carta Capital*, 04 mar. 2022. Disponível em: https://www.cartacapital.com.br/politica/servidores-denunciam-o-descarte-de-documentos-sobre-a-ditadura/. Acesso em 6 abr. 2024.

TREMBLAY, Luc B. The legitimacy of judicial review: the limits of dialogue between courts and legislatures. *International Journal of Constitutional Law*, v. 3, n. 4, p. 617-648, 2005.

TRINDADE, Antônio Augusto Cançado. *Direito internacional dos direitos humanos*: teoria e prática. São Paulo: Saraiva, 2011.

UNITED NATIONS. Security Council. The rule of law and transitional justice in conflict and post-conflict societies. *Report of the Secretary-General*, 2004.

UNIVERSIDADE FEDERAL DE MINAS GERAIS. *Mudanças no regimento esvaziam Comissão da Anistia*. 29 mar. 2029. Disponível em: https://ufmg.br/comunicacao/noticias/mudanca-no-regimento-esvazia-comissao-da-anistia. Acesso em 18 abr. 2024.

VAN ZYL, Paul. Promovendo a justiça transicional em sociedades pós-conflito. *In*: *Revista Anistia Política e Justiça de Transição*, Brasília, n. 1, p. 32, jan./jun. 2009.

VARGAS, Mateus; HOLANDA, Marianna. Gasto de Lula para ações sobre ditadura é 96% inferior ao de Dilma há uma década. *Folha de S. Paulo*, 28 mar. 2024. Disponível em: https://www1.folha.uol.com.br/poder/2024/03/orcamento-para-acoes-sobre-ditadura-militar-cai-96-em-uma-decada.shtml#:~:text=Em%202024%2C%20ano%20da%20efem%C3%A9ride,apesar%20de%20promessa%20do%20mandat%C3%A1rio. Acesso em 4 abr. 2024.

WEICHERT, Marlon. O Relatório da Comissão Nacional da verdade: conquistas e desafios. *Projeto História*, São Paulo, n. 50, ago. 2014.

ZAFFARONI, Eugenio Raúl. *O inimigo no direito penal*. Tradução de Sérgio Lamarão. 3. ed. Rio de Janeiro: Revan, 2011.

ZEHR, Howard. *The little book of restorative justice*. Intercourse: Good Books, 2002.

Referências normativas (Associação Brasileira de Normas Técnicas – ABNT)

ABNT NBR 10520: 2023 – Informação e documentação – Citações em documentos – Apresentação.

ABNT NBR 6028: 2021 – Informação e documentação – Resumo, resenha e recensão – Apresentação.

ABNT NBR 6023: 2018 – Informação e documentação – Referências – elaboração.

ABNT NBR 6022: 2018 – Informação e documentação – Artigo em publicação periódica técnica e/ou científica – Apresentação.

ABNT NBR 6027: 2012 – Informação e documentação – Informação e documentação – Sumário – Apresentação.

ABNT NBR 14724: 2011 – Informação e documentação – Trabalhos acadêmicos – Apresentação.

ABNT NBR 15287: 2011 – Informação e documentação – Projetos de pesquisa – Apresentação.

ABNT NBR 6034: 2005 – Informação e documentação – Índice – Apresentação.

ABNT NBR 12225: 2004 – Informação e documentação – Lombada – Apresentação.

ABNT NBR 6024: 2003 – Informação e documentação – Numeração progressiva das seções de um documento escrito – Apresentação.

Esta obra foi composta em fonte Palatino Linotype, corpo 10
e impressa em papel Pólen Bold 70g (miolo) e Supremo 250g (capa)
pela Gráfica Formato.